OTT TV的
創新服務
經營模式
與政策法規

OTT TV's
Innovative Services
Business Model
and Law & Policy

OTT TV
Innovative Services
Business Model an-
Law & Policy

作者簡介

主編／作者

劉幼琍

國立政治大學傳播學院特聘教授兼研發長暨頂尖大學計畫辦公室執行長，美國印第安那大學電訊傳播博士，曾任國家通訊傳播委員會第一屆委員，專長電訊傳播政策與法規、新媒體經營模式、媒介經營管理、數位媒體與寬頻網路、數位匯流政策與管理，著有《多頻道電視與觀眾》、《有線電視經營管理與頻道規劃策略》、《有線電視》等書。

作者（依姓名筆畫排序）

江亦瑄

世新大學廣播電視電影學系副教授，美國紐約市立大學電視廣播研究所碩士、臺灣師範大學科技學院博士。專長新媒體行為分析、手機依賴與人際互動、網路影音。教學領域包括資訊圖表、媒體市場調查與分析、社群媒體研究。

何吉森

國家通訊傳播委員會委員，世新大學廣電學系兼任助理教授。國立政治大學法律系畢業、世新大學傳播研究所博士、美國加州柏克萊大學公共政策學院研習結業。曾任國家通訊傳播委員會內容事務處處長、法律事務處處長、有線電視審議委員會委員。主要研究領域包括通訊傳播政策與法規、數位匯流政策與管理等。

谷玲玲

國立臺灣大學新聞研究所副教授，美國密西根州立大學大眾傳播博士，曾任國立交通大學傳播研究所副教授，專長新傳播科技、數位匯流政策、數位媒體、媒介經營管理、大眾傳播、新聞學等。

林翠絹

國立政治大學廣播電視學系副教授，美國密西根州立大學電訊碩士、夏威夷州立大學 Manoa 分校資訊傳播科技博士。曾任新加坡南洋理工大學黃金輝傳播與信息學院助理教授。目前研究領域為新媒體匯流、新興媒體產業與使用者、行動傳播與媒體與數位新聞等，已有行動電視、定位行動廣告、多螢幕匯流等 40 多篇期刊論文，多數為 SSCI 英文著作。

徐也翔

世新大學傳播博士學位學程博士候選人，曾任寰宇新聞臺記者，研究領域為傳播法規與政策、傳播管理、媒體行銷、廣告及公共關係。

許文宜

國立政治大學秘書處組長 / 廣電系兼任助理教授、台灣通訊學會秘書長。世新大學傳播研究所博士。曾任職臺灣電視公司、中國廣播公司、國立臺灣藝術大學廣電系助理教授。專長新興媒體研究、匯流傳播政策法規、媒體自律、媒體與創意產業研究、兩岸文化產業政策法規、跨媒體內容設計。合著有《大數據與未來傳播》、《數位電視與新媒體平台之政策與發展策略》、《數位電視與新媒體平台政策白皮書》、《廣播節目概論》等書。

陳彥龍

長榮大學大眾傳播學系專任助理教授，世新大學傳播研究所博士。曾任民視南部中心記者、高市有線電視記者。學術專長為傳播政策與法規、通訊傳播產業研究、傳播新科技，以及公共傳媒研究等。實務教學領域為數位電子攝影、多媒體新聞編採製作。

劉柏立

現任台灣經濟研究院研究四所所長、日本中央學院大學社會系統研究所客座教授、台灣通訊學會常務理事。日本國立電氣通信大學大學院資訊系統學研究科網路政策學專攻學術博士。專長電信監理與頻譜政策、數位匯流與產業發展、資訊社會與文化、對日經貿事務等領域，具有豐富的研究資歷與績效，目前關心的議題是網路經

濟與文化政策。

賴祥蔚

國立臺灣藝術大學廣播電視學系教授、中華傳播管理學會理事長,國立政治大學社
會科學院政治學博士。曾任臺灣藝術大學廣播電視學系主任暨應用媒體藝術研究所
所長、中央廣播電臺總臺長,專長為言論自由與傳播政策、媒體產業分析、劇本研
究,著有《言論自由與真理追求》、《媒體發展與國家政策》等書。

主編序

Over-the-top TV（OTT TV）是一種開放網路的視訊服務，亦有人稱之為串流媒體或線上影音媒體。近幾年來 OTT TV 在世界先進國家發展快速。美國最有名的 OTT 視訊服務業者 Netflix 是在 2007 年推出 OTT TV 服務。另一家有名的業者 Hulu 也是在 2007 年推出 OTT TV 服務。由於 OTT TV 可透過網際網路傳遞影音內容，消費者只要在上網的環境，就可在任何時間或任何地點觀看，具備了高度的便利性。與既有的付費電視相比，OTT 視訊服務多半不需要綁約，價格也比較便宜，而且 OTT TV 還會提供客製化的內容方便民眾追劇，顯示 OTT 視訊服務極具競爭力，發展前景備受矚目。

科技技術的發展帶動 OTT TV 的出現，很多國家剛開始都沒有將 OTT 視訊服務納入管制，讓其有充分發揮的空間。由於電訊傳播法規趕不上產業的變化，使得傳統媒體的管制比較嚴格，而 OTT 視訊服務卻不受主管機關規管，不但不需申請執照，其內容及廣告也不受審查。因此，許多既有電信、媒體或相關業者相繼加入 OTT TV 市場。

編者開始關注 OTT 視訊服務是在 2012 年，先是因為關心網路中立性（network neutrality）的議題才對 OTT 視訊服務有了初步的認識，並於 2013 年暑假獲得科技部的補助，做了兩年和 OTT 視訊服務相關的研究，並且也自該年起利用出國開研討會或做研究的機會陸續訪問了美國的 Netflix、法國的 Dailymotion、英國的 YouView、日本的 Niconico Doga、韓國的 TVing、中國大陸的 OTT TV 業者及上述六國媒體的監理機關。當時臺灣的業者也在評估及摸索如何推出 OTT 視訊服務及最適合的經營模式。

近兩三年不但臺灣 OTT 視訊業者非常積極，各界舉辦和 OTT 相關之研討會不斷，連研究生的論文題目也有不少與 OTT 相關。有鑑於國內產官學研對 OTT 視訊服務的經營模式及政策法規了解的需求，編者於 2016 年 11 月邀請了 9 位國內的專

家學者，在政大傳播學院頂大計畫的支持下，共同開始分析 OTT TV 的各種重要議題，並納入國外重要的業者一起討論，希望讓讀者能充分了解國內外 OTT TV 的發展情形、經營模式與政策法規。歷經幾個月的討論、撰寫與修改，本團隊很有效率地完成初稿，然後再經過內部的交互評閱與外部的審查，終於可以順利付梓。

在本書的內容架構方面，為了讓讀者對 OTT TV 有基本的認識，第一章先針對 OTT TV 的定義、發展現況及經營模式進行分析，並提出未來發展的關鍵成功因素。第二章綜合國內外面臨 OTT TV 所帶來重大的影響，針對產業生態重要面向，包括 OTT TV 與既有媒體市場融合發展、內容產製、OTT TV 訂戶／收視流量、OTT TV 獲利／營收以及相關政策法規等，探討對既有媒體之可能衝擊。第三章乃聚焦於國內外影音使用最新趨勢，談到近期使用者的轉變，例如追劇、社群互動及直播，同時舉例 OTT TV 業者透過社群媒體經營觀眾關係，並說明跨平台監測與大數據的應用方向。

接著第四章至第八章則是討論世界各國 OTT TV 的經營模式與政策法規。其中，第四章針對 OTT TV 發展最蓬勃的國家──美國加以分析，不僅因為美國 OTT TV 的市場規模最大，且知名業者如 Netflix、Amazon 等均已積極布局全球。在規管方面，美國聯邦傳播委員會（FCC）曾經於 2014 年 12 月發布草案制定公告（Notice of Proposed Rulemaking），建議把線性 OTT 視訊服務納入多頻道影音平台（Multichannel Video Programming Distributor, MVPD）的範疇，由於各方意見不一，所以尚未通過。第五章探討英國的 OTT TV 的創新模式及政策法規。英國電視市場特色是各種平台彼此既競爭又合作。既有媒體如無線電視、有線電視、直播衛星與 IPTV 都有自己的 OTT TV 服務，同時也和其他 OTT 視訊服務業者合作。英國在管制線性 OTT TV 方面，主要比照廣播電視頻道，同時 Ofcom 已經結束隨選電視監理機構 (Authority for Television on Demand, ATVOD) 對隨選服務的共管角色，並於 2016 年接手監管業務。

第六章則把重點放在韓國 OTT 視訊服務的經營模式與政策法規。韓國的 OTT 視訊服務基本上乃是因政府全力推動 ICT 產業，才進一步帶動相關服務快速發展。此外，韓國無線電視影響力仍大，業者致力於優質影視節目產出，顯示經營 OTT 視訊服務仍須回歸內容為王。第七章分析日本 OTT 視訊服務的經營特色。日本

OTT 視訊服務是由既有的廣電業者或電視機廠商主導，藉由網路來延伸既有的服務模式與品質。日本政府認為 OTT 服務非屬監理規管對象，主管機關應當提供友善環境，以促進寬頻網路創新應用服務之健全發展。第八章探討中國大陸的 OTT 視訊服務。中國 OTT TV 業者近期相繼提出新的經營模式，以內容策略與結盟策略為基礎，經由獨特的影視內容吸引閱聽眾，創造出廣告與會員費等收入。中國大陸主管機關近期開始加強取締盜版內容，以建構合理的媒體產業環境。

第九章則是以臺灣為主，分別調查消費者的 OTT 視訊服務使用情形，以及進一步以焦點團體座談的方式更聚焦的了解消費者的使用行為。此外亦訪問中華電信、民視、三立以及 LiTV 等業者，以深入了解其經營策略。作者建議業者可積極朝國際化的方向發展，同時可參考美國 Hulu 或英國 YouView 的模式，彼此建立水平或垂直的合作關係，才能突破現今各自單打獨鬥的困境。本書最後一章以 OTT TV 的監理與境外侵權網站管制作為結尾，建議各界面對 OTT TV 創新服務，應秉持開放的態度。國家通訊傳播委員會目前仍傾向導入網路治理，要求各目的事業機關依權責自行訂定政策法令，建立多方參與機制，並介接數位通訊傳播法。

本書感謝所有作者體認 OTT 視訊服務議題的重要性，願意撥冗在極短的時間內通力合作，並配合本書的撰寫時程。謝謝國立政治大學傳播學院林元輝院長及國立政治大學邁向頂尖大學計畫的部分經費支持，也謝謝外審委員前新聞局副局長洪瓊娟教授及前文化部影視及流行音樂產業局長暨國立政治大學廣電系兼任副教授張崇仁，對本書每章內容細心審閱並提出建議，使本書能更臻完善。本書助理世新大學傳播博士學位學程博士候選人徐也翔幫忙編輯及彙整專有名詞，讓本書更加完備。也謝謝五南圖書出版股份有限公司對本書的支持，使本書得以順利付梓。此外，本團隊也要對推薦本書的國家通訊傳播委員會主委詹婷怡、國家通訊傳播委員會委員陳憶寧、中華電信董事長鄭優、台灣大哥大總經理鄭俊卿、遠傳電信總經理李彬、三立總經理張榮華、愛爾達科技董事長陳怡君、LiTV 董事長錢大衛與世新大學副校長陳清河表達深切的感謝之意。希望本書的分享對學術界及電訊傳播與網路媒體不論在理論分析、實務運作或經營管理上都能有具體的幫助，也期待各界不吝賜教。

劉幼琍

國立政治大學廣電系

2017 年 4 月

目錄

第一章 OTT TV之發展趨勢與經營模式

國立政治大學特聘教授暨研發長　劉幼琍

前　言

　　隨著數位匯流的發展，各種視訊新興平台層出不窮。近幾年來 OTT（over-the-top）視訊平台的興起對既有電視平台帶來衝擊，也引起很多討論。OTT 指的是透過網際網路向終端使用者提供的內容、服務或應用，亦即透過公共網際網路所提供的任何事物都是 OTT 服務（BEREC, 2016），而 OTT TV 就是其中的服務類型之一，以傳遞數位影音為主。

　　由於 OTT TV 可讓消費者無須訂購傳統的付費電視即可收視影音內容，且具備了高度的便利性，可以在任何時間、任何地點觀看，收費模式非常彈性，不需要綁長約，價格較為便宜，並提供客製化的內容滿足民眾喜好，顯示 OTT 視訊服務具有高度競爭力，發展前景備受看好。

　　根據 Juniper Research 預估，全球 OTT TV 訂用戶數預估將從 2014 年的 9,210 萬成長到 2019 年的 3 億 322 萬，美國將成為 OTT TV 市場成長的主要動力（Dziadul, May 18, 2015）。另外，由市場研究機構 Research and Markets（2016）所發布的「全球 OTT TV 及影音預測」（Global OTT TV and Video Forecasts）報告指出，全球 OTT TV 及影音的收入從 2010 年的 44.7 億美元，到 2015 年的 294.1 億美元，預計 2021 年將達到 647.8 億美元。美國將繼續在網路電視和影音收入占主導地位，從 2015 年的 82.4 億美元至 2021 年成長為 228.2 億美元。中國則預計將成長 62.4 億美元，總收入成長五倍，位居第二。網路電視和影音廣告近年來隨著行動廣告的快速成長而增加，2021 年全球總額達到 269.6 億美元。至於訂閱隨選服務（Subscription Video on Demand, SVOD）收入將從 2010 年的 8.9 億美元，至 2015 年成長為 111.3 億美元，並在 2021 年達到 257.1 億美元。

　　然而，國際知名顧問公司 Ovum 的分析師 Jonathan Doran 指出，雖然預期 OTT TV 將會在家證明消費者訂購付費電視的情形有大幅下降。所以，即便 2008 年就有相關研究顯示消費者有逐漸轉向網際網路收視的情形，甚至以剪線運動（cord-cutting）的名稱提醒業者消費者有退訂付費電視的現象，OTT 視訊服務目前仍是傳統電視服務的補充，而無法取代傳統電視服務。儘管如此，OTT TV/Video 的發展趨勢、創新服務、經營模式及衍生的相關問題還是相當值得我們重視（Doran, 2012）。

　　OTT 視訊服務的提供者類型很多，有的是以租售 DVD 為主的租售類業者，有的是由影音內容的業者提供，亦有電信業者或有線電視業者加入 OTT TV 市場。此外，亦有電視機製造商或銷售設備產品的業者也提供 OTT TV 服務。當然消費者熟悉的 YouTube（UGC）也被視為 OTT 視訊服務業者（MIC, 2011）。

第一節　OTT TV 的定義

　　所謂 OTT 是 over the top 的縮寫，前言提及，歐盟電子通訊規管機構 BEREC（2016）將 OTT 定義為透過網際網路向終端使用者提供的內容、服務或應用，亦即透過公共網際網路所提供的任何事物都是 OTT 服務。而 OTT TV 指的是透過網際網路，將數位影音內容傳送到收視者所使用的各式各樣連網終端的一種服務，可跨越時間、空間以及載具的限制，也有人將其稱為串流服務、線上影音服務、Internet TV 或是 TV over Broadband（STPI 科技產業資訊室，2016 年 4 月 11 日；李學文，2010），亦可被視為傳統廣播電視或 IPTV 服務型態的延伸（彭心儀、鄭嘉逸，2013）。OTT 的簡單定義是不需透過有線電視系統或電信業者等寬頻業者所傳輸的語音、影音及數據服務。

　　Moyler 與 Hooper（2009）認為 OTT TV 為一簡單透過網路網路，直接與使用者的裝置相連，傳輸影像和聲音，促使使用者可隨時隨地以任一設備接取服務。NagraVision 公司資深副總和行銷主管 Verbesselt 指出，OTT TV 為將數位影音內容透過網際網路傳送到收視終端的服務，不僅跨越時間、空間和載具限制，更改變電視商業付費模式（許韶君，2010）。

　　OTT 視訊服務的特色是不需要擁有自己的網路，而是在公眾的網際網路上直接向終端消費者傳遞內容（陳澤奇、陳旭宇，2012）。另外根據臺灣資策會 MIC（2011）所提出之定義，此一線上影音服務有別於電信業者所提供的封閉式（Walled Garden）的網路架構下的 IPTV 服務。OTT 服務供應商因為藉由他人的網路，所以並不保證 QoS（Quality of Service，服務品質）。

　　目前 OTT TV 可以分成兩種類型，一種為封閉型 OTT（closed OTT），另一種是開放型的 OTT（open OTT）。封閉型 OTT TV 的業者有如內容的整合商（aggregator），他們選擇各種內容，然後將其整合成封閉型的營運模式，消費者看

的內容取決於付費的模式，有免費的內容，也有付費的內容。開放型的 OTT TV 業者不會用編排方式限制消費者觀看的內容，所以消費者在搜尋或瀏覽節目時不會受到服務提供者的限制，可自由選擇要看的內容（Burke, 2011）。

　　OTT TV 經營者的背景主要可分為：1. 既有電視（平台）經營者，包括無線或有線電視平台，例如美國、英國、日本、韓國及臺灣都有無線電視或有線電視經營 OTT TV；2. 內容整合者（含頻道業者）：片庫經營者或頻道業者提供其豐富影片或節目讓使用者透過網際網路收看；3. 設備業者：使用者購買智慧電視或機上盒裝置，例如 APPLE TV 或智慧電視，即可收看其所提供的免費或付費頻道及隨選視訊服務（彭心儀、鄭嘉逸，2013）；4. 網路營運商（network operators）：提供寬頻的業者，例如電信業者或有線電視業者因為推廣寬頻服務亦推出 OTT TV 服務。

　　OTT 視訊服務的種類亦可分為（參見圖 1-1）：1. 以租售 DVD 為主的租售類業者，如 Netflix、Blockbuster 及為 Amazon 所併購之 LOVEFiLM；2. 提供自有影音內容的內容類業者，如 BBC 的 iPlayer、Channel 5 提供之 Demand 5、HBO Go、ESPN3、Hulu Plus 等；3. 多頻道平台（MVPD）類業者，如 Xfinity、TWCable TV、Sky Go；4. 使用者上傳內容（UGC）類業者，如 YouTube Movie；5. 設備平

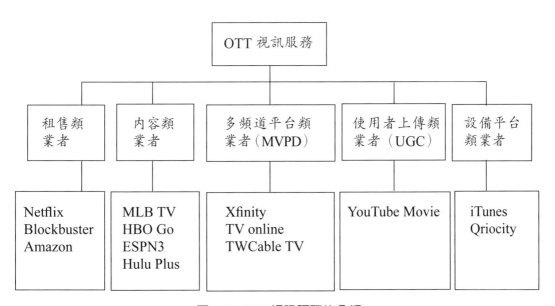

圖 1-1　OTT 視訊服務的分類

資料來源：MIC（2011）。

台類業者，如 Apple 所推出之 iTunes、Sony 在 2010 年推出 Qriocity、三星的智慧型電視（Smart TV）等。

Aidi, Markendahl, Tollmar 與 Blennerud（2012）在其研究中定義 OTT 視訊服務市場中的業者角色可分爲：1. 單純營運者（Pure player）：以電視 / 影音內容爲其核心，業者純粹爲 OTT TV 的角色，例如 Hulu、Netflix、Voddler；2. 多元營運者（Diversified player）：進入市場以擴大其品牌和消費，經營多角化產業，例如 Amazon、Wal-Mart、Google 和 Apple；3. 垂直整合營運者（Vertically integrated player）：以平台或基礎設施爲核心和服務，以增加價值和推動需求。該類業者來自不同產業，例如有線電視服務供應商（Comcast 和 Time Warner）、衛星電視供應商（DISH 網絡，Direct 電視）和電信營運商（Apple 和 Nokia）。

第二節　OTT TV 的生態與發展

一、OTT TV 以新進業者與破壞式創新之姿，衝擊傳統封閉式電視生態

網際網路的普及刺激了媒體、電信以及網路的匯流，促使電視節目能夠透過寬頻網路傳遞。由於消費者想要透過行動裝置來看電視內容，使得電視營運商開始嘗試多螢的電視服務，並且推出 TV Everywhere 平台。因此，數位情境下的電視製作、傳輸及消費行爲演變成複雜的生態，而破壞式的商業模式和高度競爭的市場環境，使得既有的多頻道營運商更加難以掌控，也因此提供 OTT TV 服務加入競爭。網際網路降低了視訊服務業者的進入門檻，並且讓業者向全球使用者提供服務，因而造就了破壞式創新的 OTT 視訊平台（Netflix、Hulu+），使其有機會進入過去封閉式的電視生態（Baccarne, Evens & Schuurman, 2013）。

根據 YouTube 主管 John Farrell 預測，2020 年網路影音訂戶將正式超越傳統電視服務訂戶。無論是否爲眞，也値得既有業者警惕。網路影音服務的優勢爲（Harris, 2013）：

1. 價格低廉：美國有線電視平均月費 30 美元，網路影音服務平均月費約 10 美元相對便宜。許多網路影音服務甚至不向訂閱戶收取費用。

2. 個人化：例如 Netflix 針對訂閱戶的瀏覽紀錄提供影片推薦服務，其乃傳統有線電視服務所欠缺的。

3. 便利性：網路影音內容服務的訂閱戶不受限於線性節目表，可自由選擇收視的集數與時間，多元的接收裝置促使其收視更加方便。

二、OTT 視訊服務生態圖

本節以 OTT 視訊服務為核心，由於該服務與無線電視、有線電視、IPTV、直播衛星（在臺灣雖不發達，在歐美卻很發達）等其他平台都有競合關係，所以將其列入分析架構中。有鑑於年輕觀眾上網收視的時間已有多於其使用傳統媒體的趨勢，傳統電視業者也必須以開放的 OTT 模式增加收視者看其節目的便利性。DVD 租賃業者如美國的 Netflix 也轉型經營 OTT 視訊服務業務。三星、Sony 等電視機製造商及數位機上盒業者也提供 OTT 視訊服務的連網方式。有些 ISP 業者本身也提

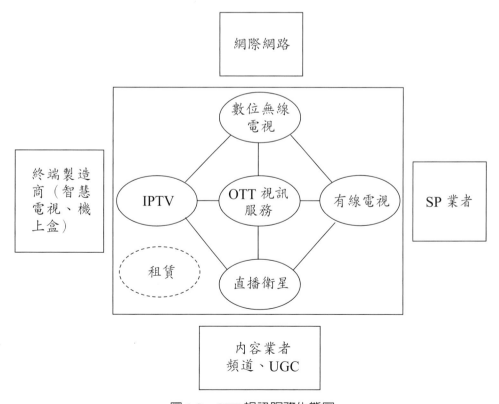

圖 1-2　OTT 視訊服務生態圖

供 VOD 服務、網路電視或 IPTV。所以他們也會擔心 OTT 視訊服務帶來的威脅。

三、全球 OTT 視訊服務的發展

在全球的 OTT 視訊服務市場方面，OTT TV 及影音內容的收入呈現大幅成長的趨勢（表 1-1），從 2010 年的 44.7 億美元，到 2015 年的 294.1 億美元，預計 2021 年將達到 647.8 億美元。自 2015 年至 2021 年期間所增加的 353.7 億美元收入中，亞太地區將貢獻 126.5 億美元，西歐為 82.3 億美元和北美地區的 90 億美元。該份報告估計，拉丁美洲的收入將成長三倍，而東歐、中東和非洲的成長也將持續增加（Broadband TV News, July 18, 2016）。

目前全球 OTT 視訊服務市場持續快速成長，其中又以美國為最主要的市場，經營方式也最多元。根據研究機構 Strategy Analytics 所公布的報告指出，美國的消費者於 2016 年在 Netflix、Amazon Prime 以及 Hulu 等影音串流服務共花費了 66.2 億美元，相較於 2015 年增加了 11.9 億美元，成長 22%。在訂閱情形方面，將近 60% 的美國寬頻家庭會訂閱影音串流服務，且約 40% 的家庭會選擇訂閱兩個以上的服務。至於市占率，Netflix 領先市場，占訂閱用戶的 53%，Amazon Prime Video 為 25%，其次則為 Hulu 的 13%。有關各種服務類型的收入情形，訂閱串流影音的收入成長了 22%，占 2016 年家庭影音消費支出的 35%，DVD/Blu-Ray 銷售下跌了 7%，為 56.7 億美元（30% 的消費支出），而影片租賃下降 10% 至 27.5 億美元（14% 的份額），下載影音增加 17% 到 22 億美元，租賃下載影音將下降 5% 到 18.4 億美元（Advanced Television, May 25, 2016）。

表 1-1　全球各地區 OTT TV 及影音內容之收入及預估

單位：百萬

	北美	拉丁美洲	亞太地區	西歐	東歐	中東及北非	非洲南部	總計
2010 年	2,674	32	707	1,014	26	13	0	4,466
2015 年	15,389	1,152	5,741	6,396	454	255	22	29,409
2016 年	18,078	1,596	7,894	8,199	633	339	37	36,776
2021 年	24,387	3,586	18,396	14,642	1,976	1,328	467	64,782

資料來源：Broadband TV News（July 18, 2016）。

在歐洲部分，Research and Markets 針對西歐的 OTT TV 及影音內容市場進行分析（表 1-2），預估 2015 年至 2021 年期間的收入成長將超過兩倍，從 2015 年的 64 億美元成長至 2021 年的 146.4 億美元，這段期間所增加的 82.4 億美元，英國將貢獻 23 億美元、德國 13.4 億美元、法國 11.3 億美元以及義大利的 0.99 億美元。其中 AVOD（Advertising VOD）將在 2021 年帶來 57.9 億美元的收入，相較於 2015 年增加 30 億美元。英國在 2021 年的廣告總額將達到 23.33 億美元，其次為德國的 9.04 億美元。到 2021 年 SVOD（Subscription VOD）的總收入將達到 56.32 億美元，高於 2015 年的 20.98 億美元。英國仍是 SVOD 最主要的市場，在 2015 年和 2021 年之間增加近 8 億美元，達到 15.07 億美元（PRNewswire, July 22, 2016）。

表 1-2　西歐 OTT TV 及影音內容之收入

單位：百萬

	訂閱隨選服務	租賃	購買下載影音	AVOD	總計
2010 年	152	137	97	627	1,013
2015 年	2,098	702	800	2,797	6,397
2016 年	3,001	819	984	3,396	8,200
2021 年	5,632	1,321	1,896	5,793	14,642

資料來源：Broadband TV News（July 13, 2016）。

亞洲的影音串流服務被視為是一個極具潛力的市場，隨著技術的發展及網路普及率已達 40.2% 以上，2016 年的獲利為 24.9 億美元，預計到 2020 年將達到 50.17 億美元。亞太地區線上影音產業的產值將從 2016 年的 130 億美元，成長至 2021 年的 350 億美元，成長率為 22%。線上訂閱隨選服務的部分，2016 年的營收為 37 億美元，2021 年預計將達到 130 億美元，年複合成長率為 28%。線上影音廣告的銷售額在 2016 年為 90 億美元，到 2021 年將達到約 220 億美元，年複合成長率為 19%（MUVI, August 12, 2016）。

第三節　影響 OTT TV 產業之因素

一、政府對 OTT TV 的政策

　　OTT TV 在很多國家都沒有直接的法規或主管機關，所以多半業者沒有束縛，可以有很多破壞性創新。不過隨著 OTT TV 的快速成長，各國通訊傳播主管機關似乎不能再漠視 OTT TV 對既有媒體的衝擊，而必須開始正視規管的問題。例如美國 FCC 曾經建議將付費的線性 OTT TV 納入 MVPD（Multichannel Video Programming Distributor，多頻道視訊傳輸系統）的範疇，不過尚未有結果。歐盟則在檢討當線性與非線性的分法已經不足應付之餘，也提出新的 OTT 分類，將 OTT 視訊服務歸類於 OTT-2。臺灣的 NCC 尚未針對 OTT TV 做出任何政策性的決定，不過既有電視與電信業者也陸續進入 OTT TV 的市場。

二、網路中立性的政策

　　由於 OTT 視訊服務需用到寬頻網路，在傳輸時會佔用到 ISP 業者所提供的頻寬。但因 OTT 視訊服務皆跨過 ISP 業者，故業者也無法向使用者收費，因而衍生「網路中立性」（network neutrality）的重大法規議題。OTT TV 業者多半希望有「網路中立性」規範的保護，至於要不要針對網路中立性制訂規範，各國作法也不一樣。臺灣因為民眾多半在看美國及大陸的 OTT 視訊服務，如果 NCC 訂定相關規範，反而形同幫境外的 OTT 視訊服務業者管制本國提供寬頻服務的業者（如電信業者及有線電視業者）。總之，網路中立性的問題在臺灣尚非需要急迫處理的議題。

三、多頻道視訊系統業者之態度

　　OTT 視訊服務大多扮演影音資源整合者（aggregator）的角色，除了 Netflix、BBC、三立電視臺等業者強調以自製內容為主，其餘業者主要以購買片源播放作為經營方式。既有多頻道系統業者（有線電視、IPTV、直播衛星）一方面會向主管機關反映其對傳統業者的規範較為嚴格，希望亦能管制 OTT TV，另外有些業者會以杯葛的方式，讓內容業者不賣節目給 OTT 平台業者，因此主管機關的態度很重

要，如果法律沒有保障 OTT 業者購買節目不受歧視，OTT TV 將難以掌握足夠的片源。

四、內容業者是否願意授權影音資源

　　由於新興媒體的發展，可能侵蝕有限的廣告資源與收視戶，因此與傳統媒體生態之間出現競合的問題，如果既有媒體杯葛，將導致上游頻道業者無法供應內容給新媒體平台。以往影音內容授權流程為：先在電影院播映完畢之後，接著給付費電視 VOD/DVD，再到加值頻道（premium subscription）播放，最後才是一般頻道（Owen & Wildman, 1992; Wildman, 2008）。當 OTT 視訊服務使用趨勢越興盛，OTT 業者便有機會在以上的流程當中取得搶先位置，可能會比 HBO 等加值影音頻道提前播出影音內容。

五、多樣的網路廣告將成為重要的 OTT 商業模式

　　OTT 視訊平台的廣告多樣及有彈性，又無法規（例如時間、時段、播放方式及內容）的限制，深具競爭優勢。網路影音網站之廣告投資比例逐年上升，而廣告投放表現也會成為 OTT 業者與內容業者商談的籌碼。

六、與網路搜尋引擎及社群媒體的關係影響 OTT TV 的分潤模式

　　隨著網路業者及電信業者進軍影視市場後，市場競爭者增多的情況下，讓既有內容業者有機會取得多元的利潤來源。現今許多電視頻道、電視臺或內容業者會將影音內容放置在網路或社群媒體上，所產生的流量，也可與業者拆帳，帶來新的利潤。

第四節　OTT TV 與既有媒體之競合關係

一、OTT TV 與既有電視服務為競爭關係

　　由於觀眾的時間及預算有限，如果只從 OTT 平台觀看節目，勢必對既有電視

平台帶來競爭。根據資策會 MIC 通訊產業研究中心指出，2007 年起，OTT 視訊業者以低價和免費方式提供豐富的影音內容，迅速於全球各市場中崛起，進而對有線電視營運商產生衝擊。有線電視及 IPTV 業者都擔心 OTT TV 會造成削線（cord-shaving）或剪線（cord-cutting）等現象。近 5 年來，除了全球電信營運商積極發展，有線電視系統商亦推出三合一綑綁（Triple Play）服務以鞏固市場。根據調查數據顯示，全球付費電視用戶仍以一成的年複合成長率成長；每年剪線、削線的用戶比例則遠低於一成（蘇宇庭，2014）。

二、OTT TV 與既有電視服務為互補關係（complementary）

雖然 OTT 視訊服務的發展越來越興盛，但是大規模的既有付費電視服務退訂現象並未出現。美國很多調查顯示，隨著 OTT TV 的出現，雖然有一些剪線的現象，但是還沒有很明顯的取代既有媒體的趨勢。OTT TV 雖擁有定價便宜的優勢，仍多被消費者視為既有電視服務的互補而非替代服務（Baccarne, Evens & Schuurman, 2013）。

Banerjee, Rapport 與 Alleman（2014）認為，未來網路視訊服務與既有電視服務在滿足消費者視聽娛樂需求上是處於共存關係。消費者依據個人偏好及便利性自由選擇使用何種服務。此外，美國大型既有電視業者也同時提供網路傳輸服務，可透過影音加網路傳輸的綑綁式服務，間接防止現有訂戶轉向 OTT TV，因此目前對於既有電視業者的核心業務來說，OTT TV 所能造成的威脅規模尚小。另一方面，沒使用過既有付費電視服務的年輕族群（first-timers），其視聽娛樂習慣完全仰賴網路影音服務，對於既有電視業者來說是本來就是最難網羅的客群。

三、OTT TV 與既有電視服務為競合關係（Co-opetition）

在網路影音市場生態中，競合關係為業者維持競爭優勢的商業策略之一，各業者彼此又競爭又合作，可有效發揮截長補短的優勢（Evens, 2014）。美國 OTT 視訊業者 Hulu 為 FOX、NBC 及 Disney 三大電視網共同經營之網路影音服務，股東同時身兼影音內容供給者，三家業者必須互相協調提供影音內容之比例，若協調不

當，對母公司以及合資經營 Hulu 的品牌價值與服務可能同時帶來不良的影響。

　　此外，英國 YouView 網路影音服務由電視臺業者（BBC、ITV、Channel 4、Channel 5）、ISP 業者（BT、TalkTalk）與傳輸設備業者 Arqiva 共同經營，為競合關係之重要案例。既有電視臺業者間的競合關係有助於分散風險、平攤成本以及縮短進入網路市場的準備時間。然而，業者間大規模的合作關係也可能導致市場競爭效率不佳以及服務革新速度降低等缺點（Evens, 2014）。

第五節　OTT TV 之經營模式

　　經營模式如同一個組織的策略藍圖，透過其架構、過程及系統可實踐業者的經營目標（Osterwalder & Pigneur, 2010）。經營模式亦指組織的經營邏輯，營運方式，以及如何為利害關係人產出價值（Baden-Fuller, MacMillan, Demil, & Lecocq, 2008）。Aidi, Markendahl, Tollmar 與 Blennerud（2012）將 OTT 的經營模式分為：1. 租賃模式（Rental model）：Netflix、Amazon 即時觀看、Vudu 和 Voddler 等；2. 零售模式（Retail model）：Amazon VOD 和 iTunes 等；3. 訂閱模式（Subscription model）：Neflix、Hulu Plus、LoveFilm 和 Amazon Prime；和 4. 補貼模式（subsidized model）：YouTube 和 Hulu 等。

　　Osterwalder 與 Pigneur（2010）融合了 45 個國家的 470 位業界人士的意見，共同提出了一個創新經營模式的模型。他們主張藉由九塊積木（building blocks）（基本元素）可以建構一個公司賺錢的營運模式。九項基本元素都包含在顧客（customer）、提供（offer）、內部結構（infrastructure）及財務能力（financial viability）的四大範疇內（圖 1-3）。該書舉了很多與本文對象相關的業者，例如 Google、Amazon、Apple、Skype 等。這九塊積木所組成的經營模式都可適用於上述的業者，相關的基本元素分析如下：

　　1. 客戶區隔（Customer Segments）：客戶是經營模式中最重要部分。沒有客戶，公司將無以為繼。但是必須將客戶區隔，才能準確行銷，創造最高的價值。業者尋求的是大眾市場、利基市場、區隔市場、多元市場，或是多方市場。OTT TV 根據客戶區隔，吸引喜好不同影音內容的觀眾收視。

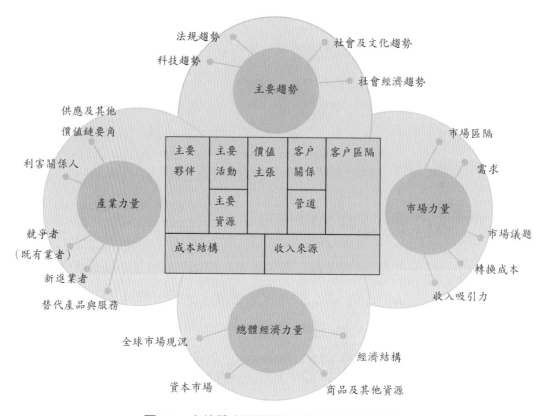

圖 1-3　九塊積木的經營模式及相關因素考量

資料來源：Osterwalder & Pigneur（2010）。

2. 價值主張（Value Proposition）：價值主張是客戶在選擇商品或服務時的考量。客戶在乎的是新奇、價格、速度、數量、設計、使用體驗、客製化服務、便利性，還是品牌，業者必須能夠掌握。OTT TV 能夠提供使用者個人化服務與跨螢服務，隨選隨看符合使用者需求，收費價格也較傳統付費電視低，因此吸引越來越多的用戶。

3. 管道（Channels）：這裡的管道可以是溝通、傳送或銷售的管道。管道可以直接或間接。業者可能是靠自己的管道接觸客戶，或是靠合夥者的管道。OTT TV 傳送的管道包括經由其自身所提供的機上盒、其他業者的機上盒、連網電視、與其他網路營運商合作、使用 Apps 等。

4. 客戶關係（Customer Relationships）：客戶關係要如何管理，如何維繫，如何擴張？有些透過直接的互動、指定的客戶代表、自我服務、自動化服務、社群聯

繫（如臉書、粉絲團）或邀請客戶共同創造等。OTT TV 在經營時強調以社群爲出發，善用社群媒體，積極將社群力量導流回平台。

5. 收入來源（Revenue Streams）：例如資產銷售（賣所有權）、使用費、訂閱費、租賃、執照費、版權費、佣金、廣告。OTT TV 的收入來源非常多元，除了觀衆的訂閱費之外，也包含廣告費及專案費。

6. 主要資源（Key Resources）：主要資源包括有形資產（如攝影棚、設備、網路）、知識型資源（如品牌、版權、專利、資料庫）、人力資源、或財務資源。每個業者的主要資源都不盡相同，例如由電信業者及有線電視業者提供的 OTT TV 主要資源爲寬頻網路，內容製作業者的 OTT TV 主要資源爲節目版權。

7. 主要活動（Key Activities）：看公司的性質，可能是節目製作、知識管理、顧問諮詢、平台營運或網路傳輸等。OTT TV 的主要活動根據其特性而有所差異，內容製作業者的 OTT TV 主要活動爲節目製作，電信業者及有線電視業者的 OTT TV 主要活動爲網路傳輸，至於終端設備製作業者的 OTT TV 主要活動則爲平台營運。

8. 主要合夥（Key Partnerships）：合夥關係包括與非競爭者的策略聯盟、與競爭者的策略合作、合資發展新事業、買方與供應方的合作關係等。OTT TV 與內容業者在滿足消費者視聽娛樂需求上處於共存關係，可彼此互相合作滿足消費者的個人偏好及需求。

9. 成本結構（Cost Structure）：有些公司是以降低成本爲優先考量，有些是以品質爲優先考量，或是創造價值爲考量，有些有固定成本，有些有機會成本，有些會受到經濟規模影響。OTT TV 可提供跨國的服務，然而業者在決定是否投入國際市場前，會依據所需付出的成本與預期收入爲考量，作爲相關決策之依據。

Osterwalder 與 Pigneur（2010）所設計的經營模式圖，加上主要趨勢分析、產業力量、市場力量及總體經濟力量的分析，可以用來分析 OTT 視訊服務產業。顯然，OTT 視訊服務已經發展成一種新興視訊平台，民衆觀看節目的趨勢也隨之改變。產業力量與市場力量都很重要。只有總體經濟力量在此還不十分顯著。由於 OTT 視訊服務相當仰賴無遠弗屆的網際網路，因此經營好的 OTT 業者，很容易跨國經營。這就像美國的 Netflix 跨足到歐洲及亞洲一樣。所以圖 1-3 可以作爲分析 OTT 視訊服務經營模式很重要的參考。

表 1-3　Netflix 九塊積木之經營模式

	Neflix **九塊積木之經營模式**
目標客群	所有觀眾，包括國際市場
主要資源	1. 外購影音內容（其中以電影為主要優勢） 2. 自製節目
主要活動	1. 平台營運 2. 內容產製
管道	手機、平版、電腦、各種平台
主要合夥	1. 智慧型手機、平板電腦 2. 網路電視串流棒 3. 聯網電視 4. 藍光 DVD 播放機 5. 電視遊戲器 6. 電視機上盒 7. 有線電視系統
收入來源	訂戶月費
成本結構	1. 低價策略 2. 外購與自製節目經費策略
價值主張	1. 自製內容 2. 看到飽模式（binge-viewing） 3. 影片推薦系統 4. 巨量資料分析
客戶關係	社群媒體

　　經營模式並不是一成不變，也需定期檢討及調整。美國最有名的 OTT 視訊服務業者 Netflix，之前是美國最大的線上 DVD 租賃服務業者。當年 Netflix 在進入市場時所採取的經營模式是計次付費的出租服務，但此定價模式並沒有成功，Netflix 不得不重新更改商業模式，至 1999 年重新塑造了付費模式，改推出月費方案，讓訂戶每月不限次數租賃 DVD，該固定費率（flat-fee）模式是由區域配送中心的系統支援，保證超過 90% 的用戶次日送到貨（Teece, 2010）。隨著寬頻網路的發展，Netflix 又推出網路影音串流服務（亦即 OTT 服務），後來不只主推自製節目，並跨足到國外市場，其經營模式採取的是付費模式。套用 Osterwalder 與 Pigneur 所設計的九塊經營模式分析 Netflix，可見表 1-3。

　　由於多數的消費者尚未習慣在網路收視內容要付費，所以 freemium（free +

premium 免費及加值服務）的經營模式也可作為 OTT 視訊服務的參考。freemium 經營模式之特徵在於免費提供服務吸引消費者，接著提供加值服務。OTT 視訊服務也可以提供一些免費的內容讓消費者觀看，然後再以一些加值型的內容吸引消費者付費收看或使用。

第六節　OTT TV 之價值鏈

　　Hartley（2004）指出，價值鏈（value chain）的定義乃是在一端是貨物的轉移過程，包含起源及生產者，在中間部分是商品和其分布，在其另一端是消費者或終端用戶。因此 Porter（1998）認為價值鏈分析是一個管理過程，順著這條鏈，需適當的注意增加收入和降低成本，不僅只是製造或是生產的過程。Venturini（2011）分析 OTT 平台的價值鏈可以包含內容產製、平台整合、節目傳送及接收設備（見圖 1-4）。有趣的是在 OTT 價值鏈扮演不同角色的業者多半都有直接或間接經營 OTT TV，因而形成一種競合關係。

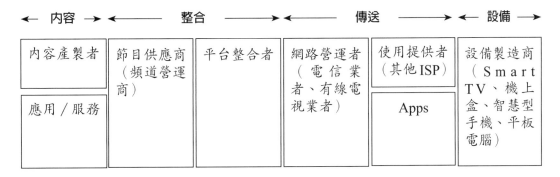

圖 1-4　OTT 視訊服務價值鏈

資料來源：改繪自 Venturini（2011）。

第七節　OTT TV 之關鍵成功因素

　　一般而言，關鍵成功因素主要從外部總體環境與產業分析以取得企業成功的重要因素，同時加上分析企業內部所掌握的獨特競爭能力，可作為企業制定經營策略時的參考（Kennedy, 1993；吳泓怡、高福泉，2008；轉引自劉幼琍，2013）。OTT 視訊服務欲在市場上獲得成功，可以從使用者、供應鏈及節目內容的角度來分析（圖 1-5）。

　　首先從使用者的角度來看，OTT TV 若要成功必須具有吸引力或有差異性的內容，並提供使用者廣泛的選擇。OTT TV 必須提供高品質的服務，讓使用者可隨時隨地收視，並且讓使用者可多螢多工觀看，讓使用者覺得物超所值，也信賴 OTT 視訊業者的推薦服務。

　　從供應鏈的角度來看，OTT 視訊業者必須取得合法授權的內容，安排各種播放的管道，讓使用者的手機、平板或電腦都能收到節目，利用使用者數據分析，推出縝密的訂價與計費方式，讓使用者接受。

　　若以節目內容為中心，使用者關心的是多螢觀看。OTT 視訊業者要有分析顧客行為的能力，要提供好的服務品質，讓使用者容易接近服務，定價要有彈性，並且整合社群媒體，提供好的使用介面。

　　至於如何提高消費者對於節目內容或服務的付費意願，Sandvand（2010）指出，消費者願意付費的五種獨特價值包括獨特的內容、獨特的便利性、獨特的實用性、獨特的包裝（節目分組銷售）及獨特的經驗。首先在內容方面，如果 OTT 視訊服務沒有吸引消費者的獨特內容，要與既有傳統媒體競爭相當吃力。獨特的便利性和獨特的經驗的例子可以三螢一雲為例，消費者在一個平台付費後，可以在任何時間及地點，用任何載具收視已付費的內容。至於實用性，可包括內容的實用性或是雙向互動服務的購物、電子銀行、繳費等。

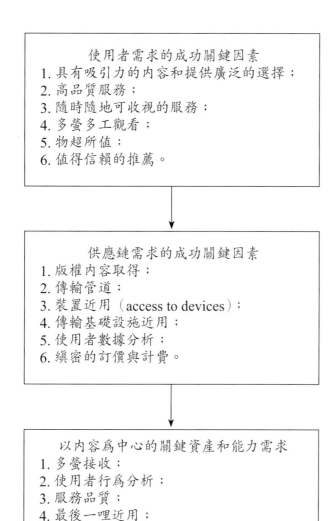

使用者需求的成功關鍵因素
1. 具有吸引力的內容和提供廣泛的選擇；
2. 高品質服務；
3. 隨時隨地可收視的服務；
4. 多螢多工觀看；
5. 物超所值；
6. 值得信賴的推薦。

供應鏈需求的成功關鍵因素
1. 版權內容取得；
2. 傳輸管道；
3. 裝置近用（access to devices）；
4. 傳輸基礎設施近用；
5. 使用者數據分析；
6. 縝密的訂價與計費。

以內容為中心的關鍵資產和能力需求
1. 多螢接收；
2. 使用者行為分析；
3. 服務品質；
4. 最後一哩近用；
5. 彈性訂價；
6. 整合社群媒體；
7. 使用者介面。

圖 1-5　OTT 產業各層面的成功關鍵因素

資料來源：改繪自 Accenture（2012）。

結　語

　　拜科技之賜，OTT TV 可以繞過寬頻業者，以破壞式創新的經營模式進入電視市場，甚至電子商務市場，並在全球帶來一陣旋風。OTT TV 的類型相當多元，有些是新興業者，有些來自既有的媒體，或是由機上盒及智慧電視製造商，甚至是提

供寬頻上網的業者兼營。OTT TV 生態的成員很複雜，他們彼此既競爭又合作。

　　近年來，OTT TV 產業發展日趨蓬勃，導致民眾退訂付費電視的剪線現象出現，剛開始對既有付費電視市場影響的層面也許不像想像的巨大，但是隨著 OTT TV 的發展及更多使用者的採用，其未來的影響難以預料。如今一般民眾尤其是年輕人已習慣多工媒體的生活方式，社群媒體也扮演多工行為的驅動因素。智慧型終端設備如手機、平板等所發展出直覺式的使用者介面，隨時隨地都可收視，提供了使用者的優質體驗。此外，不少 OTT TV 業者大量投入自製內容，提升影音品質，以差異化內容，彈性訂價模式及個人化的服務，來吸引眾多消費者使用。

　　評估 OTT TV 產業未來發展重點，仍在取得脫穎內容的能力，並推出多螢服務。對於平台經營者而言，若要永續經營，必須清除盜版內容及取得合法版權，對於新興多元和有差異性的業者可以持開放態度，強化夥伴關係，以進行更深層合作，橫跨產業價值鏈，大家共創共贏。

📖 參考書目

MIC（2011）。《北美 OTT 線上影視服務發展分析》。取自 MIC AISP 情報顧問服務網站 http://mic.iii.org.tw/aisp/

STPI 科技產業資訊室（2016 年 4 月 11 日）。〈串流媒體服務正逐步侵蝕付費電視市場〉。取自 http://iknow.stpi.narl.org.tw/Post/Read.aspx?PostID=12318

李學文（2010）。〈Apple TV 改版後即將消滅傳統電視產業？（上）〉。取自 http://mag.udn.com/mag/world/printpage.jsp?f_ART_ID=269037

林淑惠（2012）。〈中華電宏達電 合攻多螢一雲〉，《工商時報》，第 A15 版。

吳泓怡、高福泉（2008 年 5 月）。〈中華電信 MOD 發展關鍵成功因素之研究〉，「2008 年 ICIM 第十九屆國際資訊管理學術研討會」，暨南國際大學。

許韶君（2010）。〈付費電視全球模式〉。「2010 國際數位電視研討會」。取自 http://www.feja.org.tw/modules/news007/article.php?storyid=647

陳俍任（2009.12.3）。〈NCC 把關壹電視 5 執照 3 暫緩 2 告急〉，《聯合報》，第 A12 版。

陳澤奇、陳旭宇（2012）。〈中國 OTT-TV 的前景：未來的電視〉。取自 http://www.accenture.com/SiteCollectionDocuments/Local_China/PDF/Accenture-Insight-Outlook-Ott-Tv-China-Future-Tv.pdf

彭心儀、鄭嘉逸（2013）。〈新興視聽傳輸平台之管制概念初探 由 OTT TV 談起〉，《網路通訊國家型科技計畫簡訊》，53：13-15。取自 http://www.ncp.org.tw/vanilla/index.php?id=251

黃晶琳（2012）。〈壹網樂嫁富邦蔡家 月底拍板〉，《經濟日報》，第 A19 版。

劉幼琍（2013）。《電訊傳播 CEO 的經營策略》。臺北市：威仕曼文化。

蘇宇庭（2014）。〈共食影音服務商機 OTT/ 有線電視商聯手吸「睛」〉，《新電子》。取自 http://www.mem.com.tw/article_content.asp?sn=1404150002

Accenture (2012). *Bringing TV to life, issue III: TV is all around you*. Retrieved from http://www.accenture.com/SiteCollectionDocuments/PDF/Accenture-Bringing-TV-to-Life-III-TV-is-All-Around-You.pdf

Advanced Television (2016, May 25). *US OTT market: First sign of saturation*. Retrieved from http://advanced-television.com/2016/05/25/us-ott-market-first-sign-of-saturation/

Aidi, L., Markendahl, J., Tollmar, K. & Blennerud, G. (2012, November). *Competing or Aligning? Assessment for Telecom Operator's strategy to address OTT TV/Video services.* Paper presented at the Moving Forward with Future Technologies: Opening a Platform for All, the 19th ITS Biennial Conference 2012, Thailand.

Baccarne, B., Evens, T., & Schuurman, D. (2013). The television struggle: An assessment of Over-the-Top television evolutions in a cable dominant market. *Communications & Strategies*, *92*(4), 43-61.

Baden-Fuller, C., MacMillan, I. C., Demil B., & Lecocq's, X. (2010). Business models as models (editorial). *Long Range Planning*, *43*(2-3), 143-145.

Banerjee, A., Rapport, P. N., & Alleman, J. (2014). Forecasting video cord-cutting: The bypass of traditional pay television. In J. Alleman (eds.). *Demand for Communications Services–Insights and Perspectives* (pp. 59-82). Springer US.

BEREC (2016). *Report on OTT services*. Retrieved from http://berec.europa.eu/eng/document_register/subject_matter/berec/download/0/5751-berec-report-on-ott-services_0.pdf

Broadband TV News (2016, July 13). *Western European OTT revenues to double*. Retrieved from http://www.broadbandtvnews.com/2016/07/13/western-european-ott-revenues-to-double/

Broadband TV News (2016, July 18). *Global OTT TV and video revenues to generate $65 billion*. Retrieved from http://www.broadbandtvnews.com/2016/07/18/global-ott-tv-and-video-revenues-to-generate-65-billion/

Burke, A. (2011). *Over the Top TV – challenge or opportunity*. Retrieved from http://www.connect-world.com/~cwiml/index.php/magazine/latin-america/item/11535-over-the-top-tv-%E2%80%93-challenge-or-opportunity

Dziadul, C. (2015, May 18). *Connected TVs to drive OTT surge*. Retrieved from http://www.broadbandtvnews.com/2015/05/18/connected-tvs-to-drive-ott-surge/

Harris, R. (2013). *Will traditional TV survive the digital age?* Retrieved from http://www.techvibes.com/blog/will-traditional-tv-survive-the-digital-age-2013-10-23

Hartley, J. (2004). The 'value chain of meaning' and the new economy. *International Journal of Cultural Studies*, *7*(1), 129-141.

Kennedy, P. (1993). *Preparing for the Twenty-First Century*. New York: Random House.

Moyler, A. & Hooper, M. (2009). Over The Top TV(OTT TV) Platform Technologies. BCi. Retrieved May 20, 2009 from http://www.slideshare.net/mashupevent/over-the-top-tv-platform-technologies-overview

MUVI (2016, August 12). *A deeper look at the future of OTT video streaming market in Asia*. Retrieved from https://www.muvi.com/deeper-look-future-ott-video-streaming-market-asia.html

Osterwalder, A. & Pigneur, Y. (2010). *Business Model Generation*. New Jersey: John Wiley & Sons, Inc.

Owen, B. M., & Wildman, S. S. (1992). *Video economics*. La Editorial, UPR.

Porter, M. E. (1998). *On Competition*. Boston: Harvard Business School Press.

PRNewswire (2016, July 22). *Western Europe OTT TV and video forecasts to 2021 - Revenues will more than double between 2015 and 2021 - Research and Markets*. Retrieved from http://www.prnewswire.com/news-releases/western-europe-ott-tv-and-video-forecasts-to-2021---revenues-will-more-than-double-between-2015-and-2021---research-and-markets-300302665.html

Research and Markets (2016). *Global OTT TV and video forecasts*. Retrieved from http://www.researchandmarkets.com/reports/3275692/global-ott-tv-and-video-forecasts

Sandvand, J. E. (2010). *Five ways to build Unique Value for paid digital content*. Retrieved from http://www.betatales.com/2010/01/17/five-ways-to-build-unique-value-for-paid-digital-content/

Teece, D. J. (2010). Business Models, Business Strategy, and Innovation. *Long Range Planning*, *43*(2-3), 172-194.

Venturini, F. (2011). *Bringing TV to Life, Issue II: The Race to Dominate the Future of TV*. Retrieved from http://www.accenture.com/SiteCollectionDocuments/PDF/Accenture_Communications_Media-Entertainment_OTTV_Future_of_TV.pdf

Wildman, S. S. (2008). Interactive channels and the challenge of content budgeting. *The International Journal on Media Management*, *10*(3), 91-101.

第二章　OTT TV對既有媒體之衝擊

國立政治大學秘書處組長 / 廣電系兼任助理教授 / 台灣通訊學會秘書長　許文宜

前　言
第一節　國際間OTT TV發展與競爭趨勢對既有媒體之衝擊
第二節　OTT TV發展與競爭趨勢對我國既有媒體之衝擊
第三節　OTT TV發展對既有媒體相關政策法規之衝擊
結　語

前　言

　　在高速網路連接、智慧型手機高滲透率下，發展完整的 OTT 內容業者不僅使北美 OTT 內容市場 2015 年價值高達 214 億美元，亞太地區年成長率更持續攀升，Future Market Insights 研究預估 2016 至 2026 年，所謂市場主導者，內容以視頻類型為最主要獲利來源，至於裝置則以手機與平板獲利最大（Future Market Insights, November 18, 2016）。以訂閱隨選視訊（subscription video on demand, SVOD）為例，根據 Digital TV Research 分析，至 2015 年底，全球市場約有 1.59 億 SVOD 訂戶，預估 2021 年更將翻倍（Carter, October 10, 2016）。OTT 視訊發展對既有媒體之衝擊或影響，至今呈現多元競合關係；有研究分析，新興隨選視訊市場未來將融入傳統電視市場（Deloitte, 2014），顯示存有一定程度的衝擊；然而，也有實證研究指出，單純提供 OTT 服務，很難取代傳統電視（Baccarne, Evens, & Schuurman, 2013）。

　　事實上，自開放電信與有線電視跨業經營，即已造成既有媒體如有線電視用戶數下滑。以有線電視占比高的荷蘭為例，多數消費者原透過有線電視網路收看數位電視訊號，逐漸轉為透過數位用戶線路（DSL）或光纖到府（Fiber To The Home, FTTH）改收看 IPTV，導致有線電視市占率下降（Albrecht, 2012; Albrecht, 2014）。現階段，雖然 OTT 內容收益與整體影音市場相較，占比仍小，但有分析指出，OTT 市場終將侵蝕電視市場；而隨著網路基礎建置逐漸強化，Cisco 預估 2020 年影音將占據 82% 網路流量，市場出現所謂「虛擬有線電視」（virtual cable TV operators），或稱為「數位多頻視訊節目供應商」（Digital Multichannel Video Programming Distributors, DMVPDs）等新興業者（Carter, October 10, 2016），複製傳統有線電視方案，但以數位方式提供較傳統付費電視更為彈性及個人化之選擇，競爭勢必白熱化。

　　前述內容服務市場及營收等概要數據，不難看出既有媒體所面臨 OTT 新興視訊產業發展所帶來之競爭壓力。進一步從消費選擇及使用者角度分析，以英國為例，自 2014 年研究調查就曾顯示英國 67% Netflix 訂戶及 77% Amazon Prime 訂戶也同時訂閱付費電視（Deloitte, 2014）；另方面，消費者通常不會只訂一個，而是同時訂閱一個以上的 OTT 服務；根據 Futuresource Consulting 相關數據顯示，美國

及英國 Netflix 訂戶約有五成左右同時訂閱 Amazon Video Prime，美國訂戶甚至平均訂閱 2.5 個 SVOD（Carter, October 10, 2016）。換言之，OTT 視訊發展使得視聽眾選擇愈來愈多，對既有媒體造成衝擊，也同樣影響新興媒體。

《政府如何因應 OTT 產業新發展趨勢報告》指出，OTT 服務屬數位匯流趨勢的整合產物，產業破壞性創新對既有產業產生衝擊，不僅帶來行動收視新思維、入口平台服務應用革新、媒體使用行為改變，甚至改寫市場競爭規則、顛覆既有商業模式，其新創服務及營運模式對傳統電信及傳播產業帶來之競爭與衝擊，以及對管制法規之影響及挑戰，全球皆然（文化部，2016 年 10 月 13 日）。本章主要綜合國內外 OTT 視訊發展與競爭趨勢，針對產業生態重要面向包括：OTT 視訊與既有媒體市場融合發展、內容產製、OTT 視訊訂戶／收視／流量、OTT 獲利／營收以及相關政策法規等，探討對既有媒體之可能衝擊。

第一節　國際間 OTT TV 發展與競爭趨勢對既有媒體之衝擊

一、市場結構與競爭規則改變之衝擊

過去，「視訊」是促使有線及寬頻網路發展的「殺手級應用」（killer app），網路營運商本身同時為內容供應者，現在透過寬頻傳送的內容可由未建造網路的非傳統管道（non-traditional sources）提供，包括設備商（equipment vendors）、內容產製者（content producers）及傳播服務提供者（communications service providers）等，「三螢」策略能同時將內容傳送至電視、電腦及任何行動裝置（ICT regulation toolkit, February 25, 2015），改變市場結構與競爭規則，使得既有視訊媒體面對的產業生態產生巨大變化。

有關 OTT 視訊多元發展是否衝擊既有媒體市場及競爭力，在歐洲，以英國為例，BBC 積極發展 OTT 服務，與電信業者（BT 和 TalkTalk）、其他無線業者（ITV、Five 及 Channel 4）及傳輸業者 Arqiva 共同推出聯網影音服務 YouView。而主要有線業者 Virgin Media 則與 OTT 業者（如 Netflix）合作，透過 TiVo 提供具服務品質（QoS）影音服務，與 YouView 一同競爭新興媒體市場，以致所謂「剪線」（cord cutting）效應並不明顯。亞洲國家，日本無線電視業者陸續將內容提供於 OTT 視

訊平台，包括公共電視 NHK 及其他商業電視臺也將內容放上網路，提供訂戶回看
服務；韓國 MBC、SBS、KBS、EBS 四大無線電視自 2011 年推出 POOQ 網路影
音服務，包括有線電視業者也加入 OTT 經營，將影音內容放上網路平台推出「TV
Everywhere」供訂戶多螢接取（許文宜、劉幼琍、陳彥龍，2015），普遍呈現多元
競合態勢。

　　至於美國，數據顯示，2013 年「剪線」戶就已超過新訂戶數；2013 至 2014
年，「剪線」戶數約占 1 億 1 百萬訂戶的 50 萬戶（The Economist, July 16, 2016）；
在 2015 年「剪線」聲最響亮的一年，愈來愈多家庭拋棄有線或衛星電視等付費服
務，轉而在網路上觀看影視內容（Sharon Wu，2015 年 12 月 31 日），估計傳統付
費電視訂戶流失約 110 萬，大多用戶改訂 Sling TV（衛星電視 Dish Network 新服
務）等小套裝（The Economist, July 16, 2016），當時曾有分析認為，OTT 將為有線
電視帶來剪線潮。然而實際對照其他數據，SVOD 服務開始出現在美國的 8 年內，
訂閱付費電視家戶數不降反升，Deloitte 於 2014 年研究調查就指出，SVOD 與付費
電視並非相互取代，而是被客戶視為現有節目套裝加值，如額外訂購收視家庭套裝
（family pack）或體育套裝（sports pack）等特定內容服務（Deloitte, 2014）。

　　不過，美國聯邦通訊傳播委員會（Federal Communications Commission, FCC）
2015 年向國會遞交《視頻競爭報告》（the 16th Video Competition Report）即結論指
出，付費電視用戶總數出現有史以來首次全年度持續下降態勢，尤其是有線電視
網路用戶總數（FCC, April 2, 2015），相較於 2013 年 7 月 22 日 FCC 提交之報告，
主要因為擁有高畫質電視機的家庭數攀升、數位錄影機（Digital Video Recorders,
DVRs）家庭滲透率提高、寬頻及行動智慧終端設備普及等，使得消費者有了更多
選擇（李遠東，2015 年 5 月 29 日）。

　　無線電視方面，美國大多數國家級廣播電視公司、國家廣播電視協會（NAB）
等，除保護無線頻譜不致流失，也同時以 OTT TV／網路視頻／線上視頻等方式，
藉由網際網路及行動寬頻網路傳輸，擴大節目覆蓋範圍，甚至推出行動電視服務。
惟美國廣電業界高層並不看好，認為各類行動智慧終端在所多有，消費者透過行動
通訊 3G、4G 網路或電信運營商及有線電視運營商在全國部署的 WiFi 熱點，隨時
隨地可收看自己感興趣的電視節目，並不會買單。加上陸續收回部分無線頻譜使用

（主要為 800MHz、700MHz、600 MHz 頻段），優質頻譜大量流失，無線電視營運壓力更大（李遠東，2015 年 5 月 29 日）。

事實上，檢視過去電信業者經營 IPTV 與有線電視競爭影視訂戶，確實曾造成相當衝擊，例如：美國有線電視用戶數下滑，多少受到 AT&T 及 Verizon 兩家電信業者構築在寬頻服務基礎上綑綁視訊加值服務所影響；前述，荷蘭有線電視市占率逐漸降低，原因之一也是消費者轉為 IPTV 訂戶；至於亞洲的韓國，三大電信業者各自推出 IPTV，價格便宜、吸引年輕訂戶，成長快速，佔韓國付費電視市場至少四成，對既有有線電視產業造成威脅；當時有線業者抗議 KT 的 IPTV，也是因為其與直播衛星 Skylife 結合推出綑綁電視服務，衝擊既有影音市場（許文宜、劉幼琍、陳彥龍，2015）。

彙整國際間近年相關研究，英國 IHS Technology 指出 12 個歐洲地區傳統付費電視收視下降，OTT 固然是消費者「剪線」因素之一，但嚴格分析 OTT 與歐洲有線電視市場萎縮似無顯著關聯（Roxborough, July 31, 2014）。而日、韓等亞洲國家，既有媒體業者積極加入新興視訊平台市場經營 OTT，多方競合下，根據 Kim, Kim, & Nam（2016）運用利基理論（theory of the niche）研究韓國 OTT 與付費電視競爭，發現有線電視利基寬度最廣，而 OTT 服務最窄，且利基重疊度顯示傳統付費電視與 OTT 重疊度並不高；該實證研究指出，Netflix 這類大品牌並未進軍韓國，此外，網路影片（如 YouTube 短片及 UGC）與電視在韓國具有互補性（complementary）。或許韓國市場結構與競爭規則未受太大改變，與美國市場大不相同，美國由於網路基礎設施迅速升級，加上網路視聽付費商業模式漸趨成熟，OTT 視訊早已被視為傳統電視傳輸的重要競爭者。

綜合前述討論，不同國家，既有媒體遭遇 OTT 衝擊效應，雖因媒體產業生態差異而有所不同，但當 OTT 視訊挾著低價、方便、客製化等利基與優勢融入傳統電視市場，導致市場結構與競爭規則持續變化，則既有影音產業勢必無法再維持封閉狀態，被迫必須迎向新型態商業模式之競爭衝擊。

二、對既有媒體內容產製生態之影響

The Boston Consulting Group（BCG）（September 20, 2016）研究全球 OTT 內容市場以及對影視製作之影響指出，全球影視市場 5 千億，OTT 占 5% 約 250 億。然而，競爭者眾，利潤卻集中於少數業者，其中 Google、Facebook 及 Netflix 約占50% 獲利。事實上，即便在美國境內目前已有超過 100 個 OTT 服務，根據 Parks Associates 研究，僅 5% 寬頻用戶訂閱除主要競爭者 Netflix、Amazon 或 Hulu 之外的 OTT 服務，顯示美國小型 OTT 業者也面臨極大挑戰（Brightcove, June 29, 2016）。惟從個角度而言，OTT 促進內容產製生態發展，現今有近 10 億專業及業餘（pro-am）內容產製者，暢行無阻提供消費者內容，也確實活化不少在地媒體內容產製。

OTT 開啟新的收視模式，連帶促使業者在內容生產方面逐漸投入成本，除消費者有機會擁有更多選擇，亦延伸出原創內容競爭質與量的利基市場，例如美國原創內容產製數，自 2009 至 2015 年倍數提升（The Boston Consulting Group, September 20, 2016）。英語市場（如美國及加拿大）內容產製投入，也因 OTT 發展而呈現穩定攀升，分別為美國 7%、加拿大 5% 的年成長率；不過，非英語系國家，OTT 對內容產製影響力較小，例如瑞典年成長 3%，德國更不到 1%（The Boston Consulting Group, September 20, 2016），除後續情況發展值得觀察外，換言之，未來全球其餘市場（尤其非英語系國家）所能憑藉抗衡者，即各國在地業者之本土內容優勢；但值得注意的是，由於 Netflix 亦積極致力在地化發展，研究機構 HIS 甚至預估 2018 年 Netflix 將擁有超過 1 億訂戶，海外訂戶將占大多數（Carter, October 10, 2016）。

近幾年 OTT 業者（尤其 Netflix）對於原創內容投入不斷飆升，根據 IHS TV Programming Intelligence 調查，Netflix 於 2015 年開播內容為 31 個，2016 年則上升至 44 個；Amazon 由 8 個自製內容增加至 13 個；Hulu 則由 9 個增加為 10 個。不斷投入內容的原因在於，Netflix 雖以電影內容服務起家，但發現「追劇」（binge-viewed）的訂戶市場，且電視劇通常首播為付費電視，授權較電影更易鞏固。其次，Netflix 及 Amazon 均仿效付費電視頻道發展進程，以取得眾多內容庫為起始，投資

原創內容吸引更多訂戶。Netflix 策略上的創新還包括同時在 130 個以上的地區市場開播內容，並透過一次上傳整部系列劇集的方式將視聽眾「追劇」提升至另一層次（Westcott, Teoh, & Marchello, 2016）。

全球影視產業已進入「內容為王」時代，不僅 OTT 業者，就連傳統電視業者亦投入更多資源產製原創內容。根據 IHS TV Programming Intelligence 美國年度劇本產製調查，新興平台出現，使得美國市場節目數量攀升，2015 年共有 338 個劇本產出，2014 年、2013 年分別為 300 個及 239 個。換言之，電視網即便面臨線性收視下滑及廣告收入不穩定，2015 年仍較 2014 年產製增加。相關數據顯示，基本有線電視網（basic cable networks）由 138 個提升至 152 個劇集內容；額外付費有線電視網（Premium pay cable networks）兩年劇本產量每年維持 29 個；網路平台則仍不斷擴張，年產製內容由 20 個提升至 41 個，截至 2016 年，Amazon、Netflix 及 Hulu 與其他 OTT 業者原創劇集已超過 57 部。目前主要原創內容產製來自基本有線電視網，2015 年共開播 152 部新劇，較 2013 年的 96 部提高 58%。前述顯示，即便在 OTT 業者日漸強勢之前，原創內容成長已成趨勢，且 OTT 原創內容也持續增長（Westcott, Teoh, & Marchello, 2016）。

OTT 為消費者帶來更多影視內容選擇，也使得仰賴傳統大套餐（big bundle）的營運方式開始受到威脅，包括節目編排較差的大型媒體公司（如美國 Viacom，可能將大多股份售予中國大陸 Dalian Wanda Group 娛樂集團）、獲益於「長尾市場」的小型獨立頻道，以及僅有電視內容能販售的衛星電視等。歐美付費電視業者多展開 OTT 服務，如英國 Now TV 提供體育直播，美國 DISH Network 的 Sling TV 服務提供小套餐（Carter, October 10, 2016）等，市場贏家及生存者將會是提供最多熱門節目的業者及具利基市場者，例如 2016 年 7 月，終極武術聯盟 UFC（the Ultimate Fighting Championship）即以 40 億美元售出，成為史上售價最高的單一體育組織（single sports organisation）（The Economist, July 16, 2016）。

以美國市場為例，目前，訂戶仍收視傳統電視的原因主要在於，電視提供直播節目，尤其體育賽事，電視業者以高價取得體育直播權如：Disney 的 ESPN 及 Time Warner 的 TNT 支付共 240 億以在未來 9 年直播 NBA 籃球賽事，幾乎是上一合約的 3 倍金額；此外，視聽眾仍缺乏穩定而便宜的其他選擇，只好「看電

視」。惟自衛星電視 Dish Network 的 OTT 服務 Sling TV 進入市場，該服務已吸引 70 萬訂戶，另一選擇則是 Sony PlayStation Vue 已突破 10 萬訂戶（The Economist, July 16, 2016），顯示視聽眾「只好看電視」的情況已有所轉變。FCC 委員 Ajit Pai（April,13, 2015）曾說，過去是缺乏值得觀看的電視內容，OTT 視頻服務出現後，電視／視頻業的黃金時代（Golden Age）內容太多，沒有足夠時間觀看。

分析國際間 OTT 內容與服務趨勢，不僅原創／自製內容量不斷提升，OTT 業者自製內容品質亦逐漸呈現一定水準，並持續善用技術，創造成功模式。其中，廣泛討論的案例莫過於 Netflix 投資拍攝影集，其利用大數據（big data）針對全球數十國、幾十萬用戶觀看行為詳細紀錄及分析，包括：用戶暫停、快轉、重播等動作，以及影片評價、搜尋行為、收視裝置等，歸納出導演、演員及影集名稱，統合拍攝影集（Carr, February 24, 2013）。事實上，Netflix 自製劇於 2014 年艾美獎（Emmys）中獲得 31 項提名，與專於生產內容之頻道商 HBO 之 99 項提名相較，早已顯示 Netflix 在內容生產上所具潛力與實力（Deloitte, 2014）。

影音市場競爭者眾，當 OTT 提供消費者優質原創、多元選擇、低價且具吸引力之影音內容服務，既有傳統電視業者自是無法原地踏步。相關研究分析各國除既有電視業者加強與 OTT 業者合作外，內容供應商也紛紛開放內容於 OTT 視訊服務平台播出，以因應前述趨勢。例如：韓國有線電視業者 CJ，10 年前便成立娛樂公司 CJ E&M 推出網路影音服務；英國 Virgin Media 早在 2013 年 10 月即開始與 Netflix 合作，讓訂戶透過 Virgin Media 機上盒的 TiVo 使用 Netflix 的 App 觀賞隨選影音內容；荷蘭有線電視業者 Ziggo 也曾考慮與 Netflix 合作，藉此取得其獨家內容，讓有線電視業者得以擴張內容豐富度等（許文宜、劉幼琍、陳彥龍，2015）。

OTT 在視聽內容方面對既有電視業者帶來最大衝擊，莫過於盜版侵權問題，如何遏止不肖網路視頻業者藉由免費提供未經授權、盜版內容，取得大量觀眾、進而獲利，實為當務之急。此外，影視內容市場競爭加劇，也促使產業出現併購潮。IHS Markit 追蹤近年內容產製業者併購及收購，發現廣播電視業者併購內容產製業者最為積極。例如 ProSieben Sat 1 Media（透過子公司 Red Arrow Entertainment）自 2010 年至 2016 年 6 月已有 19 件併購，而英國的 ITV 及 RTL Group 的 Fremantle Media 則各有 19 件。Red Arrow 自 2010 年開始提供服務，已於 7 個國家擁有共

17 家公司；ITV 雖然併購較少，但花費較高，例如 2015 年投資 3.55 億英鎊併購 Talpa Media，2014 則耗資 3.6 億英鎊併購 Leftfield Entertainment（Westcott, Teoh, & Marchello, 2016），對既有媒體內容產製生態影響，後續值得關注。

三、媒體使用行為改變之衝擊

根據 Cha & Chan-Olmsted（2012）運用認知可替代性（Perceived Substitutability）及使用與滿足（Uses and Gratifications）理論，調查全美 1,500 名網路使用成年人，探討網路視訊平台及電視的認知可替代性，結果發現非網路視訊平台使用者較網路視訊平台使用者更認為網路視訊平台為電視替代品。雖然，該研究解釋，很可能是因為非使用者對於網路平台不瞭解，較無法區分兩者使用經驗所致，但也顯示網路視訊平台或許較傳統電視更能滿足使用者需求。

事實上，目前除歐美 OTT 市場快速成長，中國大陸也已成為全球最大的 OTT 市場之一，75% OTT 觀眾因為大量內容資源而使用 OTT，致使在華文市場中，中國大陸 OTT 內容已從新興利基市場逐漸發展為大眾市場；相關研究發現 13 億人口中，2013 年有 13% 觀看 OTT 內容，至 2015 年，則提升至 30% 觀看 OTT 內容，預估 2017 年底將達到 49%（TikiLIVE, August 16, 2016），成長相當可觀。以隨選視訊 SVOD 為例，根據 Juniper Research，2015 年全球 SVOD 市場獲益 146 億美元，預估 2020 年將達 340 億美元，平均每年成長 18%。其中，Netflix 堪稱 SVOD 平台龍頭，全球已有超過 8000 萬訂戶，美國訂戶占 4700 萬，海外則藉由大量英語內容攻占英語系國家市場（Carter, October 10, 2016）。

自 OTT 興起，以美國為例，13 個主要大型付費電視業者（約占市場之 95%）2014 年第三季流失約 15 萬影視訂戶（video subscribers），相較 2013 第三季損失 2 萬 5 千訂戶。估計主要付費電視業者共 9,530 萬左右訂戶，九大有線電視業者占 4,950 萬，衛星 3,420 萬，電信業者大約 1,160 萬左右。其中，九大有線電視業者於 2014 年第三季，Comcast 流失約 8 萬 1 千訂戶；Time Warner Cable 更流失約 18 萬 2 千訂戶（Leichtman Research Group, 2014）。現階段，美國有線電視訂戶流失率每年約 1%，尤其是深受廣告主青睞的年輕族群（The Economist, July 16, 2016）流失

最為明顯。

　　根據 GfK 研究，美國 25% 家戶並未訂閱付費電視服務，其中 17% 僅收視無線廣播電視，6% 藉由電視裝置透過網路收看電視，包括使用 Roku、Apple TV 或智慧電視。18 至 34 歲年齡層，更有 22% 僅收視無線廣播電視，13% 透過網路收視（Schwindt, July 15, 2016）。相較之下，Netflix 於 2014 年 6 月 21 即宣布，全球 40 多個國家用戶已達 5 千萬，美國約 3 千 6 百萬 (Tyson, July 22,2014)；而根據 Nielsen，美國有線電視訂戶 2014 年 6 月為 5 千 6 百萬，與 Neflix 全球用戶數差距僅 6 百萬左右（O'Toole, July 22, 2014）。至 2016 年，美國將近三分之一家戶訂閱串流電視服務，31% 訂閱 Netflix、16% 訂閱 Amazon Prime Video、7% 訂閱 Hulu（包括重複訂閱）（Schwindt, July 15, 2016）。

　　國際會計審計專業服務事務所 PwC（PricewaterhouseCoopers）報告指出，美國剪線或從未訂閱有線電視的家戶數，自 2015 至 2016 年，由 21% 提升至 23%，傳統付費電視訂閱率則由 61% 降至 54%；在此同時，選擇訂閱較少頻道小套餐的家戶數卻由 18% 上升至 23%，而仍願意繼續訂閱有線電視的用戶，則由 70% 提高至 84%。分析指出，雖然消費者較以往觀看更多內容，但對於電視套餐卻傾向精簡，顯示消費者對於付費購買的內容、取得方式和時間有其掌控（Pressman, December 14, 2016）。

　　由於 OTT 服務為開放網路傳輸，只要能接取寬頻網路，無論平板或手機均能跨越國界接收，網路雙向多樣應用服務結合視頻、社群服務、網路購物等，與既有電視業者相較，OTT 用戶成長空間與潛力尤其契合網路世代年輕族群媒體使用習慣。惟相關研究分析指出，新興視訊業者燒錢，消費者未必買單的情形也不少，只想看電視、尚未具備對創新應用之需求是原因之一（許文宜、劉幼琍、陳彥龍，2015）。此外，串流服務使用率雖暴增，但大多作為附加服務，並非取代電視，除美國家戶於電視的花費仍多之外，電視廣告費率上升、有線電視價格每年增長等數據，亦顯示電視似乎仍具一定的強勢地位（The Economist, July 16, 2016）。

　　Baccarne, Evens, & Schuurman（2013）研究調查比利時 Flanders 主要電視及 OTT 競爭，發現年輕人因個人化收視選擇而有「剪線」效應，但由於 Flanders 數位電視高度普及、電視市場內容創新且價格便宜，OTT 服務仍難以取代傳統電視。

不過，也有研究指出，傳統電視的地位不會持續太久，因為有線電視包含眾多頻道的套餐已經過時，此種商業模式勢必遭遇前所未有的衝擊，甚至瓦解。尤其，Amazon、YouTube（屬 Google）及 Hulu（Disney、Fox 及 NBC Universal 合資）正協商透過網路提供直播電視，內容甚至包括美國主要廣播電視網、熱門運動及娛樂頻道等，月費只需 40 或 50 美元（The Economist, July 16, 2016）。換言之，OTT 視訊服務個人化、低價、便利、創新服務等逐漸改變視聽眾媒體使用習慣，剪線雖不如預期快速，但仍有持續增加的可能。

四、OTT 獲利營收與對既有媒體之衝擊

具體而言，IP 技術分隔傳輸（carriage）與內容（content），允許 OTT 內容及裝置提供者（applications providers）直接服務終端用戶，惟承載服務的網路商（network operators）並未介入其中（ICT regulation toolkit, February 25, 2015），說明 OTT 服務為產業去層級化（de-layering）的產物。也因此，OTT 獲利多樣化之經營模式不同於既有電視產業，以有線電視為例，主要藉由向用戶收取月費，然而 OTT 無論收費、免費收視、不同加值服務，甚至利用視頻流量維繫旗下購物網站等獲利方式，有其利基，產值亦多樂觀預估。根據 Digital TV Research 相關數據顯示，粗估 2015 年全球 OTT 市場值 294.1 億美元，至 2021 年將成長至 647.8 億美元，並預期 2020 年有廣告的隨選服務 AVOD（Advertising-based video-on-demand）獲益將超越 SVOD（Carter, October 10, 2016）。

以英國為例，Deadline Media TV 報告數據指出，英國與愛爾蘭的 OTT 服務在 2013 年產生至少 53,200 萬英鎊的產值，占全部電視廣播營收約 4%，估計 2017 年將成長為 15%，甚至 20 年後，消費者主要都將透過網路串流媒體及隨選影音消費收視。尤其，TechSci Research 針對全球 OTT 2011 至 2021 年競爭與機會之預測進行研究，隨著自攜設備（Bring Your Own Device, BYOD）、雲端計算、及物聯網（Internet of Things, IoT）成長趨勢，預估 2021 年全球 OTT 市場將超過 649 億美元（PRNewswire, September 23, 2016），全球雲端運算市場預計由 2015 年 2550 億美金，至 2021 年成長至 4460 億，這對全球 OTT 市場無疑將帶來正面影響。

　　根據 cg42 針對 1,119 位美國消費者調查，因應未來估計 80 萬消費者「剪線」，倘若以每位消費者每年約付 1,248 美元訂閱付費電視計算（剪線者平均每月節省 104 美元，約占帳單金額 56%），預估美國付費電視業者可能損失近 10 億美元。然而，過去推測消費者剪線後可能因為混合訂閱高速網路及串流服務而需付出更高額費用，但研究卻顯示並非如此，因為即便剪線，視聽眾通常不願付費超過 15 美元訂閱串流服務（Ramachandran, September 28, 2016），新興與既有媒體融合的市場，產業營收各具利基，變數仍相當多。

　　以美國視聽眾為例，相關分析指出，大多剪線或從未訂閱電視服務者，即便傳統電視有體育直播等熱門內容，消費者也並無訂閱意願。83% 剪線者與 87% 從未訂閱者都認為，在未訂閱付費電視的情況下，也能取得大多數或全部想要的內容；甚至 94% 剪線族及從未訂閱付費電視者都訂閱 Netflix；其次為免費 YouTube；至於排名第三則為 Amazon Prime，約有半數剪線族訂閱。然而，無論是 Amazon Prime、Hulu、HBO Now 或 YouTube Red 等其他 OTT 服務，訂戶數均遠不及 Netflix 與 YouTube 兩家。不過，調查也顯示，有 6% 從未訂閱付費電視者（約 1,690 萬訂戶）表示，若經濟許可，未來一年，非常想訂月付費電視（Ramachandran, September 28, 2016）。

　　基於愈來愈多消費者觀看網路影音，且以智慧型手機及平板為主流裝置，相關研究粗估 2015 年分別為 18.6 億及 10 億美元的全球智慧手機及平板市場，2021 年，智慧手機將成長至 31.1 億美元，平板成長至 17.2 億美元（TechSci Research Report, September 12, 2016）。至於內容市場，Future Market Insights 針對 2016 至 2026 年 OTT 內容市場研究顯示，2015 年全球 OTT 內容市場價值約 477 億美元，2016 年則成長至 532 億。內容類型方面，視頻類型為最主要獲利來源，2015 年獲利約 244 億美元，獲利模式以 AVOD 最高，2015 年約 173 億美元；裝置則以智慧型手機及平板獲利最高，2015 年約 191 億美元，至 2016 年，前述類型均仍為市場主導者（Future Market Insights, November 18, 2016）。

　　事實上，有鑑於 OTT 視訊快速發展，多數國家有線業者未必將 OTT 視為競爭對手，尤其內容豐富的 SVOD 逐步成為有線業者的互補方案。例如：英國 Virgin Media 與 Netflix 合作；日本主要有線電視 J:COM 與母公司電信業者 KDDI 都自營

OTT；韓國 CJ HelloVision 推出 tving 及 Mnet 網路影音服務；中國大陸歌華有線電視成立歌華雲平台也朝向 DVB 與 OTT 整合（許文宜、劉幼琍、陳彥龍，2015）；惟美國有線電視業者受 OTT 視訊衝擊較大，但以 Comcast 自行發展 X1 雲端平台，推出 XFINITY Streampix 串流視訊服務爲例，顯示自營 OTT 視訊或與之合作互補，爲既有媒體面對 OTT 風潮改變收益模式的努力與因應之道。

第二節　OTT TV 發展與競爭趨勢對我國既有媒體之衝擊

OTT 視訊發展對於無線電視、有線電視、IPTV 等既有影音平台之衝擊或影響，各國因媒體生態及產業發展差異，有所不同。前節，分別從國際間 OTT 視訊與既有媒體市場融合發展、影響既有媒體內容產製生態、訂戶／收視／流量、獲利／營收等面向加以探討。本節主要分析 OTT 視訊發展對我國既有媒體之影響。

一、市場結構與競爭規則改變之衝擊

資策會 2015 年調查顯示，15.8% 受訪者近半年沒有訂閱有線電視；另 16% 表示不會續訂有線電視而將預算轉移至數位影視如 OTT 視訊服務；由於仍有 67.9% 表明會續訂有線電視（彭慧明，2016 年 2 月 29 日），換言之，國內「剪線」效應雖暫不顯著，但已呈現出持續累加的趨勢。以下略述 OTT 視訊與既有影視內容市場競合發展概況，顯示我國目前包括電信及既有電視業者面對競爭規則改變，不得不紛紛投入 OTT 市場。

在電信業者方面，電信龍頭中華電信推出「中華影視」，提供超過 60 個頻道，其中 35 個是 HD 頻道，電影、戲劇、動漫等 VOD 超過 5,000 小時，電影 800 部，期望打造成爲影視圖書館、入口網站（黃晶琳，2016 年 3 月 29 日）。台灣大哥大推出「myVideo」，與凱擘共同布局電信及有線電視網路，打造數位平台，跨足電影、戲劇，亦投入音樂製作與數位發行，並走向上游，投入電影及電視劇創作，甚至演藝經紀，從創作、發行至平台，打造文創一條龍（黃晶琳，2016 年 7 月 27 日）。遠傳推出「friDay 影音」，以策展、直播與新聞爲三大重點，強打個人化多元分眾服務內容，擁有超過 3,500 部國內外熱門電影，以及臺、中、韓強檔戲劇，搭

配新聞、大型賽事等直播內容，打造一站購足的影音新概念（黃晶琳，2016 年 1月 30 日）。亞太則推出「Gt 行動影城」及「Gt 行動電視 app」，搭配 4G，致力發展智慧生活、物聯網產業，推出「IoT by Gt 智慧生活」物聯網平台（曾靉，2016年 8 月 9 日）。

　　至於既有電視業者，有線電視業者凱擘推出「Super MOD」，擁有 158.8 萬戶、市占率 31% 之優勢，而凱擘影藝則積極投資戲劇及電影（黃晶琳，2016 年 10 月 7日）。頻道業者憑藉內容優勢經營 OTT，如民視致力發展電子商務、多角化經營，打造電視劇品牌商品，OTT 服務「四季線上影視 4g TV」推出獨家直擊內容，如直擊立法院問政議事等差異化內容（畢畢，2016 年 5 月 19 日）。三立善用娛樂產業上中下游幾項優勢，如戲劇製作、藝人經紀、完整行銷管道等，以及粉絲效益經營OTT「Vidol」，強調獨家偶像內容並舉辦粉絲見面會等互動，強化粉絲黏著度（劉孋瑩，2016 年 5 月 24 日）。愛爾達則推出「Elta OTT TV」，提供豐富直播內容，尤其全球重大體育賽事直播，並引進以國際主流運動賽事為號召的 ELEVEN SPORTS兩個優質運動頻道，搭配既有愛爾達體育家族頻道（體育、育樂、足球）組成國內運動賽事網路收視平台（東森新聞雲，2016 年 10 月 7 日）。

　　國內其他 OTT 競爭者還包括：電影發行及數位內容整合業者 Catchplay，深耕娛樂影音，從投資製片、院線發行、電影頻道經營、數位內容版權整合，購買及擁有總片量超過兩千部，推出 OTT「CATCHPLAY On Demand」主打電影內容（楊安琪，2016 年 3 月 22 日；娛樂重擊，2016 年 5 月 11 日）。數位音樂內容業者 KKBOX 推出「KKTV」，目標成為華人最大 OTT 戲劇服務平台，擁有國內及日、韓、中國大陸等戲劇，更出資開拍臺灣自製原生劇（關鍵評論網，2016 年 7月 7 日）。入口網站業者 Yahoo 奇摩推出「Yahoo TV」，主打原創直播節目，除原有的授權戲劇和體育賽事直播，更找來名人開設直播節目（顏理謙，2016 年 10 月15 日）。行動 App 品牌發行商歐酷網路 CHOCOLABS 積極與各國內容業者合作，引入臺劇、韓劇、陸劇、日劇、新加坡劇及港劇，同時積極投入自製內容，透過OTT「CHOCO TV」限定播出（楊安琪，2016 年 8 月 24 日）。

　　此外，原生線上影視服務業者則包括「LiTV」及「酷瞧」等。LiTV 提供豐富頻道、戲劇及電影等，目前片庫至少達 1.8 萬小時，更以獨家版權本土節目深耕年

長者市場（娛樂重擊，2016 年 4 月 21 日）。酷瞧則主打原創節目，積極拓展藝人經紀，注重行動平台經營，並結合手機遊戲行銷節目，原創內容對所有平台開放，積極與各大平台交換授權內容（郭芝榕，2015 年 6 月 5 日）。

除國內業者外，國外 OTT 業者也積極搶攻我國 OTT 市場，例如全球最大 OTT 業者 Netflix 及愛奇藝，Netflix 主打歐美影劇內容，自製劇為強項，而愛奇藝則在中國大陸市占率第一，每月超過 5 億用戶造訪，在臺透過代理商營運，提供電影、音樂、電視劇、綜藝、動漫等超過 2,000 支數位影音內容（邱莉玲、林淑惠、何英煒，2016 年 3 月 30 日）。韓國即時通信軟體業者 Line 亦推出 Line TV，主打戲劇，包括韓國及國內戲劇等（娛樂重擊，2017 年 1 月 5 日）。此外，免費及 UGC 的影音分享平台（如 YouTube 及 DailyMotion）亦吸引眾多用戶。

根據 Ovomedia 調查，國內視聽眾最常接觸的線上影視平台，YouTube 居冠佔 88%，其次依序為愛奇藝 41%、LiTV 17%、Netflix 17%、其他 12%、中華影視 7%、ELTA OTT 及 friDay 影音同為 6%、KKTV 5%、MyVideo 5% 等。其中，全付費服務的前 5 名為 Netflix、中華影視、愛爾達 ELTA OTT、遠傳 friDay 影音及數位音樂內容業者 KKBOX 的 KKTV（Ovomedia，2016 年 11 月 22 日）。

OTT 視訊與既有媒體融合發展，改變市場結構與競爭規則，國內相關研究運用五力分析、價值網（Value Net）及 SWOT 分析指出，有線電視與 OTT 業者不僅是競爭者，亦具有互補關係，該研究結論認為 DVB+OTT 平台已成為建立開放性平台之重要選項，有線電視應積極與 OTT 合作（翁瑞羚，2015），方能強化競爭力。

由於視聽眾逐漸習慣透過手機或平板觀賞影音內容，行動視頻成為一大市場，隨之產生諸多小型網站或 App 業者，透過整合影音內容連結方式在網路上提供服務，許多未具版權、甚至非自行產製之「整合編輯」免費內容（例如 MyVideos 布諾影音、線上看 TV、韓劇線上看、Love TV Show 等）或發行 App，藉此賺取廣告分潤，也對國內合法業者造成一定衝擊。此外，既有媒體以有線電視為例，之所以仍維持一定市占率，相關研究分析重要原因包括：有線平台目前仍握有國內觀眾主要收視的主流頻道內容，甚至頻道代理權；掌握地方內容，在地化與既有業者互助或聯盟，此其與 OTT 新興視訊平台相抗衡競爭優勢之一。尤其，為符合消費族群轉化、吸引年輕人，國內有線業者甚至積極展現其開發有線電視之應

用服務（如推出 VOD、個人錄影機 PVR），以及線上金融、線上繳費、家庭式服務（如家戶保全）等（許文宜、劉幼琍、陳彥龍，2015），顯示，新興 OTT 視訊低價、方便收視、客製化等利基與優勢，使得國內既有影音產業生態無法如過去保有封閉市場，被迫迎向新興的營運模式。

二、對既有媒體內容產製生態之影響

國內研究 OTT 技術演進對有線電視產業之影響，試圖歸類影響產業情境發展之重要不確定性因素，其中，內容供應商是否投入 OTT 服務被歸類爲不確定因素之一（張宜如，2016）。事實上，OTT 影響所及，既有電視媒體確實有不少業者將媒體內容視爲未來發展重點，增加自製內容，甚至朝 TV Anywhere 積極規劃執行。以凱擘爲例，自 2012 年 9 月 5 日斥資 10 億元投資內容生產，成立「凱擘影藝」，自製內容外，更進一步與中國大陸合作拍攝電影、電視劇及微電影等；同時推出多螢應用，例如：凱擘 Home play、Super MOD 等。事實上，有線業者也看好凱擘與台灣大哥大跨至 TV Anywhere 領域（許文宜、劉幼琍、陳彥龍，2015）。

此外，OTT 服務對於提供有線電視內容頻道業者所形成之衝擊，也導致頻道業者紛紛自行經營網站，將既有節目內容放上網路供閱聽人收視（如 TVBS 新聞帶著走 app、民視、壹電視等）。然而，由於國內電視臺節目產製預算有其局限，一旦內容失去競爭力，閱聽人轉向廣泛尋求外來優質原創節目，甚至選擇中國大陸免費 OTT 內容，則既有電視內容受新興媒體影響之隱憂（許文宜、劉幼琍、陳彥龍，2015），可能還包括原本可望投入國內頻道業者之廣告預算轉往中國大陸，甚至我內容業者轉往對岸發展，以求進入穩定可行之營運模式等之可預期後果。

由於 OTT 透過網際網路傳輸，去疆界化特性使得盜版內容藉由對等網路（peer-to-peer，P2P）技術快速散布，所有用戶端都能提供頻寬、儲存空間及計算能力，使得違法業者輕易傳輸高畫質視頻，躲避版權問題，因此，不僅既有媒體，包括國內合法 OTT 業者，均一致將打擊盜版視爲當前首要迫切解決之課題。國內業者分析，楓林網、DramaQ 及 Love TV Show 爲三大盜版影音網站（何英煒，2017 年 1 月 5 日），單是楓林網每月預計廣告收入就高達新臺幣 900 萬元。KKTV 執行副總楊志

光指出，臺灣平均每月有 450 萬人使用盜版網站及 app，若其中 100 萬人願意付費，每月有 1 億臺幣流回影視與音樂權利人，則一年有 24 億臺幣，而取其中 25%（即 6 億）作為影視內容製作費，估計每年可創造 30 億版權營收（顏理謙，2017 年 1 月 24 日），影響至鉅。

對此，OTT 業者包括愛奇藝臺灣授權廠商歐銻銻娛樂、LiTV 利視科技、KKBOX 旗下的影音平台網站 KKTV，以及三立等電視臺，自 2016 年便積極串聯共同打擊盜版。歐銻銻娛樂表示，已經針對部分盜版網站提出刑事訴訟，包括 LUV TV、DramaQ 等，且愛奇藝亦在法國對 Dailymotion 平台提出申訴。目前，OTT 業者一方面合作凸顯盜版議題，另方面，由於盜版網站線上廣告七成來自雅虎或 Google 等聯播網，因此 OTT 業者亦積極向數位廣告聯播網業者遊說，希望透過業者自律等方式，讓線上廣告業主支持正版網站，不要將廣告上在盜版網站（何英煒，2017 年 1 月 5 日）。

事實上，相關研究亦顯示，視聽眾所最關切之課題為內容品質與盜版問題。調查指出，對於未來線上影視發展，36% 視聽眾希望能有更多正版、穩定的收費服務，31% 希望操作介面或內容更能符合全家大小的需求，24% 希望內容製作者可自行上架頻道供大眾訂閱，8% 則希望能開放編排自己喜愛的內容（Ovomedia，2016 年 11 月 22 日）。國內既有媒體內容產業除面對嚴重盜版衝擊外，如何滿足消費者對自製內容及創新應用服務在品質和選擇上的多元要求，也是一大挑戰。

三、媒體使用行為改變之衝擊

根據 Ovomedia 臺灣 OTT 電視使用行為調查顯示，65% 視聽眾訂閱有線電視或 MOD，從未訂閱者占 21%，15% 於近兩年停止訂閱，然而有 83% 的觀眾表達願意付費收看 OTT 電視影音；其中，電視仍為觀賞串流內容最受歡迎的裝置，但利用智慧電視盒／智慧電視棒收視者超過半數，占 57%，其次依序：手機與平板 21%、電腦 12%、智慧電視 7%、Chromecast 等投影電視棒則僅占 1%（Ovomedia，2016 年 11 月 22 日），使用 OTT 的比例日趨升高。

另方面，隨著數位服務普及，我國有線電視訂戶數自 2014 年起也呈現逐步回

升的趨勢，2014 年訂戶數共 500 萬 2,216；2015 年提升至 507 萬 8,876；2016 年第三季則成長至 517 萬 5,093 戶；家戶普及率 60.62%，數位服務普及率已達 94.20%（表 2-1）。相關數據顯示，我國有線電視業者即便面臨 OTT 瓜分市場，目前仍為影音市場主導者（國家通訊傳播委員會，2016 年 11 月 22 日）。不過，臺灣有線寬頻產業協會指出，近 10 年來，有線電視家戶普及率減少約 5%，我國進入 3G、4G 時代後，手機及平版使用者愈來愈多，手機門號數增加約 500 萬個（ET Today，2016 年 10 月 7 日），在行動影音日漸普及下，傳統影視不僅視聽眾下滑，產業也有相對式微的趨勢。

表 2-1　我國有線電視概況（2007～2016 年第三季）

	全國總戶數（內政部）	全國有線電視總訂戶數	家戶普及率	數位機上盒戶數	數位服務普及
2007	751 萬 2,450	468 萬 5,872	62.37%	19 萬 317	4.06%
2008	765 萬 5,772	488 萬 5,309	63.81%	19 萬 8,583	4.06%
2009	780 萬 5,834	498 萬 251	63.80%	25 萬 6,727	5.15%
2010	793 萬 7,024	508 萬 4,491	64.06%	39 萬 1,462	7.7%
2011	805 萬 7,761	506 萬 1,737	62.82%	57 萬 727	11.28%
2012	818 萬 6,462	498 萬 9,155	60.94%	104 萬 9,321	21.03%
2013	828 萬 6,260	498 萬 5,222	60.22%	227 萬 5,194	45.64%
2014	838 萬 2,699	500 萬 2,216	59.67%	394 萬 7,507	78.92%
2015	846 萬 8,978	507 萬 8,876	59.97%	456 萬 3,243	89.85%
2016 第三季	853 萬 6,883	517 萬 5,093	60.62%	487 萬 4,844	94.20%

資料來源：國家通訊傳播委員會（2016 年 11 月 22 日）

　　根據資策會調查，國內 58% 視聽眾經常透過線上媒體收看戲劇電影等影音內容而非電視機，尤其年齡 18～44 歲的族群更高達 77%。此外，晚間在家中收看電視黃金時段的電視觀影率為 77.2%，惟同時段手機／平板觀影率已提升至 75.4%，直逼電視，顯示電視觀看時間受到擠壓（莊書怡，2016 年 9 月 26 日），或視聽眾養成多螢觀看習慣所致。

　　國內相關研究發現，有線電視系統業者現在面對的是具有高度議價力的節目

內容供應者、議價能力提升的消費者，以及具有優勢的網路電視競爭者（張宜如，2016）。事實上，根據 comScore 與創市際公布 comScore Video Metrix，2016 年 2 月國內網友透過桌上型電腦或筆電瀏覽網路影音概況，共有 1,284.8 萬不重複電腦網路使用者，創造 23.9 億網路影音內容瀏覽次數；依瀏覽人數排名，Google 共有 1,118.5 萬不重複使用者，總計瀏覽 15.2 億次影音內容，平均每位使用者花費 393 分鐘；Yahoo 次之，共有 748.5 萬不重複影音內容瀏覽者，共瀏覽 1.3 億次影音內容，平均每位使用者花費 113.7 分鐘；第三則為 Facebook，有 737.5 萬不重複使用者，共瀏覽 2.6 億次影音內容，平均每位使用者花費 44.4 分鐘瀏覽影音內容（創市際，2016 年 5 月 20 日），具體顯示視聽眾透過網路收視視頻的頻率及黏著度。

四、OTT 獲利營收與對既有媒體之衝擊

分析主宰媒體獲利的廣告收入，2016 上半年，國內五大媒體（無線、有線、報紙、雜誌、廣播）廣告總量僅 180 億元，減幅達 12.5%；各大媒體廣告投資金額均下滑，其中以有線電視、報紙減量金額最多，平面媒體減幅最大，自 2011 年 33% 下滑至 2016 上半年的 23%（凱絡媒體週報，2016 年 9 月 14 日）。臺北市媒體服務代理商協會（MAA）每年統計整體廣告量數據，更證明傳統媒體廣告預算下滑趨勢，2014 年有線電視廣告量約 209 億元，至今，年減 0.4%；自 2011 年起，成長率都僅個位數，無線電視更是連四年衰退；相較之下，網路媒體則連年上升（彭慧明，2016 年 2 月 4 日）。

根據臺北市數位行銷經營協會（DMA）發布《2016 年臺灣數位廣告量上半年統計報告》顯示，2016 上半年臺灣數位廣告量達到新臺幣 111 億元，相較 2015 上半年同期的 84 億元，增加 27 億，成長幅度為 32%（含 2016 年新增項目：社群媒體廣告、內容行銷及其他類型廣告），其中社群媒體廣告最受青睞，占全體廣告量 29%，影音廣告則成長最多，幅度達 66%。

值得注意的是，尼爾森廣告監播公布 2016 上半年五大媒體廣告量，有線及無線電視的廣告量為新臺幣 110 億元，相較於臺北市數位行銷經營協會（DMA）所統計臺灣數位廣告 111 億元（臺北市數位行銷經營協會，2016 年 9 月 26 日），相

關數據足以顯示，數位廣告量超越電視廣告量的事實。

資策會調查，國內高達 76.4% 受訪者「只看免費影視內容」，僅四分之一願意付費使用（何英煒，2016 年 12 月 3 日）；與 Ovomedia 調查結果相似，付費收視 OTT 比例為 26%，付費金額依序為：月費新臺幣 199 元以下占 13%、200 至 299 元為 6%、300 元以上為 7%。其中，未來願意付費收看 OTT 影音服務者高達 83%，43% 視聽眾認為價格合理即願意付費收視，40% 認為好內容才願意付費，而未來願意支付的金額中，月費 199 元以下仍為最大占比約 60%，200 至 299 元為 27%，300 元以上占 13%（Ovomedia，2016 年 11 月 22 日）。換言之，雖然觀看線上影視漸成趨勢，但大部分視聽眾還是傾向觀看免費內容。

正由於網路多數為免費平台，業者主要藉由免費服務帶來流量吸引廣告來源，如前述討論，中國大陸免費 OTT 及盜版業者多元的獲利方式，已對國內業者帶來極大影響；加上養成視聽眾免費使用習慣或習慣不付費收視，長期而言，勢必衝擊付費電視營運相關收益。

國內研究分析，OTT 新興視訊平台造成消費者轉移，雖然目前個人行動收視的新興平台對既有電視業者衝擊未見顯著，但以有線電視為例，產業本身發展瓶頸未解，尤其有線電視創新內容不足，導致外來劇或外國頻道充斥，侵蝕我國文創內容競爭力；此外，有線業者認為更關鍵的課題在於 OTT 管理，例如以智慧機上盒在電視上收視線上直播頻道的智慧聯網模式，內含盜播未授權國內主流頻道等內容，衝擊既有產業營運，亟需主管單位積極處理等（許文宜、劉幼琍、陳彥龍，2015）。事實上，對於我國業者單打獨鬥等困境，文化部（2016 年 10 月 13 日）也認為，鼓勵商業模式創新、創造新的內容來源、處理內容侵權問題、打擊盜版等，為當務之急。

第三節　OTT TV 發展對既有媒體相關政策法規之衝擊

由於 OTT 透過開放網路傳輸，基於鼓勵新興服務及言論自由保障，多數國家採低度管制。然而，國內研究以六力分析探討有線電視系統業者所面對網路電視服務產業之現狀與產業特性，特別指出法令的不確定性是極大變數（張宜如，

2016）。事實上，前述探討 OTT 視訊服務對既有市場影響漸趨明顯，對政府相關政策主管單位及媒體監理等部門也已構成挑戰，例如：競爭無國界，鼓勵 OTT 視訊服務發展政策，對既有媒體產業之衝擊？對 OTT 視訊服務市場低度管制，如何成為具前瞻性的解決方案？

OTT 產業發展除涉及通訊傳播治理整體政策，其市場競爭效應諸如新興媒體內容治理、市場公平競爭、前瞻性寬頻管理政策、視訊市場垂直、水平、跨業整合、視訊市場界定及影響力評估指標、節目供應者與視訊平台等（文化部，2016年 10 月 13 日）均為政策法規影響所及之核心議題。例如：當線性廣播電視競爭力逐步下滑的同時，產業市場如何重新定義以維繫媒體市場及其競爭者公平競爭環境？當傳統廣播電視閱聽眾逐漸轉化為 OTT 視頻消費者，所涉傳播內容權益如何保障等？由於部分國家逐漸開始思考將 OTT 納入規管之可行性，以期建立公平競爭之法制環境、保障新興媒體內容視聽權益／消費者保護、遏止非法侵權等，以因應產業跨國界、新舊媒體發展全業務、整併擴大經濟等現實問題。因此，本節進一步分析相關政策法規對既有媒體公平競爭環境與內容治理之可能影響。

一、公平競爭法制環境衝擊

現階段，除中國大陸採取牌照制度外，全球多數國家如美、英、荷、日等國基於鼓勵新興產業發展，並未將 OTT 視訊納入執照管理；而韓國要求 OTT 業者登記，則主要針對非法內容（例如違反著作權法規定等）進行管制。前述，有鑑於 OTT 網路無國界、影響力漸趨明顯，部分國家也開始重新思考是否管理？如何適切管理？

FCC 曾於 2014 年 12 月 19 日提出擬議規範公告（Notice of Proposed Rule Making, NPRM），考慮將 OVDs 網路視頻商（online video distributors）「付費訂閱線性服務」納入「多頻道視訊節目傳播」（Multichannel Video Program Distributors, MVPDs）標準管制，讓網路視頻與有線及衛星電視共同競爭，確保同樣具有取得節目之權利，提升消費者更多購買選擇，以技術中立（technology-neutral）重新定義 MVPDs（FCC, December 19, 2014）。而歐洲議會 2016 年 5 月 25 日公布新

版《視聽媒體服務指令》（Audiovisual Media Services Directive, AVMSD）逐漸整合線性及非線性服務規範，針對廣播電視服務進行放寬，並首度將視頻分享平台服務（video-sharing platform service）納入規管架構（Europe Commission, May 25, 2016），以達相同服務相同管制之目的。

　　然而，面對網路視頻商（OVDs）漸與「多頻道視訊節目傳播」（MVPDs）業者（包括衛星電視、有線電視及 IPTV 等）競爭影視市場，美國這項提案卻因許多網路公司認為會限制創新及新興市場發展，FCC 不再繼續推動，惟仍將部分 OVDs 視為與傳統電視共同競爭影視市場的競爭者。2016 年 5 月 10 日，FCC 於通過 Charter（美國第四大有線電視營運商暨第十大電話服務供應商）對 Time Warner Cable（美國第二大有線電視營運商）及 Bright House Networks（全美第六大有線網路供應商暨第十大影片服務供應商）併購案評估指出，MVPDs 與 OVDs 同為影視市場競爭者，MVPDs 業者透過併購可能危害 OVDs 之發展（FCC, 2016, May 10），市場界定及後續相關政策法規如何妥為因應，值得關注。

　　我國現階段傾向對 OTT 視訊採低度管理，相較之下，對既有業者確實存有不對等管制，以國內電信業者為例，經營 OTT 服務原所受規範較其他 OTT 業者有所限制；對有線電視而言，臺灣經濟規模小，有線電視跨區經營需相當高之人力及建置成本，以全國總訂戶數三分之一限制計算，系統業者至多擁有 160 幾萬戶，與 OTT 視訊服務相較，投資受一定限制等（許文宜、劉幼琍、陳彥龍，2015）。因此，除媒體與 OTT 融合發展市場如何重新檢討管制原則、經營市場界定、水平垂直結合上限，現行費率、必載以及黨政軍問題等相關政策法規之局限，有賴積極研究解決方案。

　　借鏡各國經驗趨勢，費率管制通常只針對較具市場影響力業者，例如美國 FCC 僅在有線電視系統具宰制力地區訂定基本服務分層付費；英國僅限制最大的付費電視業者 Sky 衛星電視頻道批發費率；而日本也僅規定需申報與公開費率。至於黨政軍投資媒體限制，目前，美國、荷蘭並無任何禁止政黨或政府介入媒體相關規定；韓國對政府在廣播電視的持股數也無相關規定；至於英國，雖禁止政黨持有廣電執照，但允許地方政府為政策宣導目的申請廣電執照；舉凡新興／傳統媒體以及境內／外相關規範落差，有待務實重新思考。

至於整併趨勢對既有媒體及妨礙競爭等政策法規之影響，綜合相關研究分析，先進國家既有媒體因應 OTT 發展趨勢，包括英國 Virgin Media、荷蘭 Ziggo 與日本 KDDI 均分別完成前兩大有線業者之整併，且獲各國主管機關同意；即便中國大陸，也推動國網公司成立，打造全國有線電視整合平台等；顯示既有媒體展現擴大經濟規模，整合地方固網，提升既有電視媒體在三網融合市場競爭力之趨勢。至於各國相關政策，日本由於有線電視、IPTV 等既有媒體市場占比較小，並無特別限制；英國著重媒體多樣性之公眾利益，主要強化公平貿易署及競爭事務委員之監督評估（許文宜、劉幼琍、陳彥龍，2015）。至於將 CATV、IPTV、DTH、DTT 均視為相同數位電視市場的荷蘭，則由消費者暨市場管理局（The Netherlands Authority for Consumers and Markets, ACM）負責商業競爭與消費者權益保護事宜、由歐盟委員會認定；並由 CvdM（Commissariaat voor de Media）審視媒介多樣性（media diversity）之維護（CvdM, 2015）。媒體所有權集中以及確保公平競爭法制環境等內容或事項，是目前許多先進國家積極面對的課題。

近年來，國內影視產業遭遇資金、人才、通路等各方面瓶頸，造成產量與產值皆下滑的困境，加上新舊產業交錯衍生的不公平競爭，政府相關部門既已體認建立公平競爭機制是建構產業健全發展的基石（文化部，2016 年 10 月 13 日），針對 OTT 視訊進入市場競爭，如何建立與既有媒體公平競爭法制環境，鬆綁不合時宜的法令之外，同時提供投資獎勵政策及租稅配套措施，引導資源整合，鼓勵新舊業者創新或轉型發展，相互競合且避免不必要之重複投資等，才能有效因應匯流市場以及跨境 OTT 服務之衝擊。

二、內容治理與視聽眾權益保障之影響

因應境外 OTT 服務衝擊，歐盟 2016 年 5 月提案修正視聽媒體服務基本規範，要求境外 OTT 影音服務產業至少提供 20% 歐盟節目及提撥 20% 營收資金投入在地內容產製，以維護歐盟文化主體性與產業競爭力。除突顯保障本國文化傳播權之外，由於影視音媒體不僅是接收資訊、教育、文化、娛樂之重要載體，對於形塑民主價值、促進社會多元、保障意見自由及維護本國文化多樣性亦具重要影響力（文

化部，2016 年 10 月 13 日），因此，OTT 視訊或跨境服務對既有媒體內容及視聽眾相關權益保障等衝擊，值得關注。

　　美、英、荷蘭等國對既有電視媒體與 IPTV 等同管理；日本亦然，將 IPTV 與有線電視定義為「一般放送」；韓國則制定特別法核發 IPTV 特許執照。換言之，多數國家多未將 OTT 內容規管比照既有廣電相關法令規範，我國亦是如此。有鑑於各國除前述建立公平競爭法制環境外，主要關注兒少保護、個資、消費者權益以及非法侵權等內容治理議題，同樣的，對我國而言，OTT 視訊非線性、網路化、跨國性等相關規範落差，衝擊既有媒體需面對盜版內容、非法網站、境外不法進入市場，以及視聽眾傳播內容權益保護等課題，政府應與產業協力加以解決。

　　分析各國過去發展經驗及國際規管趨勢，美國 1996《電信法》規定政府對於新興媒體內容管制僅能在最小限度內為之；亞洲國家日本，政府並不介入媒體內容治理，即便既有媒體有線電視及 IPTV 僅仰賴自律機構監督；歐盟新版 AVMSD 承認傳統視聽媒體服務及新興隨選視聽媒體服務之匯流，並致力創造兩者公平競爭環境、對兒少保護等，經驗趨勢值得借鏡。

　　歐洲商業電視協會（Association of Commercial Television in Europe, ACT）指出，新興視聽服務已成為年輕人及兒少之主要內容來源管道，舊有歐盟 AVMSD 未能規範非 AVMSD 之內容，對兒少保護有所缺失（ACT, April 19, 2016），新版 AVMSD 第 12 條要求會員國須採取適當手段確保視聽媒體服務，限制兒少接收有害其身心及道德發展之內容，方式包括選擇播出時段、年齡辨識工具（age verification tools）以及其他技術或作法。最具傷害性之內容，例如無端的暴力及色情，則應採取更嚴格手段，如加密及有效的家長控制鎖等（Europe Commission, May 25, 2016）。歐洲議會認為，在歐盟數位單一市場（Digital Single Market, DSM）策略下，現行 AVMSD 需更新以反映市場，重點在於適用 AVMSD 之管制範圍，適用於所有市場參與者之規則（尤其是促進歐洲作品、兒少保護及廣告規範）。

　　Ofcom 認為，自採行 2010 年 AVMSD 規範，已證實線性及非線性視聽服務有所重疊，尤其許多「隨選節目服務」（on demand programme service, ODPS）為回看（catch-up）服務，且包含許多廣播電視內容。此外，Ofcom 調查英國視聽眾合理

預期所有「類電視」（TV-Like）之媒體服務應提供相同規管保障，因此於 2015 年 12 月 17 日提出關於未來隨選節目服務規管之諮詢，包括新提出的調查隨選節目服務違規處理程序應與廣播電視節目違規處理程序相呼應（Ofcom, March 30, 2016）。例如：ODPS 為「非線性」服務，管制較線性電視寬鬆，惟對於以保障視聽眾為主要考量之節目服務違規處理程序，均應比照廣播電視節目辦理，將兩者申訴調查程序一致化，有其適當性（Ofcom, March 30, 2016），以達到透明性、可預期性及效率，屬過去發展經驗及國際規管趨勢中，值得參考之處。

我國家通訊傳播委員會（NCC）引進「網際網路治理」（Internet governance）通過「數位通訊傳播法」草案，強化服務提供者、使用者及權利人在網際網路環境中都有適當規範和保障，以銜接現行包括個人資訊隱私、通訊秘密、智慧財產保護、個人資料安全、消費者保護等其他相關法規，確保各項法規所保障之個人及社會法益，並採取促進民間自律及公私協力為治理手段（國家通訊傳播委員會，2016 年 12 月 28 日）。既以自律為規範原則，由政府、民間與社群共同參與協力，可免國家以公權力行政管制直接介入，惟匯流修法走向輕度管制（light touch）方向，則相關政策法規仍有新興挑戰需因應，尤其在兒少保護與消費者權益保障等面向，未來發展也極可能衝擊既有媒體之法規基礎等。另方面，OTT 並無特定主管機關，現階段由跨部會主管機關與民間團體合作成立的 iWIN 網路內容防護機構，雖負責接受新興媒體不當內容申訴及處理，但依據不同法規將案件轉交各相關機關處理，則未來跨部會整合勢所必然，非 NCC 所能竟全功。

至於境外不法內容對我國相關產業威脅，舉凡涉及侵權、羶色腥或違反法律之不收費內容，尤其中國大陸華語影音對我市場威脅較大，因而依據現行法制對提供非法內容或服務之 OTT 加強規管，建立機關窗口及協處機制，積極效率處理維權案件，以免造成境內外不公平管制，與衍生不公平競爭等問題，實為當務之急。至於智財權與網路盜版邊境管制等相關影響所涉政策法規衝擊，囿於篇幅，留由後續專章深入分析。

結　語

　　OTT 視訊發展對於無線電視、有線電視、IPTV 等既有影音平台之影響或衝擊，因各國媒體生態及產業發展差異，未竟相同。前述綜合探討國內外 OTT 內容及應用服務開啓新的收視模式，消費者擁有更多選擇，連帶重塑媒體產業內容類型，延伸原創優質內容競爭機會，尤其，全球英語市場因 OTT 易進入市場獲益，成為內容產製提升驅力之一，質與量的快速成長，或有其正向影響。

　　然而，根據 BCG（The Boston Consulting Group）研究員 John Rose 分析，OTT 市場對於電視及電影產業之最大影響在於去邊界化，包括策略、經濟、國境與內容傳輸等。OTT 提供的多樣化新興服務，以及消費者高品質影視內容需求，除提升內容的市場價值，亦撼動線性網路與傳統整合者之角色及市場（The Boston Consulting Group, September 20, 2016）。

　　我國媒體市場規模小，真正的競爭者主要來自境外、甚至全球布局的 OTT 視訊服務；於是，內容缺乏差異化、產製動能受限、投資規模不及國外或中國大陸、盜版猖獗、消費者不買單等現象，表面上，既有媒體積極開展與 OTT 視訊產業的競合關係，但實際也反應出面對 OTT 風潮不得不然的因應作為。

　　相關數據顯示，我國有線電視業者即便面臨 OTT 瓜分市場，目前仍為影音市場主導者；惟相關研究也指出，傳統電視的地位不會持續太久，因為有線電視包含眾多頻道的套餐已經過時，此種商業模式勢必遭遇衝擊，甚至瓦解。OTT 視訊服務個人化、低價、便利、創新服務等威脅始終存在，剪線雖不如預期快速，但仍有持續增加的可能。尤其，消費者使用 OTT 日益明顯，電視觀看時間受到擠壓，網路媒體廣告已超越傳統媒體，只能說 OTT 暫未為有線電視帶來剪線潮。換言之，既有媒體面臨 OTT 視訊發展所帶來的競爭壓力是事實，包括媒體融合市場多重變數、嚴重盜版、閱聽人多螢觀看習慣、網路收視視頻頻率及黏著度攀升等，更值得注意的是，雖然未來願意付費收看 OTT 影音服務者高達 83%，但境外及中國大陸免費 OTT 與盜版業者多元獲利方式，對國內業者反而構成挑戰，因為視聽眾養成不付費的習慣，長久而言，勢必衝擊付費電視既有營運模式。

　　OTT 視訊與既有媒體市場融合，從內容服務、市場競爭、獲利營收等概要

數據，不難看出既有媒體所面臨 OTT 新興視訊產業發展所帶來之競爭壓力，IHS Markit 追蹤近年內容產製業者併購及收購，發現廣播電視業者併購內容產製業者最為積極，亦即，影視市場競爭加劇也促使產業出現併購潮。歐盟新版 AVMSD 承認傳統視聽媒體服務及新興隨選視聽媒體服務之匯流，並致力創造兩者公平競爭環境，重新定義媒體市場與競爭者，因此，對既有媒體內容產製生態衝擊影響，重要議題也包括媒體產業市場及其競爭者如何重新定義，以及內容權益保護與管道是否一致，是線性廣播電視規範鬆綁，抑或 OTT 視頻分享平台服務納入管制。前述討論 FCC 認同 Charter 併購後可能會對 OVDs 帶來威脅，認定 MVPDs 與 OVDs 同為影音市場競爭者，是其一。另方面，消費者權益保護所涉，歐洲議會於 2016 年公布新版 AVMSD，逐漸整合線性及非線性服務規範，針對廣播電視服務進行放寬，以達到相同服務相同管制之目的，且首次將視頻分享平台服務（video-sharing platform service）納入規管架構（Europe Commission, May 25, 2016），AVMSD 新修版將規管範圍延伸至對內容並未有編輯責任，但透過各種方式編排內容、使用者眾多之 UGC 平台（如 YouTube），重點即在於兒少保護。

　　總結本章探討 OTT 視訊發展對既有媒體之可能影響，雖然討論「取代效應」言之過早，惟從既有業者積極整合上下游、策略聯盟、更新營運模式、布局兩岸及全球等現況分析，在媒體市場結構與競爭規則改變下，臺灣市場規模小、境外 OTT 衝擊大，電視內容製作經費規模不敵境外、創新技術與新興視訊平台載具多元、愈來愈多原創具獨特性與差異化內容競爭，尤其年輕族群媒體使用行為轉向個人化螢幕，加上相關政策法規對既有媒體內容治理及公平競爭環境之可能影響，均構成對既有媒體之衝擊。在此新興媒體產業發展趨勢下，有關 OTT 收視、服務與營運模式、因應對策、智財權與網路盜版邊境管制等相關政策規範至今仍有諸多爭議待解決，主要繫於不同國家媒體產業既有生態及發展之策略考量，本章囿於篇幅，僅聚焦 OTT 視訊衝擊既有媒體相關重要議題以為借鏡及啓發，惟所涉各國概況介紹及分析，留予後續各專章深入剖析。

📖 參考書目

ET Today（2016 年 10 月 7 日）。〈OTT 時代來臨 有線寬頻產業協會：71%民眾用手機看影音〉。取自 http://www.ettoday.net/news/20161007/789140.htm

Ovomedia（2016 年 11 月 22 日）。〈臺灣 OTT 電視使用行為調查〉。取自 https://www.ovomedia.tv/blog/zh/2016/11/22/ottresearch/

Sharon Wu（2015 年 12 月 31 日）。〈好萊塢傳真－剪線族省了電視費 出門娛樂開銷花更多〉。工商時報。取自 http://www.chinatimes.com/newspapers/20151231000350-260207

文化部（2016 年 10 月 13 日）。《政府如何因應 OTT 產業新發展趨勢報告》。立法院第 9 屆第 2 會期教育及文化委員會，第 6 次全體委員會議。取自 http://mocfile.moc.gov.tw/files/201611/2ca24aad-12cc-4618-a1d7-c077a25b8bb9.pdf

臺北市數位行銷經營協會（2016 年 9 月 26 日）。〈DMA 發布 2016 年上半年數位廣告量調查〉。動腦新聞。取自 http://www.brain.com.tw/news/articlecontent?ID=43804&sort=

何英煒（2017 年 1 月 5 日）。盜版猖獗 OTT 業者聯手反擊。中時電子報。取自 http://www.chinatimes.com/newspapers/20170105000122-260204

李遠東（2015 年 5 月 29 日）。〈美國電視／視頻市場的發展現狀〉。取自 http://www.libnet.sh.cn:82/gate/big5/www.istis.sh.cn/list/list.aspx?id=8680

東森新聞雲（2016 年 10 月 7 日）。〈最強運動轉播組合　國際 ELEVEN SPORTS 上架愛爾達〉。取自 http://sports.ettoday.net/news/789121

邱莉玲、林淑惠、何英煒（2016 年 3 月 30 日）。〈愛奇藝登臺 臺劇西進開大門〉。中時電子報。取自 http://www.chinatimes.com/newspapers/20160330000058-260202

娛樂重擊（2016 年 4 月 21 日）。〈專訪 LiTV 董事長錢大衛／以「豬哥亮」穩固疆土「在地化」是 OTT 關鍵〉。取自 http://punchline.asia/archives/24521

娛樂重擊（2016 年 5 月 11 日）。〈專訪 CatchPlay 執行長楊麗貞／整合產業上中下游 專為電影而生的平台〉。取自 http://punchline.asia/archives/25602

娛樂重擊（2017 年 1 月 5 日）。〈2016 臺灣網路劇：橫衝直撞的原生年輕聲音〉。取自 http://punchline.asia/archives/38044

莊書怡（2016 年 9 月 26 日）。〈眼球之爭手機大獲全勝 ― 臺灣民眾平均每天滑手機 205 分鐘 是看電視時間的 2 倍〉。資訊工業策進會，取自 http://www.find.org.tw/market_info.aspx?k=2&n_ID=8926

畢畢（2016 年 5 月 19 日）。〈專訪民視「四季線上影視 4gTV」總經理王宗弘／不投資做內容只是死路一條〉。娛樂重擊，取自 http://punchline.asia/archives/25885

翁瑞羚（2015）。《有線電視業者面臨 OTT 競爭之策略探討》。國立臺灣大學企業管理碩士

專班碩士論文。

國家通訊傳播委員會（2016 年 11 月 22 日）。〈105 年第 3 季有線廣播電視訂戶數及各行政區裝設數位機上盒普及率〉。取自 http://www.ncc.gov.tw/chinese/news_detail.aspx?site_content_sn=1979&is_history=0&pages=0&sn_f=36546

國家通訊傳播委員會（2016 年 12 月 28 日）。〈NCC 通過「數位通訊傳播法」草案，引進多方參與的網路治理新模式，將公開與各界討論〉。取自 http://www.ncc.gov.tw/chinese/news_detail.aspx?site_content_sn=8&is_history=0&pages=0&sn_f=36808

張宜如（2016）。《OTT 技術演進及其對有線電視產業影響之研究》。國立臺灣大學國際企業學研究所碩士學位論文。

許文宜、劉幼琍、陳彥龍（2015）。《新興視訊平台發展對有線電視產業衝擊之研究》。國家通訊傳播委員會。取自 http://www.ncc.gov.tw/chinese/news_detail.aspx?site_content_sn=3359&is_history=0&pages=0&sn_f=32658

郭芝榕（2015 年 6 月 5 日）。〈酷瞧開臺啓示：影視內容不死，只是改變營運方式〉。數位時代。取自 http://www.bnext.com.tw/article/36456/BN-2015-06-05-005046-44

凱絡媒體周報（2016 年 9 月 14 日）。〈專題報告：2016 上半年廣告量報告〉。取自 http://ppt.cc/iXwRJ

創市際（2016 年 5 月 20 日）。〈comScore 與創市際依據 comScore Video Metrix® 公布 2016 年 02 月臺灣網路影音流量報告〉。取自 http://ppt.cc/1wMqK

彭慧明（2016 年 2 月 29 日）。〈OTT 來臺／有線 TV 訂戶 恐掀剪線潮〉。取自 https://udn.com/news/story/7240/1530990-OTT%E4%BE%86%E5%8F%B0%EF%BC%8F%E6%9C%89%E7%B7%9ATV%E8%A8%82%E6%88%B6-%E6%81%90%E6%8E%80%E5%89%AA%E7%B7%9A%E6%BD%AE

彭慧明（2016 年 2 月 4 日）。〈新媒體廣告 將超越傳媒〉。聯合新聞網。取自 http://udndata.com/ndapp/udntag/finance/Article?origid=8275154&ptname=%E8%A1%B0%E9%80%80

彭慧明（2016 年 5 月 19 日）。〈LiTV 結盟愛爾達 要黏體育迷〉。聯合財經網。取自 http://money.udn.com/money/story/5612/1704582-LiTV%E7%B5%90%E7%9B%9F%E6%84%9B%E7%88%BE%E9%81%94-%E8%A6%81%E9%BB%8F%E9%AB%94%E8%82%B2%E8%BF%B7

曾靉（2016 年 8 月 9 日）。〈不能只有鴻海來做！亞太電信主導成立物聯網聯盟，把餅做大〉。數位時代。取自 http://www.bnext.com.tw/article/40547/BN-2016-08-09-175558-117

黃晶琳（2016 年 10 月 7 日）。〈凱擘攻 OTT 打造影音百貨〉。聯合新聞網。取自 http://money.udn.com/money/story/5612/2008345

黃晶琳（2016 年 1 月 30 日）。〈遠傳 friDay 影音 多螢幕吸睛〉。聯合新聞網。取自 http://

udn.com/news/story/7240/1476029

黃晶琳（2016 年 3 月 29 日）。〈中華電攻 OTT 強打加值服務〉。聯合新聞網。取自 http:// money.udn.com/money/story/5612/1594049

黃晶琳（2016 年 7 月 27 日）。〈臺灣大投入音樂製作發行〉。聯合財經網。取自 http://money. udn.com/money/story/5612/1854851

楊安琪（2016 年 3 月 22 日）。〈電影愛好者看過來！CatchPlay 數位影音串流服務在臺上線〉。科技新報。取自 http://technews.tw/2016/03/22/catchplay-on-demand-streaming-service/

楊安琪（2016 年 8 月 24 日）。〈CHOCO TV 自製臺劇正式上線，以新媒體力量寫下戲劇產業新篇〉。科技新報。取自 http://technews.tw/2016/08/24/choco-tv-original-content-production/

劉孆瑩（2016 年 5 月 24 日）。〈專訪三立行動媒體部副總林慧珍 / Vidol 專攻偶像劇 打造粉絲經濟〉。娛樂重擊。取自 http://punchline.asia/archives/26117

顏理謙（2016 年 10 月 15 日）。〈《佼心食堂》締造瀏覽量 3 千萬成績，抓住直播趨勢，Yahoo TV 先試再說〉。數位時代。取自 http://www.bnext.com.tw/article/41345/yahoo-tv-live-online-tvshow

顏理謙（2017 年 1 月 24 日）。〈OTT 大戰第二回合開打，抗盜版、拚獨家成兩大重點〉。數位時代。取自 https://www.bnext.com.tw/article/42879/second-round-of-ott-battle-in-taiwan

關鍵評論網（2016 年 7 月 7 日）。〈KKTV 上線了！開放萬名 KKBOX 白金會員搶先體驗〉。取自 https://www.thenewslens.com/article/43747

Albrecht, K. (2012). *Dutch Television Market Q2 2012*. Retrieved from http://www.telecompaper. com/

Albrecht, K. (2014). *Dutch Television Market Q3 2014*. Retrieved from http://www.telecompaper. com/

Association of Commercial Television in Europe (2016, April 19). *The case for change to the AVMS Directive*. Retrieved from http://www.acte.be/mediaroom/104/31/The-case-for-change-to-the-AVMS-Directive?type=press_release

Baccarne, B., Evens, T., & Schuurman, D. (2013). The television struggle: an assessment of over-the-top television evolutions in a cable dominant market. *Communication Strategy*, *92*(4), 43–61.

Brightcove (2016, June 29). *Driving OTT audience growth in a crowded market*. Retrieved from https://www.brightcove.com/en/blog/2016/06/driving-ott-audience-growth-crowded-market

Carr, D. (2013, February 24). *Giving viewers what they want*. The New York Times. Retrieved from http://www.nytimes.com/2013/02/25/business/media/for-house-of-cards-using-big-data-to-guarantee-its-popularity.html?pagewanted=all

Carter, C. (2016, October 10). *The global OTT TV market is booming*. Zenterio. Retrieved from http://

www.zenterio.com/global-ott-tv-market-booming/

Cha, J., Chan-Olmsted, S. M. (2012). Substitutability between online video platforms and television. *J. Mass Communication*, *89*(2), 261-278.

CvdM (2015). Safeguarding diversity, Retrieved from http://www.mediamonior.nl/english/safeguarding-diversity/

Deloitte (2014). *Television's business model fit for a digital world*. Retrieved from https://www2.deloitte.com/content/dam/Deloitte/global/Documents/Technology-Media-Telecommunications/gx-tmt-ibc-report-2014.pdf

Entwistle, P. (2010). *Pace plc technology briefing—OTT: Over-the-top*. Retrieved from http://www.pace.com/Documents/Investors/Presentations/100609_TechnologyBriefing.pdf

European Commission (2016, May 25). *Proposal for a directive of the European Parliament and of the Council*. Retrieved from https://ec.europa.eu/transparency/regdoc/rep/1/2016/EN/1-2016-287-EN-F1-1.PDF

Federal Communications Commission (2014, December 19). *Commission adopts MVPD definition NPRM*. Retrieved from https://www.fcc.gov/document/commission-adopts-mvpd-definition-nprm

Federal Communications Commission (2016, May 10). *Commission approves Charter, TWC and Bright House merger*. Retrieved from https://www.fcc.gov/document/commission-approves-charter-twc-and-bright-house-merger

Federal Communications Commission (2015, April 2). *The 16th video competition report[EB/OL]*. Retrieved from http://101.44.1.10/files/405100000342913F/transition.fcc.gov/Daily_Releases/Daily_Business/2015/db0402/FCC-15-41A1.pdf, 2015-04-02.

Future Market Insights (2016, November 18). *Global Over-the-Top (OTT) content market: Smartphone and tablet device segment to account for significant revenue share*. PRNewswire. Retrieved from http://www.prnewswire.com/news-releases/global-over-the-top-ott-content-market-smartphone-and-tablet-device-segment-to-account-for-significant-revenue-share-601878265.html

ICT regulation toolkit (2015, February 25). *Regulating 'Over-the-Top' services*. Retrieved from http://www.ictregulationtoolkit.org/2.5

Kim, J., Kim, S., & Nam, C. (2016). Competitive dynamics in the Korean video platform market: Traditional pay TV platforms vs. OTT platforms, *Telematics and Informatics*, *33*(2), 711-721.

Leichtman Research Group (2014). *About 385,000 add broadband in the second quarter of 2014*. Retrieved from http://www.leichtmanresearch.com/press/081514release.html

Pai, A. (2015,April 13) *FCC. Remarks Of FCC Commissioner Ajit Pai At The National, Association Of Broadcasters Show: Nab Show, Las Vegas[Eb/Ol]*. Retrieved from http://transition.fcc.gov/

Daily_Releases/Daily_Business/2015/db0414/DOC-332987A1.pdf, 2015-04-13.

Polashuk, R. (2015, February 12). *Inside FCC proposal to regulate online video distributors*. Law 360. Retrieved from http://www.law360.com/articles/620391/inside-fcc-proposal-to-regulate-online-video-distributors

Pressman, A. (2016, December 14). *Cord cutting slows as 'Skinny Bundle' gains popularity*. Fortune. Retrieved from http://fortune.com/2016/12/14/cord-cutting-slows-skinny-bundle/

PRNewswire (2016, September 23). *Global Over The Top (OTT) Market Competition Forecast and opportunities, 2011-2021*. Retrieved from http://www.prnewswire.com/news-releases/global-over-the-top-ott-market-competition-forecast-and-opportunities-2011-2021---projected-649-billion-market-on-account-of-byod-iot-cloud-computing---research-and-markets-300333248.html

Ramachandran, S. (2016, September 28). *Cord-Cutting could cost Pay TV industry $1 billion in a year, study says*. The Wall Street Journal. Retrieved from http://www.wsj.com/articles/cord-cutting-could-cost-pay-tv-industry-1-billion-in-a-year-study-says-1475071214

Roxborough, S. (2014, July 31). Cord-cutting hits European markets, report finds. *The Hollywood Reporter*. Retrieved from

http://www.hollywoodreporter.com/news/cord-cutting-hits-european-markets-722503

Schwindt, O. (2016, July 15). *Cord cutting accelerates: Study finds 25% of U.S. homes don't have Pay TV service*. Variety. Retrieved from http://variety.com/2016/biz/news/cord-cutting-accelerates-americans-cable-pay-report-1201814276/

Shepardson, D. (2016, May 6). *FCC confirms approval of Charter, Time Warner Cable merger*. Reuters. Retrieved from http://www.reuters.com/article/us-twc-m-a-idUSKCN0XX23T

TechSci Research Report (2016, September 12). *Over The Top (OTT) market to surpass $64 billion by 2021*. PRNewswire. Retrieved from http://www.prnewswire.com/news-releases/over-the-top-ott-market-to-surpass-64-billion-by-2021-techsci-research-report-593120731.html

The Boston Consulting Group (2016, September 20). *Internet "Over the Top" video expands and redraws global market for content production*. Retrieved from http://1ygnnh1qtcel9ftz01q27jxs.wpengine.netdna-cdn.com/wp-content/uploads/2016/09/BCG-Future-of-Television-Sep-2016_tcm80-213956.pdf

The Economist (2016, July 16). *Cutting the cord*. Retrieved from http://www.economist.com/news/business/21702177-television-last-having-its-digital-revolution-moment-cutting-cord

The Office of Communications (2016, March 30). *Future regulation of on-demand programme services*. Retrieved from https://www.ofcom.org.uk/__data/assets/pdf_file/0033/83958/statement_on_future_regulation_of_on-demand_programme_services.pdf

TikiLIVE (2016, august 16), *OTT Content is Expanding Quickly in China*. Retrieved from http://www.tikitive.com/tiki-blog/over-the-top-tv/off-conent-is-expanding-quickly-in-china/

Tyson, M. (2014, July 22). Netflix more than doubles quarterly earnings. *Hexus*. Retrieved from http://hexus.net/business/news/internet/72377-netflix-doubles-quarterly-earnings/

Westcott, T., Teoh, K. L., & Marchello, M. (2016). *Worldwide TV production: Plugging into a multiscreen marketplace*. IHS Markit TV Programming Intelligence. Retrieved from http://www.my-mip.com/RM/RM_MIPWORLD/2016/resource-centre/documents/miptv-mipcom-ihs-worldwide-tv-production-white-paper.pdf?v=636110772156296904

第三章　OTT TV使用者、社群互動與數據分析

世新大學廣播電視電影學系副教授　江亦瑄
國立政治大學廣播電視學系副教授　林翠絹

前　言

　　全球影音市場競爭日趨激烈，年輕世代多元消費影音內容已成為事實，未來觀眾收看影音的管道將更難以捉摸（彭偉琪，2014），當觀眾的注意力和忠誠度下降，業者不僅要捉住既有使用者的心，同時也要吸引潛在對象的目光。身為市場新競爭者的 OTT 影音，除了創新經營模式和重視政策法規的配合，也必須掌握觀眾收視行為與內容偏好，並設定精準的社群行銷策略以促進雙向互動和投入度（engagement），因此導入巨量資料分析以輔助決策方向，這已成為營運管理的主要環節。不單是 OTT 影音平台或內容業者，產業鏈中的其他成員，例如行銷公司、廣告代理，也該具備社群經營和數據分析的能力，以因應多螢（multi-screen）影音觀眾的需求。

　　社群與數據的重要性在守備上有助於維繫關係與避免使用者流失，主動策略上可以提供選片規劃或節目企劃等內容開發參考，同時善用資料庫或社群大數據，一方面能夠即時評估自身與對手的經營表現、族群特徵與傾向程度，另一方面探索趨勢話題和發掘積極參與的使用者，提高互動率與擴散力，這些都是現今 OTT 影音專業在經驗法則外，新增的關鍵決策依據，因此，本章節首先介紹國內外影音使用最新趨勢，再談到近期使用者的轉變：追劇、社群互動及直播，接下來舉例 OTT 影音業者透過社群媒體經營觀眾關係，最後說明跨平台監測與大數據的應用方向。

第一節　國內外多螢幕影音使用趨勢

　　在數位科技進步的社會，電信業者基礎建設完備，不僅有覆蓋率高的無線網路，再加上行動裝置的普遍，一般民眾均可負擔的寬頻上網資費，加速網路影音「隨身化」，讓使用者能夠隨時隨地享受 OTT 影音服務，避免過往因無法隨時連線或頻寬限制等因素所導致的觀看問題，有了裝置與網路的支持，看影音已是上網的主要活動，預估未來將占據更多使用者的時間。

　　在技術面上支援網路影音的裝置和網路環境已趨成熟，無論是專業影音製作或使用者自製影音內容皆蓬勃發展，不僅抓住電腦端長版影音的群眾，也推出短秒數

的片段，企圖爭取行動上網者零碎時間的目光（彭偉琪，2014），觸發了自媒體和社群直播似野火燎原般在全球風行。近年，影音業者紛紛將內容提供多螢幕播放，美國的 Netflix 外，中國的優酷、土豆在 2013 年已提出影音內容產品必須全面涵蓋至桌上型電腦、筆電、手機、平板等裝置（李捷，2014），同樣地臺灣的中華電信 MOD 和其他 OTT TV 業者亦提供觀眾透過不同螢幕觀看的選擇。跨平台影音使用趨勢值得密切關注，現今最具指標性且完整的行為測量數據來自美國市場，而在臺灣的多螢幕影音使用也需要進一步解析。

一、美國影音使用行為趨勢

　　透過全球數位媒體測量公司 comScore（2016c）的數據觀察美國市場，自 2013 至 2016 年間，網路使用時間爆炸性地成長，在 2013 年透過行動載具上網（包括行動網頁和應用程式）的時間，已略高於透過個人電腦上網的時間，三年後美國網友透過各種載具的整體上網時間成長了 54%，其中使用個人電腦上網的時間略升 3%，行動網頁的時間快速成長 62%，而行動應用程式的時間則是邊增 111%。閱聽眾有更多獲取內容的管道，然而對於媒體業者卻是嚴峻考驗，接踵而來的問題是觸及目標群眾的難度大幅提高。

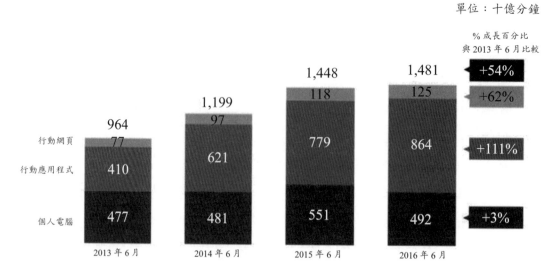

圖 3-1　美國數位媒體使用時間成長幅度

資料來源：comScore（2016c），p. 69。

　　隨著媒體使用習慣與平台的轉移，行動裝置確實會造成個人電腦使用情況上的疲弱。然而 comScore（2016b, p. 8; 2016c, p. 21）以時段觀察網友的手機、平板及個人電腦的接觸分布，發現多螢幕同時帶來愈高的黏著度，一天上網的行為更頻繁。人們可以運用生活中碎片化的時間，透過不同的載具，隨時隨地沉浸在網路世界。

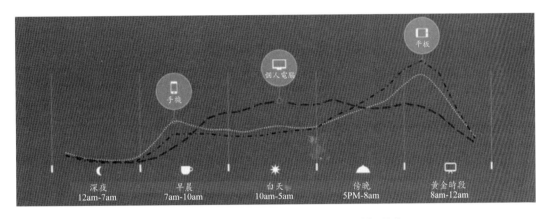

圖 3-2　各平台每日不同時段的平均接觸分布

資料來源：comScore（2016b），p. 8。

　　比較各年齡美國網友的多螢幕行為，在行動載具使用方面的差異尤其顯著。18-34 歲的千禧世代中，2015 年已有 97% 屬於行動上網族群，此年齡層的網友有 20% 不使用個人電腦；35-54 歲則是 82% 有多螢幕使用的習慣，所占比例在所有年齡層中最高；而 55 歲以上的網友仍有許多不使用行動上網的個人電腦族群，但比例也開始降低，從 40% 減為 26%。

　　在美國網友多螢幕上網的活動中，有 12% 的時間是花在觀看影音多媒體類別（multimedia，即影音網站於 comScore 資料庫中的分類名稱）的網頁與行動應用程式上，這數字意味著美國網友平均每上網 10 分鐘，就有超過 1 分鐘的時間是在線上觀看影片。

　　進一步分析影音行為趨勢，comScore 發現美國網友在最受歡迎的 YouTube 平台上觀賞影片的時間，於 2013 至 2015 年間達兩倍的成長，且多數來自行動裝置，黏著度大幅提升足以佐證閱聽眾的使用重心轉移，即時、不間斷的觀影體驗需求日益重要。

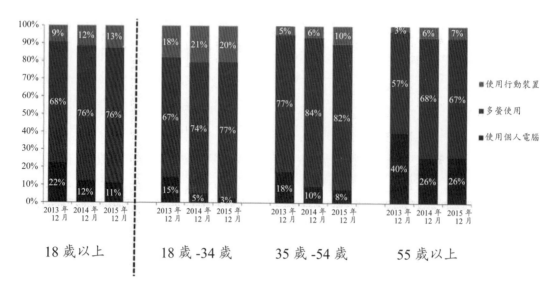

圖 3-3　美國多螢幕人口占比

資料來源：comScore（2016a），p. 7。

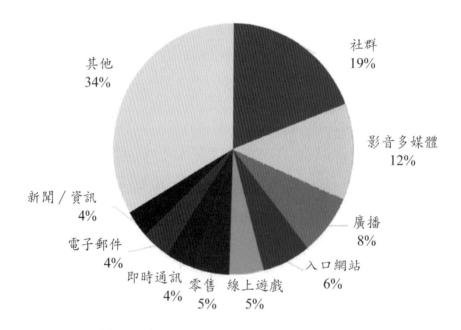

圖 3-4　各內容類別在多螢幕上網的總時間占比

資料來源：comScore（2016a），p. 29。

單位：百萬分鐘

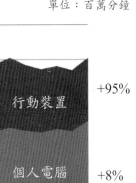

觀
看
總
時
長
（
百
萬
分
鐘
）

120,000
100,000
80,000
60,000
40,000
20,000
0

2013年
12月　2014年
3月　2014年
6月　2014年
9月　2014年
12月　2015年
3月　2015年
6月　2015年
9月　2015年
12月

行動裝置　+95%

個人電腦　+8%

圖 3-5　YouTube 上觀看影片總時間趨勢分布

資料來源：comScore（2016a），p. 46。

　　comScore 也探討時移觀看（time-shifted viewing），測量電視播出與 DVR
Playback（digital video recorder 錄影之後觀看，排除隨選視訊）的收視行為，發現
兩者在 2015 第 1 季至 2016 第一季之間均有 2% 的降幅，但這不表示影音內容花費
的時間減少，而是管道和接受方式的選擇豐富，因此閱聽眾可根據個人喜好，透過
不同載具在各種平台觀看。

單位：小時

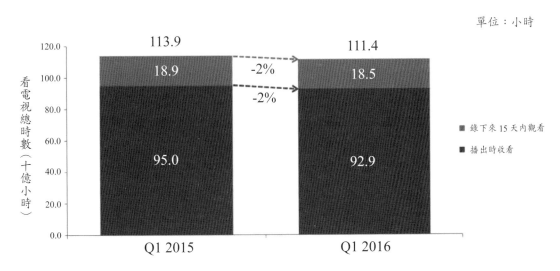

看
電
視
總
時
數
（
十
億
小
時
）

120.0
100.0
80.0
60.0
40.0
20.0
0.0

113.9
18.9
95.0

111.4
18.5
92.9

-2%
-2%

Q1 2015　Q1 2016

■ 錄下來 15 天內觀看
■ 播出時收看

圖 3-6　電視觀看總時數

資料來源：comScore（2016a），p. 38。

二、臺灣影音網站使用現況

根據 comScore 亞太區域桌上型電腦使用者網路行為數據，2017 年 3 月亞洲各國影音多媒體類別網站的平均到達率高達 73.2%，而臺灣網友造訪此類別的到達率為 81.4% 位居第一，領先第三名的中國（77.5%），顯示兩岸網友熱衷於上網看影片。尤其是臺灣網友在每人平均使用天數、停留時間及造訪次數方面皆為亞太區前三名，顯示閱聽眾在網路影音行為的活絡程度。

觀察臺灣不重複造訪人數最多的前十大類網站，桌上型電腦網友在影音多媒體類別的到達率達八成；而在時間統計的相關指標中，包括平均每日、每頁、單次停留，影音多媒體的使用時間都是排名第一；但是在平均使用天數與造訪次數，影音多媒體類別卻是倒數。綜合以上數據可以看出，臺灣網友在此類別的黏著度高，但可能礙於影音內容供應情形或更新頻率的影響，回訪次數仍有成長空間。

表 3-1　亞洲網友使用影音類網站概況

	不重複訪客數（千人）	%到達率	平均每人每月造訪天數	平均每人每月使用時間	平均每人每月造訪次數
亞太區	613,340	73.2	9.4	115.8	13.9
中國	411,629	77.5	10.4	45.2	14.3
日本	44,333	75.8	8.8	253.0	17.9
印度	31,099	61.7	6.6	230.2	11.1
越南	11,786	59.3	6.3	215.0	10.8
印尼	10,061	60.7	6.1	311.4	9.7
臺灣	9,439	81.4	9.6	370.7	18.4
泰國	8,777	77.2	9.2	503.5	19.0
菲律賓	8,249	76.3	7.4	320.3	13.8
馬來西亞	7,242	62.5	7.3	305.0	12.8
香港	3,406	74.6	8.8	304.3	15.9
新加坡	2,609	80.7	6.9	279.5	13.3

資料來源：2017 年 3 月 comScore 桌上型電腦使用者網路行為數據。

表 3-2　臺灣桌上型電腦網友造訪的前十大網站類別

	不重複訪客數（千人）	%到達率	平均每人每日使用分鐘數	平均每人每頁停留分鐘數	平均每人每月造訪天數	單次造訪停留分鐘數	平均每人每月造訪次數
全體網路人口（桌電上網）	12,547	100.0	90.3	0.8	20.6	28.5	65.4
企業網站	12,513	99.7	32.1	1.2	19.1	10.8	56.8
入口網站	12,444	99.2	21.4	1.0	13.6	8.4	34.6
網路服務類	12,427	99.0	19.0	0.9	15.7	7.6	39.1
社交媒體類	11,445	91.2	30.3	0.9	10.7	12.1	26.8
娛樂類	11,317	90.2	35.8	1.5	10.7	17.3	22.2
搜尋／導航累	11,223	89.4	6.4	0.7	11.5	2.8	26.2
新聞資訊類	10,181	81.1	12.9	1.1	12.1	6.3	25.0
影音多媒體	10,077	80.3	38.8	1.9	9.4	20.2	18.1
社群網站	10,011	79.8	34.5	0.9	9.2	13.3	23.9
零售類	9,534	76.0	21.7	0.7	7.1	11.0	14.0

資料來源：2017 年 3 月 comScore 桌上型電腦使用者網路行為數據。

接著分析性別上的使用差異，圖 3-7 呈現臺灣男性網友在停留時間與瀏覽頁數的比例皆超過六成；而年齡分布方面，不論是停留時間或瀏覽頁數的比例都是 15-24 歲此一年齡層最高，可以發現這個年輕族群的使用程度相當突出，其次是 25-34 歲在時間和頁數上投入亦多。

部分臺灣影音業者不開放 comScore 在其網頁或行動應用程式上安裝追蹤程式碼取得稽核資料，因此跨平台監測尚未完整，創市際採取問卷追蹤調查以掌握多螢趨勢，問卷統計結果發現四種數位裝置中，雖然 2016 年仍有超過半數以上的線上影音使用者最常在桌上型電腦或筆記型電腦上觀看網路影音，但其占比三年來持續下滑；而透過智慧型手機觀看線上影音的比例，則明顯較 2015 年增加。

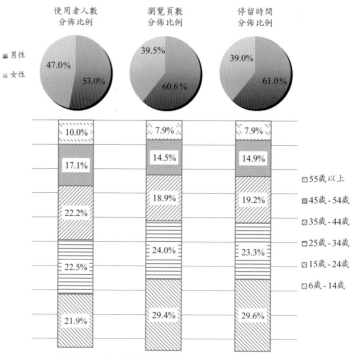

圖 3-7　不同性別和年齡層的使用比例分布

資料來源：2017 年 3 月 comScore 桌上型電腦使用者網路行為數據。

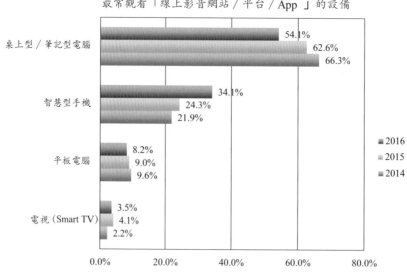

Base: 2016 年有使用「線上影音網站／平台／App」的受訪者 N=1,709
　　　2015 年有使用「線上影音網站／平台／App」的受訪者 N=1,996
　　　2014 年有使用「線上影音網站／平台／App」的受訪者 N=2,658

圖 3-8　觀看影音的載具使用比例

資料來源：創市際市場研究顧問公司（2016）。

　　臺灣網路資訊中心（2015）針對無線網路使用者進行電訪，調查結果也呈現行動上網觀看影音的比例從 12.9% 上升至 20.6%。資策會發布的「線上影音內容收看載具與平台分析」，同樣發現 2016 下半年雖然個人電腦依然是使用比例最高的載具（85.9%），智慧型手機的占比卻已增長到 81.3%，由此可見手機與電腦上網看影片的差距明顯縮小，而且 OTT 影音平台的選擇上，最多使用者的是 LINE TV（40.0%）（何英煒，2017）。

　　當行動通訊軟體 LINE 於 2015 年底推出 LINE TV，將臺灣線上影音競爭帶入新階段，接著 2016 年 1 月 Netflix 進入臺灣市場，開啟所謂的 OTT 元年。對岸早已火紅的愛奇藝也正式啟動臺灣站，CATCHPLAY 為電影愛好者推出 CATCHPLAY ON DEMAND，而臺灣音樂串流平台龍頭 KKBOX 集團所屬的 KKTV 也加入戰局，還有在臺灣耕耘數年的 LiTV、酷瞧和 CHOCO TV。OTT 影音業者致力於提供更多內容與創新服務，無不希望爭取更多使用者及擴大營收。

　　雖然臺灣多數閱聽眾「只看免費的」（80.1%）影音內容，而有付費意願的受訪者在問卷中填寫每月可能花費於線上影音的平均支出僅 31.04 元。金額有限但值得樂觀看待的是，受訪者勾選未來「只看免費的」的比率降至 49%，意即願意付費收視的人數可能成長，未來每月願意支付的平均金額亦增加（62.65 元）。至於願意付費使用的原因，除了希望「不受廣告打擾」（23.9%）、「折價券／累計點數等優惠」（20.6%），還有「可以更快看到新的節目內容」（20%）（創市際市場研究顧問公司，2016）。這些因素反映了 OTT 觀眾不同於傳統電視的收看習慣與需求。

第二節　OTT TV 觀眾習慣與行為變化

　　傳統無線或有線電視為單向播送，觀眾必須配合節目播出時段，在電視機前觀賞線性播放的內容，缺乏收視彈性。隨著網路協定電視（Internet Protocol Television, IPTV）及其他網路影音業者提供隨選服務，觀眾收看影視的習慣有所變化，現今更因為行動上網科技進步、數位螢幕裝置普及，透過電視機收視時間大幅縮短，愈來愈多人轉由影音網站，或各種提供影音的行動 App 服務中獲得視訊內容，觀眾的看影音的行為改變劇烈（阿丹，2015）。

一、從隨選到追劇

OTT 影音平台可供使用者隨選即看、沒有限定時間表，免去傳統電視的廣告打斷，並能自動記錄上回觀看內容的時間點等便利性，使用者容易產生黏著度。影音業者開始一次提供多集或全季的節目內容，滿足觀眾掌握情節發展的渴望，因而出現顯著的追劇（binge-viewing）現象。對觀眾而言，產生追劇行為的主要因素是內容，影音平台所提供的節目或影集必須具有吸引力及獨特性，因此 OTT 業者除了收購內容版權吸引收視外，也試圖產出自製影音，利用平台獨播來留住使用者目光，或刺激使用者加入會員以享受優先觀看的權利。

國外最具代表性的自製內容是 Netflix 於 2013 年 2 月播出的原創影集《紙牌屋》（House of Cards），獲得眾多好評的原因不僅在於善用大數據了解觀眾收視偏好。卡內基美隆大學教授 Michael Smith 在《財星》（Fortune）雜誌內容提及：Netflix 受歡迎並非是碰巧運氣好，而是由於某些系統性的變革，讓他們生產出觀眾需要而當時市場上缺乏的優質內容（顏理謙，2016）。所謂具體的系統性改變之一就是 Netflix 一次推出多集的節目供應方式，一方面減少觀眾等待下一集的不耐感，另一方面也增加了觀眾之間交流討論劇情的題材，達到聚眾效果。

華語 OTT 影音市場同樣投入節目開發與製作，除了與電視臺合作聯播新節目，更重要的是推出自製內容，包括愛奇藝、CHOCO TV 和 KKTV 近期皆有積極行動。提出內容策略之前需要理解觀眾的收視習慣及偏好，並且掌握口碑擴散與社群互動，如此將有助於創造獨家優勢與版權後續價值。

創市際（2015）調查兩岸觀眾之傳統與上網收視習慣，可做為評估臺灣與中國網友追劇程度的參考，分析結果發現兩岸收視行為有以下特點：

（一）時間掌握為追劇主因

兩岸網友的主要收視習慣皆為「依照自己的時間，透過網路一次看很多集」（臺灣 35.1%，大陸 57.4%），其中又以 15-24 歲的年輕族群為主。其次為「沒有跟著節目表，回家就找電視機找節目看」（臺灣 16.6%，大陸 8.4%），再來是「沒有跟著節目表，有時間才開電視機找節目看」（臺灣 16.0%，大陸 8.1%）。而「依照自己的時間，透過網路一次看很多集」的比例明顯高於其他收看影音的方式，此結果

顯示出兩岸網友都有在網路上追劇的習慣，而平均追劇時間大多長達 3-4 小時左右（臺灣 25.5%，大陸 30.1%）。

（二）追劇管道仍以電腦為主

兩岸網友追劇主要透過電腦螢幕（含桌上型電腦及筆記型電腦），高達七成左右（臺灣 69.0%，大陸 70.1%），其次為手機（臺灣 12.5%，大陸 10.5%），已經超越傳統的電視收視（臺灣 9.5%，大陸 10.0%），而平板電腦（臺灣 9.0%，大陸 9.3%）也是觀看影音的螢幕之一。由此顯示被動收看傳統電視的習慣已大幅降低，尤其是年輕族群願意守在電視機前的景象已算少見。

然而兩岸網友經常使用的華語影音平台差異頗大，臺灣網友的偏好依序為 PPTV（34.1%）、搜狐視頻（7.2%）、楓林網（6.5%）、LiTV（6.3%）、樂視網（5.4%），值得關注的是臺灣本土的 OTT TV 僅有 LiTV 排上前五名，其他均為中國業者。而中國網友偏好的平台則依序為優酷（24.2%）、愛奇藝（22.5%）、樂視網（9.9%）、搜狐視頻（8.7%）、PPTV（8.4%），受臺灣網友青睞的 PPTV 僅排名第五。

（三）臺灣網友最常看戲劇，中國網友愛看電影

針對追劇受訪者經常觀看的節目類型方面，臺灣網友最常看電視劇，包括韓劇（41.6%）、日劇（38.3%）、臺灣偶像劇和華劇（36.1%），其次是歐美影集（33.2%）、電影類節目（32.9%），比例都相當高；而中國網友最常觀看的類型是電影類內容（62.5%），其次為中國劇（53.5%）、歐美影集（44.4%）、新聞（41.6%）和港劇（37.8%），結果可看出兩岸網友的追劇內容偏好也有差別。針對收費意願的調查結果顯示，大部分兩岸網友「只看那些不收費的內容，可以接受多種廣告（但免費的影音內容）」，臺灣（60.1%）網友選擇廣告支持的收視服務比例高出中國網友許多（44.6%）。當影音內容不收費，臺灣網友對廣告的存在仍有高容忍度，因此臺灣 OTT 影音訂閱模式的普及恐怕需要更長時間。

二、社交電視觀眾參與

OTT 影音使用者在追劇以滿足自我的視聽享受外，更是獨樂樂、不如與同好

眾樂樂，社群媒體的盛行，讓觀看影音內容成爲在臉書、微博或 LINE 上的熱門社交話題，粉絲可以在網路社團或論壇中找到影音內容同好一起討論內容與分享心得，這些 OTT 使用者透過社群參與的行爲，可算是社交電視（social TV, STV）類型之一。STV 在 2010 年就被麻省理工《科技創業》（MIT Technology Review）選爲十大突破性科技，社交電視是結合社群媒體和電視而成，透過平台上的互動增加觀眾間的連結及對內容的投入度（Proulx & Shepatin, 2012）。

社群媒體提供了一個支持通道（backchannel），使觀眾在觀看影音時可進行雙向互動，藉由社群媒體具有的「社會支援性」（Social Affordance），能讓使用者與其他網友基於共享利益形成社會關係和連結，超越原本所處的社會團體或位置的限制（Ariel & Avidar, 2015）。Nagy & Midha（2014）進一步把在社群媒體上討論影音內容的使用者稱爲「社群受眾」（social audiences），認爲他們是社群媒體互動「贏來的觀眾」，並將其區分爲兩類：一爲活躍觀眾在社群媒體上積極討論分享電視節目或回應廣告，另一種被動觀眾則極少參與社群影音討論。

即使社交平台的使用者眾多，其中仍有相當比例屬於追隨者或潛水者，OTT 影音業者需要了解觀眾主動參與社群媒體討論與被動觀影的特質和行爲，透過提供多元的互動功能，或者利用社群媒體進行討論，培養觀眾參與影音相關的交流與體驗，將可形成觀眾虛擬社群（Quintas-Froufe & Gonzalez-Neira, 2014）。根據 Lin、Chiang 等人（Lin et al., 2016a）的社交電視研究結果，OTT 影音經由社交平台的討論和分享，有可能增加弱連結（weak-tie）的橋接社會資本（bridging social capital），透過網友間交流故事或角色等過程，使用者如果能感受到遠方同好共同觀看（co-viewing）的社會臨場感（social presence），並產生社交性的感知（perceived sociability），有助於增強節目忠誠度。

此外，最新多螢幕影音研究也顯示：年紀較輕的使用者利用手機或電腦的第二螢幕（second screen），在看影音之際，透過另一裝置在社群媒體討論內容，這些使用者通常具有多重任務趨向（polychronicity），也擁有更多元觀看影音的媒體組合（media repertoire）（Lin et al., 2016b）。多螢與社群的時代，內容業者和使用者之間的雙向互動日益重要，而透過觀眾帶動討論與分享內容，更能提升節目和口碑，促進觀看意願（林翠絹，2012）。

　　綜上所述，若能發揮使用者的社交電視參與及第二螢幕互動，對於加強使用者關係具有正向效果。因此 OTT 影音業者一方面促進觀眾自發地在既有社交平台上交流，另一方面必須提供方便互動的介面設計，將參與和社群納入觀眾經營重點，以下介紹國內 CHOCO TV 與 LINE TV 在社群上的經營，以及其服務設計中所具有的互動功能。

（一）LINE TV

　　行動通訊軟體 LINE 所推出的 LINE TV 功能，開啓了「影音＋社群」的方式，原有 LINE 使用者，藉由 LINE 內建的社群平台和 LINE TV 串連，使用者能夠透過 LINE TV 上的按鍵功能，能夠在 LINE 帳戶個人主頁上分享觀看影音資訊，讓好友帳戶能夠觀看到此動態，和在 Facebook 上發表貼文一般，可點按表情符號（如同臉書按讚），並能於底下留言討論，此介面設計可增進社交電視行爲，讓 LINE 社群一同追劇。

圖 3-9　LINE TV 與通訊軟體 LINE 連結功能

（二）CHOCO TV

　　CHOCO TV 作為臺灣原生的行動影音平台，內容皆為合法購得的正版臺劇、日韓劇、中國劇。近日正式擊敗 Netflix、愛奇藝等影音平台，CHOCOLABS 在 2011 年創立影音串流 App「CHOCO TV 追劇瘋」，登上 Google Play 影音類第一名的位置，在目前臺灣追劇工具中可算是頂尖翹楚，在新版功能中，CHOCO TV 引進了新穎的聊天機器人 CHOCO TV Bot 程式功能，目前此功能在臺灣用於 Facebook 與 LINE 較多，而 CHOCO TV 聊天機器人能 24 小時不間斷與使用者互動，使用者能夠透過發送訊息給 CHOCO TV Bot，獲得即時問答的互動體驗，協助推薦或搜尋熱門戲劇。為了維繫與使用者密切的關係，CHOCO TV 提供訂閱功能，將最新內容甫上線就立即通知使用者，並附帶相關節目資訊或延伸內容等（楊安琪，2017）。

圖 3-10　Choco TV 聊天機器人功能

　　CHOCO TV 在社群經營的操作上亦有斬獲，經由版權授權方式整合高解析度劇照、劇評心得、原聲帶、周邊商品等資訊內容，同時提供線上討論影音的論壇，而在 CHOCO TV 粉絲專頁時常透過串連異業方式操作話題或活動口碑造勢。以 CHOCO TV 和公視合作行銷戲劇節目《燦爛時光》為例，打出「首播看電視，跟播追劇瘋」口號，先在 CHOCO TV 粉絲團貼文提醒粉絲收看電視直播，電視播出後，戲劇官方粉絲團再貼文以 CHOCO TV 應用程式追劇，雙方交叉宣傳的方式，目的在提高節目觀看次數。

　　另外，有些 OTT 影音業者針對分眾特徵，陸續推出較低成本、快速製作的網路劇，長度大約在 15 至 20 分鐘的短篇系列影音，方便觀眾運用乘車或等待的零碎時間，以手機觀看此類內容可不受時間、地點的限制。當內容上架夠快且題材創新，再加上網路討論度高，即可能引發追看熱潮，並促進觀眾對於 OTT 影音品牌的印象及好感度。根據杜璐茜（2016）的研究結果指出，OTT 使用者對於節目的正面感受能夠提升社群參與程度和影音網站品牌資產（brand equity），其中觀眾的社群參與對於 OTT 品牌的品質感知、獨特性感知，以及對網站的忠誠度皆有正向影響。

三、自媒體與直播的興起

　　OTT TV 市場進入了高度白熱化的競爭階段，同一時間社群媒體也開始迅速發展影音服務，兩者結合在一起使得「影音社群化」逐漸成為主流，最明顯且影響最大的就是自媒體與直播的興起。臺灣在地創立的 LIVEhouse.in 於 2014 年上線，已開始降低直播門檻，其定位為影音即時策展平台，鼓勵網友針對各種主題或興趣開設實況轉播頻道，讓個人或企業都能建構自己的直播管道。LIVEhouse.in 支援觀眾跨平台觀看，可以同步、即時接收影音資訊，並以社群經營切入直播平台，提供互動機制，如即時聊天、使用貼圖增添情感交流、訂閱喜愛頻道等功能，促進觀眾感受更投入（郭芝榕，2014）。

　　短短兩年間，影音服務的戰場上出現許多新創企業提供素人發揮的影音平台，鼓勵使用者自發上傳原創影片或開直播，不收取任何費用，靠廣告、訂閱或打

賞等新興變現方式進行營運。結合當下流行的「網路紅人經濟」，這些提供直播服務的業者不僅以有趣的原創節目累積流量，同時藉由其平台的網路紅人擁有各自忠實的粉絲群，形成了平台與使用者互利的社群經濟。業者提供平台與大量的觀眾幫助網紅獲取關注度，成為意見領袖，他們持續創作影音內容，不斷地吸引新加入的使用者接觸平台，可提高黏著度，進而為影音業者和廣告廠商獲取利潤。

　　2016 年直播當道，社群媒體直播與網路影音服務有所區別，但直播透過相關軟體，不但讓使用者 live 觀看到喜愛的主播或節目，也提供即時留言互動功能，直播觀眾可打發時間、減少寂寞、產生陪伴感，因此新興的直播與網紅內容因為獨特性也搶占了的網路影音部分營收（林翠絹，2016）。網路直播以原創內容吸引觀看，通常以輕鬆、口語化方式進行，主播與觀眾可以進行即時的雙向溝通，可視觀眾反應，主播或節目組隨時調整直播內容，以吸引觀眾眼球，但即時互動也提高了直播必須臨場反應的難度。直播對網路影音產業帶來不小的衝擊，直播節目固然不及網路電視製作的專業節目來的精緻，但密切地回應觀眾留言，讓直播顯得更加親民，也提昇觀眾投入感，減少觀看一般節目的距離感。

　　隨著網路影音蓬勃發展，競爭與生存壓力也遽增，許多業者紛紛開啟其他營收方式，包括多元形式的廣告、冠名贊助、版權銷售等。有些 OTT 影音業者針對分眾特徵，陸續推出有特色但成本較低、製作快速的短篇系列影音，方便觀眾運用乘車或等待的零碎時間，以手機觀看此類內容可不受時間、地點的限制。當內容上架夠快且題材創新，再加上網路討論度高，即可能引發追看熱潮，並促進觀眾對於影音平台的印象及好感度。根據杜璐茜（2016）的研究結果指出：OTT 使用者對於節目的正面感受能夠提升社群參與程度和影音網站品牌資產（brand equity），其中觀眾的社群參與對於 OTT 品牌的品質感知、獨特性感知，以及對網站的忠誠度皆有正向影響。

　　OTT 影音市場朝向品牌經營是正確的方向，然而眼前面臨的挑戰是付費訂閱的推動，如何提升使用者的付費意願，業者需要發展不同的服務型態，例如成為付費會員可以免除觀看節目前貼片廣告，或是一次看到全部集數或零時差同步觀看最新播出的節目。推出有吸引力的獨播內容加上小額的單月費用，業者可以增加收益，並促進會員人數上升。

　　然而付費訂閱在臺灣的發展還有許多困難，反觀數位廣告市場逐年成長，廣告主與代理商重視影音行銷，因此業者的主要收入來源仍是廣告。無論是新興的 OTT 影音業者、中華電信 MOD、電視臺或有線頻道發展網路影音服務，都需要整合各平台的收視資料，並具備精準投放的廣告服務，最後還要能評估多螢傳播效益，這些都顯示跨平台的數據分析是影音產業發展的關鍵。

第三節　跨平台影音監測

　　目前電視收視率下降，這關乎廣告購買，牽動了電視業者的命脈，因此產業需要新的監測工具與資料分析服務，除了老字號尼爾森 Nielsen 公司積極發展新的服務，全球數位媒體測量機構 comScore 也從網站資料庫出發，一方面推出多螢幕資料庫，另一方面收購電視收視率與電影票房公司，已透過創市際市場研究公司代理進入臺灣，目前大部分的廣告和媒體代理商、網站業者皆已採用 comScore 的數據，然而全面的監測服務仍需要時間及受限於市場需求是否成長，因此本節以美國為例說明跨平台監測的方式。

　　新舊媒體競相爭取觀眾的眼球，comScore 的跨平台測量技術分析美國多螢幕觀眾的收視行為，發現在美國愈年輕的族群，願意花費更多時間在行動裝置上觀賞影音內容，18-34 歲年輕人中 41% 用手機觀看影音，人數與電視觀眾相當（42%）。反之，55 歲以上的美國銀髮族（68%）則是較願意在電視機上收看影音內容。

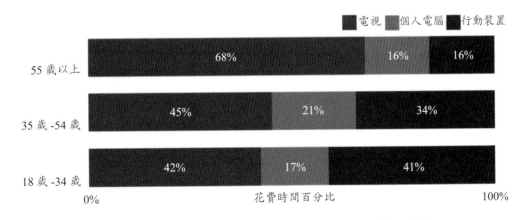

圖 3-11　美國不同年齡層的網友在媒體平台花費的時間

資料來源：comScore（2016c），p. 74。

　　comScore 試著將美國有線頻道聯播網的跨平台收視納入分析，發現只計算傳統電視人口時，將會有相當大的漏失。若是加上頻道業者的數位平台，則可再增加以個人電腦（增加 1160 萬）與行動裝置（增加 1270 萬）收看節目的觀眾，這些額外的不重複觀眾總計 2430 萬人，拓展了 29% 的觀眾覆蓋。

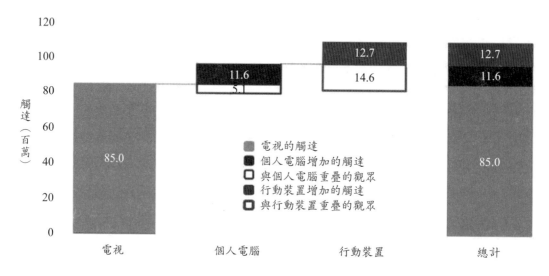

圖 3-12　有線電視加上數位的跨平台觀眾到達率分析

資料來源：comScore（2016a），p. 44。

　　進一步觀察 CNN 的跨平台收視數據，其中一群電視與行動裝置皆有使用的多螢觀眾，其平均收視時間相較僅透過電視收看或只從電視加上桌上型電腦收看的時間更長。隨著螢幕數量的增加，單月花費在 CNN 的時間也相對地更長，這結果顯示閱聽眾選擇使用數位平台未必是替代原本的收視習慣，而是方便觀看影音內容，對電視業者而言，多螢收視反而可增加觀眾的黏著度。

　　與其他垂直型電視聯播網相較，CNN 的多螢收視占比高達 48%。其他單一聯播網平均只有 19% 額外增加的桌上型電腦和行動裝置觀眾，CNN 在數位影音具有優勢地位。

單位：小時

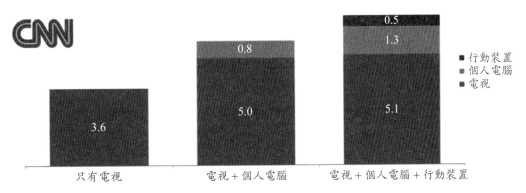

圖 3-13　CNN 觀眾族群在不同平台每人單月平均時間

資料來源：comScore（2016c），p. 71。

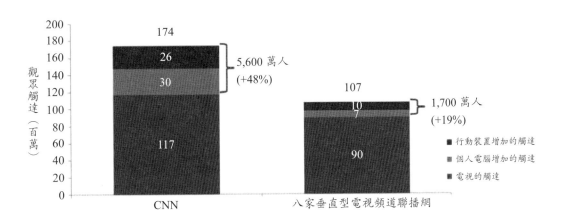

圖 3-14　CNN 與垂直型聯播網之觀眾到達率

資料來源：comScore（2016c），p. 77。

　　除了電腦與行動裝置，影音跨平台監測已包括 Roku、Apple TV 等 OTT TV 裝置的資料，進行觀眾觸達情形分析。以 Hulu 為例，當測量涵蓋了行動載具與 OTT TV 裝置，以及透過桌上型電腦共看的觀眾，不重複的新增人數來自行動載具有 630 萬，OTT TV 裝置增加了 450 萬，而在桌電一起觀看者也有 180 萬，不重複的 Hulu 觀眾總共成長了 95%，整體增加了 1260 萬人。

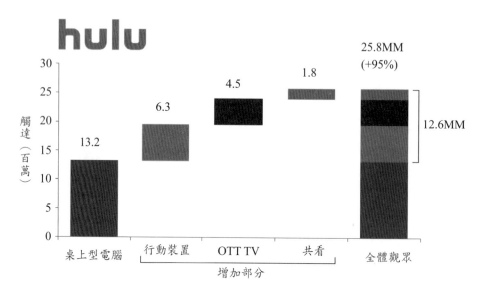

圖 3-15　Hulu 的跨平台觀眾人數

資料來源：comScore（2016c），p. 76。

　　下一階段的發展將是有螢幕出現之處，皆有可能成為新的影音內容戰場，而行為測量也會更複雜。美國有許多家庭連網裝置，其中個人電腦與智慧型手機的家戶滲透率已超過九成，電視棒（影音串流盒）、遊戲機的滲透率也有三成以上。

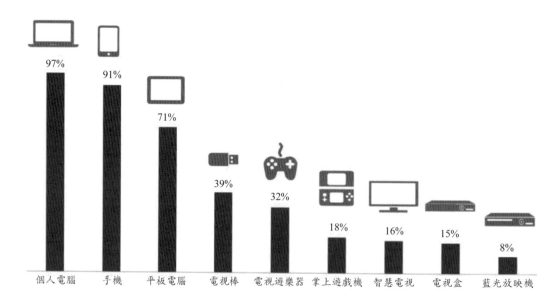

圖 3-16　美國家戶各種連網裝置的滲透率

資料來源：Banks（2016），p. 9。

　　跨平台監測的最新發展是納入自動溫控器（thermostats）、居家防護（home security）等物聯網設備的資料。收視行為只是其中一環，還必須分析品牌購買、線上交易等行為，才能提供更完整的數據分析。

第四節　大數據應用於影音內容開發與成效評估

　　過去的電視產業處於數據貧乏的環境，傳統電視管理者依賴少數觀眾的收視調查決定商業策略，而在數位匯流時代，所有觀眾行為都可以被電腦系統捕捉，無論是 OTT 跨平台上收集到的影音內容瀏覽、點擊或收看，抑或是觀眾在社群媒體上針對影音進行的討論與分享，均可透過程式運算整理後，成為解讀觀眾社交電視行為的大數據。藉由分析觀眾行為數據以了解他們的偏好和需求，可進一步帶來 OTT 影音服務的發展與創新。Kim（2016）歸納出數據驅動影音串流服務（data-driven video streaming service）的六大主要價值，可協助OTT影音產業提高競爭力：

1. 最大化內容投資報酬率（ROI）

　　透過節目內容做出市場區隔，影音媒體業者提供閱聽人多元選擇，如何在競爭者中脫穎而出，必須借助數據分析了解多螢幕、跨裝置的影音消費行為和閱聽偏好，在考量成本的基礎上達到最高的影音內容投資成效。

2. 抓住舊客群、開拓新客源

　　根據使用者經驗指標（user experience metric）和投入程度（engagement levels）等數據分析，判斷收視群眾為何會逐漸流失，業者可以得知需要優先改善的部分，甚至進一步開發預測模型來計算個別訂戶在近期可能流失的機會和原因，在其採取行動前就及時挽留。

3. 使用者原型（persona）、個人化

　　資料導向式的影音串流服務，允許服務提供者了解觀眾真正的行為，並藉由個性化提高參與度。它有能力追蹤觀眾的行為，以確保廠商所提供的產品有最大的可能性，能促進使用者的參與。

4. 最佳化廣告收入

資料導向的影音服務商可以掌握自己的使用者數據，測量來自不同平台的廣告收益，包括網站、行動裝置和 OTT 等廣告數據。透過資料分析可以定位特定受眾或地理位置，或者進一步透過定位和時段進行精準觀眾的篩選，並且推斷接觸使用者的最佳裝置組合。精細的數據分析是 OTT 影音業者能有效地瞄準及找到「正確」消費者的方式。

5. 改善使用經驗（Quality-of-Experience）

隨著更多觀眾開始收看線上影音，OTT 影音業者應更提升整體內容品質，才不會讓觀眾對 OTT 影音服務失去信心。根據 2016 OTT 口碑調查指出，從 OTT 平台特性之社群聲量的數據看來，網友最常討論的話題之一仍為畫質，但從滿意度上來看，便利性最受重視（OPView 社群口碑資料庫，2017）。業者透過即時（real-time）監控與分析終端使用者的效能臨界值，可主動避免潛在問題，達成各項品質指標，將有助於提供優質閱聽體驗。

6. 進階銷售（up-selling）與交叉銷售（cross-selling）潛力

對於大多數影音平台或內容供應商來說，期盼的無非是如何把原本免費觀看的 OTT 影音使用者，可提升至付費客群，並持續增加付費者的比例。此關鍵在於洞察影音消費者的需求，找到新的銷售機會，例如提供更優質、進階的內容給菁英族群等。展雋創意（2016）針對網路電視有較高認知程度與使用經驗的臺灣民眾進行 OTT 裝置調查，超過半數（57%）的受訪者最常使用的是智慧電視盒或電視棒，這群「科技早期採用者」在 OTT 市場的消費潛力值得注意。

無疑地，數據驅動不應停留在口號階段，因為掌握服務品質、維繫使用者，進而校準行銷計畫，甚至協助銷售評估及擴大收益，不僅個別業者得以因應競爭，整體產業也才能快速發展。然而業者自行建置資料庫與累積數據皆需要時間，以及軟硬體成本和研究分析的專才。從國外的經驗可知兼採外部資料或數據服務的必要，包括社群聆聽（social listening）、付費和廣告效益等面向，透過分析使用者社群媒體數據，可應用於 OTT 營運核心的內容開發、觀眾需求探勘及廣告精準投放等面向。

1. 選角的考量

對於閱聽者而言，最重要的除了劇情、還有卡司。常看到預告宣傳中打著某藝人是票房或收視率保證，如何評估演員選擇是否具有潛力，可以從觀眾曾經在名人社群帳號上的參與程度，或是對其他有提及此名人的貼文按讚、分享或留言，這些動作都可以被記錄成為數據分析的材料。QSearch 社群資料分析公司的 Profiling 工具就是藉著瞭解目標群眾在不同 Facebook 粉絲專頁上的行為，加以分析不同群體的喜好，有助於在選角及題材興趣上的評估。例如透過視覺化圖表呈現，可以快速了解邵雨薇在電影《樓下的房客》「上映當週與後一週的互動人數」，並和其他藝人演出電影的互動情形進行比較。透過 Profiling 可以知道，臉書上不同參與程度的粉絲分布，邵雨薇不僅有著將近 16 萬的互動人數，甚至在扣除只有互動 1 次的超輕度粉絲後，其餘的粉絲還有接近 10 萬人之多（杜易寰，2016）。

即使在電影圈不單以粉絲多寡來選角，Profiling 還有另一個能超越其他數據的特點，可以計算演員之間粉絲的重疊度，據以評估是否男女主角的組合是否有足夠粉絲上的交集，或者配角的安排能否接觸更多潛在觀眾。資料收集上具有累積性，有助於對於目標觀眾的深層認識，像是推測閱聽人同時參與哪些粉絲專頁帳號，在製片評估贊助商及行銷宣傳策略上都有參考的價值。

2. 鎖定有影響力的目標族群

傳奇娛樂（Legendary）近十年來拍攝出了多部受歡迎的作品，例如《蝙蝠俠》、《醉後大丈夫》、《哥吉拉》、《侏儸紀世界》等。他們也分析，Twitter、Facebook 和其他社群媒體的數據，再加上分析傳統資料來源，例如每小時的票房。

傳奇公司知道數據分析雖不夠完美，但仍然是前進的方向。希望透過數據得知誰可能是電影的死忠觀眾，並致力於開拓新市場、增加新客源（影迷）等。這家公司將社群媒體和內容數據分析結果，運用在續集可行性、電影故事評估、粉絲的篩選與剖析、發行日期等。傳奇公司準備要為即將開拍的電影選擇主角時，他們傾向於選擇相對低價位、比較不是電影主流文化會選擇的人，因為選擇的不是高價位演員，但他們具備在社群媒體上產生熱度的可能性，此種數據逐動的決策方式，降低他們的投資預算，並有機會締造更佳的票房。

電影《哥吉拉》的成功，也印證了透過數據分析的方法是可行的。傳奇公司從社群媒體數據中得知，影迷對陰謀理論和演員布萊恩・克蘭斯頓在電影中的角色比怪物、軍隊和破壞更感興趣。傳奇公司根據社群聆聽的方向製作預告片，並和Google 合作找出 24-39 歲的女性是最具說服力的群眾。最後，哥吉拉的媒體宣傳支出比預計費用少 10%，美國國內票房的估計超過 3000 萬美元。

3. 提升訂閱與廣告投放

Adobe 公司推出 Adobe Primetime OTT，結合 Adobe 行銷雲端服務，透過手機、筆電或連接電視的設備（例如 Apple TV, Roku, Xbox 等），提供個人化的影音內容與廣告，創造更棒的電視體驗，可協助電視聯播網和付費電視的供應商透過數據分析來因應 OTT 競爭。透過數據管理與分析，以及影音播放的個人化引擎和加插廣告等功能的整合，Foster（2016）建議具體作法如下：

(1)建立觀眾資料：資料導向的行銷接觸比較有可能投資的觀眾，透過新的服務體驗或 A/B 測試，希望提高試用轉為付費訂閱的觀眾數量。

(2)促進觀眾投入：資料導向分析與個人化引擎推薦內容的功能連結，利用超過 2,000 億網路影音收看點所收集的大數據，進行收看時間和類型等深層分析，提供推薦觀眾客製化的影音內容，根據已知的消費者喜好妥善提示和推廣影音，並即時傳遞內容與支援穿插動態廣告。

(3)獲取利潤：OTT 朝向多種營收來源發展，業者需要大量資料運算以便從複雜的收益中確認營利方式，包括每月訂閱費、租片、電子商務及廣告行銷。除了掌握跨平台的廣告表現，亦能針對特定觀眾特徵投放有效的廣告。

(4)測量觀眾影響：達成對於目標對象多面向的了解，從觀眾輪廓、收看的內容、時間、地點、螢幕裝置等產生的綜合數據分析結果，促進觀眾付費及投入，進而達到所謂變現的可能，也就是獲取利潤的機會。

無論是採用第三方監測資料庫、客製報告，或自行建置資料中心、開發分析軟體等，OTT 影音業者在經營上以脫離不了大數據應用，而這跨領域的專業任務，卻沒有標準模式或作法可以立即複製，因為節目內容不同、市場規模、付費意願及行銷訴求都會影響 OTT 相關數據如何被處理、解讀及運用，唯有及早開始動手

做，善用工具並培養洞察能力，才能真正掌握 OTT 使用者的意向和影音行為，並以數據爲憑發展觀眾願意積極投入的內容產品、行銷方案，促進影音忠誠度，進而累積更多有價值的使用者。

結　語

　　多螢幕影音使用成爲全球趨勢，閱聽眾使用時間與頻率持續成長中。行動收視與多螢行爲逐漸根植於日常生活，2016 年臺灣網友造訪多媒體網站平均到達率高居亞太區第一爲 95.6%，中國網友則緊追在後，顯示兩岸觀眾對於網路影音的熱愛，也反映在 OTT TV 市場的百家爭鳴。然而不變的是人們的時間是固定的，當影音內容快速上架各類平台，多樣選擇與快速流通加劇眼球的分散。除了政策支持與內容創新，當務之急是如何聚集目光，促進使用者能夠停留和回訪，提高轉換會員與多元營收的可能。

　　目前臺灣 OTT 影音業者已開始透過互動介面設計或異業聯盟方式，幫助追劇和討論，進而增加觀眾對影音內容的投入感，並加強在網路上的社群聲量與口碑，不啻爲好的開始。隨著愈來愈多的民眾在看電視或網路影音時，有同時使用社群媒體的行爲（Ericsson, 2012）。在電視等播放節目的主螢幕之外，觀眾通常會以手機或平板做爲第二螢幕，進行資訊搜尋或社交互動，因此 OTT 影音業者更積極地運用社群行銷，並開始經營觀眾社群，但該如何與使用者在互動中建立品牌忠誠度等正向效應，各家業者仍在摸索階段。

　　運用數據發現問題、支持決策的做法已在許多產業落實執行，媒體業與網路業都採用監測資料，是最直接反映經營績效與競爭態勢的根據，OTT TV 本身也有使用者的行爲資料，外部有社群媒體上豐富的討論內容，這些皆可透過數據分析，提高內容投資報率和廣告收入、掌握新舊使用者、了解客製化需求、改良使用經驗、改善銷售等，進一步帶來 OTT 影音服務的創新發展。

📖 參考書目

comScore MMX ™（2016）。〈comScore 與創市際依據 comScore MMX ™數據公布 2016 年 06 月臺灣網路活動分析報告〉。上網日期：2017 年 1 月 12 日，取自 http://www. ixresearch.com/news/comscore%E8%88%87%E5%89%B5%E5%B8%82%E9%9A%9B%E4% BE%9D%E6%93%9Acomscore-mmx%E6%95%B8%E6%93%9A%E5%85%AC%E4%BD%8 82016%E5%B9%B406%E6%9C%88%E5%8F%B0%E7%81%A3%E7%B6%B2%E8%B7%A F%E6%B4%BB%E5%8B%95/

OPView 社群口碑資料庫（2017）。〈「2016 OTT 口碑調查」便利改變觀看習慣，網友關心什麼〉。上網日期：2017 年 2 月 6 日，取自 http://www.opview.com.tw/portfolio_item/20160412?target=blank

臺灣網路資訊中心（2015）。〈「臺灣寬頻網路使用調查」結果公布〉。上網日期：2015 年 11 月 24 日，取自 http://www.twnic.net.tw/NEWS4/138.pdf

阿丹（2015 年 4 月 3 日）。〈什麼時候了，你還在 OTT ？〉，INSIDE 硬塞的網路趨勢觀察。取自 https://www.inside.com.tw/2015/04/03/practically-everything-is-over-the-top-of-internet-in-the-future

何英煒（2017）。〈用手機收看影音，快追上使用電腦比率〉，工商時報。上網日期：2017 年 2 月 21 日，取自 http://www.chinatimes.com/newspapers/20170220000076-260204

杜易寰（2016）。〈Profiling 應用之一：你要找誰演電影？〉，QSearch Blog。上網日期：2017 年 2 月 18 日，取自 https://blog.qsearch.cc/2016/12/profiling-%E6%87%89%E7%94%A8 %E4%B9%8B%E4%B8%80%EF%BC%9A%E4%BD%A0%E8%A6%81%E6%89%BE%E8% AA%B0%E6%BC%94%E9%9B%BB%E5%BD%B1%EF%BC%9F

杜璐茜（2016）。《視頻網站自製節目觀眾社群參與對視頻網站品牌權益之影響》。世新大學廣播電視電影學系碩士論文。

李捷（2014）。〈遇見與預見 -4G 流量與大數據的運營思考〉，「CVW2014 產業互聯網大會」電信 @ 互聯網論壇演講。取自 http://tech.sina.com.cn/i/2014-12-12/doc-icesifvx4596183. shtml

林翠絹（2012 年 12 月 2 日）。〈當電視遇上社交媒體〉。聯合早報。取自 http://blog.sina.com. cn/s/blog_9f4e079d010152kr.html

林翠絹（2016 年 1 月 24 日）。〈網路直播正盛〉。聯合早報網。取自 http://www.zaobao.com. sg/forum/views/opinion/story20160124-574542

展雋創意（2016）。〈臺灣 OTT 電視使用行為調查〉。取自 https://www.ovomedia.tv/blog/ zh/2016/11/22/ottresearch/

郭芝榕（2014 年 5 月 31 日）。〈iKala 推 LIVEhouse.in 直播平台，來一場數於你的直播〉。
　　數位時代。取自 https://www.bnext.com.tw/article/32439/BN-ARTICLE-32439

彭偉琪（2014）。〈到中國視頻網站找臺灣消費者？〉。取自 http://www.brain.com.tw/news/
　　articlecontent?sort=&ID=20475

創市際市場研究顧問公司（2015 年 5 月 8 日）。〈創市際兩岸洞察：電視節目收
視習慣〉。創市際新聞室。取自 http://www.insightxplorer.com/news/news_05_08_15.html

創市際市場研究顧問公司（2016）。〈影音網站調查與臺灣影音相關網站使用概況〉，創市
　　際雙週刊，71。取自 http://www.ixresearch.com/reports/reports/%E5%89%B5%E5%B8%82%
　　E9%9A%9B%E9%9B%99%E9%80%B1%E5%88%8A%E7%AC%AC%E4%B8%83%E5%8D
　　%81%E4%B8%80%E6%9C%9F-20160919

楊安琪（2017 年 1 月 20 日）。〈隨時跟使用者互動，CHOCO TV 率同業之先推出聊天機器
　　人服務〉，科技新報。取自 http://technews.tw/2017/01/20/choco-tv-bot

顏理謙（2016 年 10 月 14 日）。〈追劇觀眾的幸福時刻：內容決勝負！臺灣 OTT 百家爭鳴〉，
　　數位時代。取自 https://www.bnext.com.tw/article/41346/taiwan-ott

Ariel, Y., & Avidar, R. (2015). Information, interactivity, and social media. *Atlantic Journal of Communication, 23*(1), 19-30.

Banks, A. (2016, October). *The new digital ecosystem: Navigating the cross-platform reality.* Slides presented at the DMA annual event. Los Angeles, CA.

comScore (2016a, March). *2016 US cross platform future in focus.* Retrieved February 4, 2017, from http://www.comscore.com/Insights/Presentations-and-Whitepapers/2016/2016-US-Cross-Platform-Future-in-Focus

comScore (2016b, October). *2016 Global digital future in focus report.* Retrieved February 4, 2017, from http://www.comscore.com/Insights/Presentations-and-Whitepapers/2016/2016-Global-Digital-Future-in-Focus

comScore (2016c, December). *Future in focus and cross media insights for Latin America.* Retrieved February 4, 2017, from https://www.comscore.com/Insights/Presentations-and-Whitepapers/2016/Future-in-Focus-and-Cross-Media-Insights-for-Latin-America

Ericsson (2012, August). *Ericsson study: TV viewing increasingly accompanied by use of social media.* Retrieved from http://www.ericsson.com/news/1636526

Foster, C. (2016, March). *Helping the TV industry accelerate the success of OTT video services.* Retrieved from https://blogs.adobe.com/primetime/2016/03/helping-the-tv-industry-accelerate-the-success-of-ott-video-services

Kim, E. (2016, July). *The 6 key values of data-driven video streaming service.* Retrieved from https://

blog.streamlyzer.com/2016/07/27/the-6-key-values-of-data-driven-video-streaming-service

Lin, T. T. C., Chiang, Y. H., Liew, K. K., Theng, Y. L., Bautista, J. R., & Teo, W. (2016a, April). *How sociability and social presence influence viewers' bridging social capital and program loyalty.* Paper presented at 2016 Broadcast & Education Association, Las Vegas, USA.

Lin, T. T. C., Chiang, Y. H., Bautista, J. R., & Teo, W. (2016b, June). *Understanding multiscreen video consumption: Examining viewers' media multitasking motivations, polychronic tendency and media repertoire.* Paper presented at 2016 International Telecommunication Society Biennial Conference, Taipei, Taiwan.

Nagy, J., & Midha, A. (2014). The value of earned audiences: How social interactions amplify TV impact what programmers and advertisers can gain from earned social impressions. *Journal of Advertising Research, 54*(4), 448-453.

Parks Associates (2013). *The impact of analytics on video monetization.* Retrieved February 2, 2017, from http://www.parksassociates.com/bento/shop/whitepapers/files/ParksAssoc-Ooyala-WP-Impact-of-Analytics.pdf

Proulx, M., & Shepatin, S. (2012). *Social TV: How marketers can research and engage audiences by connecting television to the web, social media and mobile.* NJ: John Wiley & Sons.

Quintas-Froufe, N., & Gonzalez-Neira, A. (2014). Active audiences: Social audience participation in television. *Comunicar: Media Education Research Journal, 43*, 83-90.

第四章　美國OTT TV的創新服務與經營模式

國立臺灣大學新聞研究所副教授　谷玲玲

前　言

　　OTT 可說是以創新方式提供觀眾隨選視訊服務（video on demand, VOD）。早期 VOD 如同計次付費（pay per view, PPV），觀眾付費觀賞一部電影或一個節目。Netflix 於 2007 年開發新型商業模式，觀眾不再計次付費，而是以繳納月費方式無限制觀賞影片或節目。由於 Netflix 擁有龐大影音資料庫，觀眾無需透過多頻道影音供應商（multichannel video programming distributor, MVPD）（如有線電視或直播衛星），便能夠在各式各樣平台觀賞各式各樣內容，也就是現今大眾熟悉的 OTT 內容。Netflix 新型商業模式可謂空前成功，新業者紛紛加入戰局。OTT 服務蔚為風氣，首當其衝當然是傳統內容產業，使得傳統業者不得不跟進 OTT 服務，而觀眾可能是最大贏家。

　　美國 OTT 市場競爭固然激烈，新業者仍不斷加入競爭；諮詢顧問公司 Brightcove 引述另一家諮詢顧問公司 Parks Associates 調查資料，僅 2015 一年，新推出的 OTT 服務便多達 33 個，從眾所矚目的 HBO Now、SlingTV，到分眾服務如專營適合闔家觀賞內容的 Vidangel 與專營紀錄片的 XiveTV（Brightcove, 2016）。根據 Parks Associates 調查，截至 2016 年第三季結束，全美前三大 OTT 服務排序如下：Netflix、Amazon Video（Amazon Prime）與 Hulu（Parks Associates, October 26, 2016）。

　　此外，全美訂閱 OTT 服務的寬頻家庭也持續增加。根據 Parks Associates 調查，全美訂閱至少一個 OTT 服務的寬頻家庭比例，由 2015 年 57% 上升至 2016 年 63%（Parks Associates, October 26, 2016）。

　　根據諮詢顧問公司 Parks Associates 的分析，觀眾是驅動 OTT 服務蓬勃發展的主因；觀眾收視行為改變，對於線上視訊的觀感也隨之改變。愈來愈多觀眾在各種電視、電腦、行動裝置等接收線上視訊服務，特別是年輕人。例如，全美寬頻家戶觀賞非線性視訊時間，從 2010 年每週平均 10.4 小時增加至 2014 年每週平均 17.4 小時，而在 2012 年，全美寬頻家戶觀賞非線性節目的時間超過觀賞傳統線性節目。此外，愈來愈多觀眾認為線上視訊品質跟傳統電視差不多，而 18 至 34 歲年輕人對線上視訊接受度高於所有其他年齡層（Sappington, *n.d.*）。

本章首先檢視美國 OTT 市場主要業者的經營特色及商業模式，接著探討 OTT 服務成功或失敗的因素，歸納出現有服務成功關鍵與新進業者取勝策略，再討論 OTT 服務對於傳統付費電視的衝擊。結語則強調臺灣 OTT 服務如何借鏡美國的 OTT 產業。

第一節　OTT TV 業者及其商業模式

本章採用 Reiber（April 21, 2016）的分類，將 OTT 業者依規模分為四類：主要業者、分眾業者、頻道包裹業者及品牌業者。以下依序說明各業者提供的內容特色、商業模式、會員人數、收益規模及未來展望等。

一、主要業者

主要業者通常提供大量優質內容，再加自製內容，以吸引消費者。Netflix 是箇中翹楚，開創收取月費的商業模式。以下討論三大主要業者。

（一）Netflix

在主要業者中，規模最大者當屬 Netflix。該公司於 1997 年在加州成立，次年開始租片服務，將 DVD 郵寄給消費者。隔年，Netflix 推出月租模式，2000 年再推出無限租片吃到飽方案。至 2007 年，該公司郵寄 DVD 數量超過 10 億片（The Associated Press, February 25, 2007），也累積數百萬訂戶。Netflix 於是開始推出透過網路的隨選視訊串流服務，使得訂戶數更快速成長，至 2010 年，串流服務業務量超過傳統 DVD 租片服務。從 2013 年開始，Netflix 自製內容，只有串流服務訂戶可以觀賞。據 Netflix（January 18, 2017）統計，截至 2016 年底，全美訂戶數 4,940 萬戶。估計至 2020 年，全美訂戶數可達 6,300 萬戶（Mann, February 2, 2016）。

從 2010 年第四季開始，Netflix 將串流服務推廣至加拿大，目前訂戶遍布全球 190 國。據 Netflix（January 18, 2017）統計，截至 2016 年底，全球串流服務訂戶約 9,380 萬戶，其中國際訂戶數 4,440 萬戶，約占 47%，其餘為美國訂戶。與 2015 年底相比，一年間總訂戶增加 1,900 萬戶，主因 Netflix 積極推展國際市場（Steel,

January 18, 2017）。市調公司 HIS Markit 估計，兩年內，國際訂戶數將超過美國訂戶數。目前國際訂戶集中於西歐、英國、荷蘭及北歐各國，估計至 2020 年，全球國際訂戶將達 7,500 萬戶（Business Wire, August 23, 2016）。

在內容策略方面，Netflix 專注於提供電影及電視影集，兩者的數量極爲龐大，無論觀眾的偏好或品味，都能找到喜歡的內容。Netflix 同時提供超過 4,000 部電影和近 1,500 部電視影集，其中包括各式各樣類型，即使是極度小眾類型，也有十多部影片供訂戶選擇。此外，Netflix 儘量提供發行不超過 10 年的影片。在內容更新速度方面，Netflix 的作法是，每個月抽換數百部影片，並新增數百部影片，大部分的影片在六個月到一年之間會被更換。

Netflix 影片有幾大來源，最主要的作法是取得主要片商影片的播放權。本來，如 HBO 及 Showtime 等電影頻道取得影片播放權的作法是，取得在院線下片一段時日但即將發行 DVD 的影片播放權。而 Netflix 砸大錢，搶先取得影片多年播放權。傳統上，片商寧可將影片播放權給予主要電影頻道，而非新興 OTT 業者。Netflix 持續砸大錢購買影片播放權，使得主要片商愈來愈願意給予該公司影片播放權。

此外，Netflix 將眼光放在主要片商的片庫，取得獨家串流播放權。舊片或經典影片播放權固然比新片便宜，還是讓 Netflix 付出相當代價。近年來，Netflix 更注重取得近年發行的影片播放權，而將目光投向獨立片商。比如，出席 Sundance 影展，購買獨立製片的影片。

Netflix 也是以類似方式取得電視影集串流播放權；一方面與個別影集發行商簽約，也以數位聯賣（syndication）方式取得影集主要發行商大量內容。該公司也是設法取得多年播放權，許多高收視影集在電視頻道首播一年後，便出現於 OTT。

除了從各種管道取得內容，Netflix 自 2011 年開始投資拍攝電視影集「紙牌屋」（House of Cards），從 2013 年加入串流服務，立刻成爲叫好又叫座的節目，男、女主角皆曾獲得金球獎最佳演員獎，爲該公司建立口碑。不難了解 Netflix 自製內容的動機，首先，如果節目夠好，增加觀眾收視串流服務的動機，另一方面，則是基於成本考量。爲了跟 HBO 等電影頻道競爭，Netflix 必須付出巨額費用，自各個片商取得影片串流播放權，未來權利金費用勢必水漲船高，不如轉而自製內容。從訂戶偏好自製內容來看，Netflix 的策略奏效。至今，該公司自製內容超過 40 部影

集、10 多部紀錄片及 30 部喜劇特別節目。自 2015 年起，Netflix 開始投資拍攝電影，首部影片 Beasts of No Nation 先上串流服務，再上院線放映。預期 Netflix 未來將加強投資自製節目。

觀眾可以從各式平台接收 Netflix 串流服務，包括：智慧型電視、智慧型手機、遊戲機、Roku 機上盒和藍光 DVD 播放器等，也可以透過行動 app 來收看。Netflix 介面一大特色是允許訂戶建立個人目錄；該公司訂戶通常以家戶為單位，家戶中的個人可以根據喜好建立個人目錄，便於觀賞節目。Netflix 則是透過演算法，分析觀賞行為與個人目錄內容，以了解收視偏好，並推薦觀眾可能有興趣觀賞的內容。據此，該公司一方面提供觀眾個人化服務，也透過觀賞行為提供後續購片建議。

在建立觀眾忠誠度方面，有別於傳統電視透過提供帶狀節目，讓觀眾養成收視習慣，Netflix 將其自製影集整季上傳，便於訂戶追劇。此種馬拉松式觀劇在年輕族群中蔚為風氣。

Netflix 收益仰賴觀眾每月訂費收入，沒有廣告。月費採分層設計，根據同時可觀賞螢幕數量及畫面品質來決定訂費。基本月費為 7.99 美元，訂戶可以在單一螢幕觀賞標準畫質節目；標準月費為 9.99 美元，訂戶可同時從兩個螢幕接收高畫質節目，頂級月費為 11.99 美元，訂戶可同時從四個螢幕收視 4K 超高畫質節目。無論訂戶選擇月費層級，都是吃到飽方案，訂戶可以長時間無限制觀賞節目。Netflix 收費與 MVPD 不同，前者不要求訂戶簽署長期合約，而是每個月從信用卡扣款一次，訂戶可以選擇取消次月訂閱。新訂戶可獲首月免費觀賞。

Netflix 收益隨著訂戶大量成長而大幅提升，據統計，該公司年收益從 2005 年 6.88 億美元成長至 2016 年 82.88 億美元，其中美國收益占 61%（Netflix, January 18, 2017）。市調公司 HIS Markit 預估，至 2020 年，全球年收益將高達 130 億美元，其中國際收益為 70 億美元，占 53%，其餘為美國國內收益（Majority, August 23, 2016）。該公司商業模式的成功引發其他 OTT 業者跟進，顯然 OTT 產業仍有極大成長空間。

（二）Amazon Prime

美國最大網路商店 Amazon.com 自 2006 年開始提供隨選視訊服務，消費者可

選擇購買或租用串流服務。從 2011 年開始，Amazon Prime 會員可免費下載精選內容，而這些內容僅占 Amazon 片庫一小部分。Amazon 自 2005 年推出 Prime 服務，消費者繳交年費 79 美元，成為會員，享有較低廉運費。該公司自 2013 年開始自製內容，包括：影集、喜劇、動畫、兒童節目、紀錄片等，只有 Prime 會員可以下載收看。Prime 隨選視訊服務已逐步推廣至英國、德國及日本等國。

Amazon 隨選視訊影片超過 5 萬部，其中可供 Prime 美國會員免費下載影片約 8,000 部。Amazon 主要透過發行商聯賣取得這些影片的串流播放權。電視影集方面，在電視頻道首播後不久即提供消費者購買，但 Prime 會員可能得等待數月才能免費收看。Amazon 串流服務可在多種平台接收，包括：電腦、平板、智慧型手機、智慧電視、藍光播放器、遊戲機等。

在自製內容方面，Amazon 的作法類似電視網的試拍季（pilot season），從來自各方的提案挑選 10～12 個試拍，並將這些試拍集包括在隨選視訊服務中供消費者觀賞。該公司從消費者的回饋意見決定將哪些試拍集發展為影集。Amazon 第一個試拍季始於 2013 年 4 月，而第一部影集 Alpha House 於同年 11 月首播。Amazon 自製節目最獲好評者應屬喜劇 Transparent，2015 年獲得金球獎最佳喜劇獎，首度由線上串流服務供應者獲獎。未來，Amazon 每年規劃兩個試拍季，持續製作節目。

為了與 Netflix 競爭，Amazon 加快國際化腳步，至 2016 年底，Prime 串流服務已推廣至全球 200 國家及地區。在加拿大、法國、比利時、西班牙、義大利、印度等國 Prime 會員可免費接收串流服務。在其他地區，消費者可採納首六個月每月 2.99 美元嘗試方案，接收串流服務。而與 Netflix 國際訂戶繳交每月 8.5～12.7 美元相較，Amazon 認為其方案具有競爭力（Barraclough, December 14, 2016）。

Prime 年費自 2014 年由 79 美元增加為 99 美元，目前會員也可選擇月繳 10 美元，另外還設計學生方案，每年繳交 49 美元會費。Amazon Prime 會員可以看影片、聽音樂、儲存照片、讀電子書等，以及購買物品可享較低廉運費。Amazon 在首月免費試用後，自會員信用卡扣款；年會員每年扣款 99 美元一次，而月會員每月扣款 10.99 美元。消費者也可以選擇不加入 Prime，僅加入串流服務會員，每月繳交會費 8.99 美元。據 Consumer Reports 評比，Amazon Prime 串流服務提供約 17,000 部影片和影集供會員選擇，而 Netflix 提供約 10,000 部影片（Consumer

Reports, June 12, 2015）。

Amazon Prime 收益完全來自於會費，其串流服務沒有插播廣告。根據網路調查公司 Statista 統計，Amazon Prime Instant Video 美國市場使用者於 2014 年達 5,700 萬人（Statista, *n.d.*a）。由此人數推估，串流服務年收益超過 50 億美元。根據該公司預估，使用者將穩定成長，至 2019 年，美國市場使用者將接近 9,000 萬人（Statista, *n.d.*a）。

（三）Hulu

美國另一個主要 OTT 業者為 Hulu，於 2007 年由 NBCUniversal（已於 2009 年為 Comcast 收購）、Fox Entertainment Group、Disney-ABC 等三大媒體公司合資成立於加州，隔年推出網站，提供由廣告支持的 OTT 內容，包括電影及電視影集，透過電腦收視。至 2010 年，推出月租服務 Hulu Plus，仍播放少量廣告，但可以在更多平台觀賞節目，也可觀賞當季與上一季電視影集。Hulu 於 2011 年將服務推廣至日本，2012 年推出付費服務 Hulu Kids。2016 年，Yahoo! 與 Hulu 合資成立 Yahoo! View，提供隨選視訊。Hulu 也宣布，將於 2017 年推出即時電視串流服務，提供現場直播（Perez, May 4, 2016）。自 2016 年下半年開始，Turner Broadcasting System 加入投資人行列，股權占 10%，原來三大投資人股權各占 30%。

由於 Hulu 投資人本身擁有無線電視網及多個有線電視網，得以確保 Hulu 內容基本來源。此外，Hulu 積極與其他內容供應者合作，充實其片庫。Hulu 也及早與 Microsoft 及 Yahoo! 合作，而後者因為 Google 於 2006 年收購 YouTube，加深與 Hulu 合作的意願。Hulu 正式於 2008 年推出網站免費串流服務，提供大量內容，吸引眾多觀眾，一年之內，收視群達 4 千萬人，成為最受歡迎的網路視訊網站之一，也被美聯社（Associated Press, AP）提名為 2008 年最佳網站。

看到 Netflix 成功推出月租服務，Hulu 也於 2010 年推出月租服務；訂戶可以收看更多、更新的節目，但是更少的廣告。自推出月租服務，訂戶穩定成長，至今達 1,200 萬戶。目前月租服務分兩個方案；一是 7.99 美元，播放少量廣告，另一是 11.99 美元，完全不播放廣告。訂戶可獲首月免費觀賞，次月可選擇附加服務，兩個方案皆可選擇每月加付 8.99 美元，收看 Showtime 節目。與 Netflix 美國收視戶

規模相較，Hulu 規模自然小得多。以國際化而言，Hulu 服務至今仍只有在日本接收得到，無法與 Netflix 服務遍布全球相比。但是，以廣告支持的隨選視訊業者中，Hulu 與超過 2 千個廣告主合作，規模是最大的。

Hulu 串流服務目前提供超過 2,600 個節目，主要來自於三家母公司的聯賣節目，包括 Comcast 旗下的 NBC、NBC Sports、USA Network、Syfy 與 Bravo 等，Fox 旗下的 Fox、FX、National Geographic、Fox Sports 等，以及 ABC、Disney Channel 與 Freeform 等。此外，該公司與主要有線電視網結盟，比如：A&E、AMC、Showtime、PBS 與 Turner Broadcasting 等。Hulu 的作法是，自掏腰包購買節目播放權，而與內容提供者分享廣告收益。據報導，Hulu 內容供應商達 200 家，可以分到 50～70% 廣告收益（Stelter & Stone, April 5, 2010）。除了電視節目，Hulu 也是大手筆取得影片播放權，作法與 Netflix 類似。

值得一提的是，Hulu 自 2011 年開始自製新聞節目 The Morning After，每集長度 5 分鐘，持續了三季。之後陸續製作各式各樣的節目，包括影集、喜劇、動畫、實境節目、談話節目、紀錄片等。Hulu 自製內容不如 Netflix 自製內容往往造成話題，反而多半僅播出 1 至 2 季即停播。Hulu 有意願持續自製內容，不妨觀察其後續表現。

在平台策略方面，訂戶可以從各式行動裝置、播放器、遊戲機、電視機等接收節目，而免費內容僅能從電腦接收。播放廣告的方式與傳統電視類似，即在節目前、中、後插播廣告。此外，Hulu 將內容聯賣給 Yahoo 及 MSN 網站，觀眾可以在這些網站收看部分 Hulu 節目。

Hulu 的商業模式同時依賴廣告及訂費收入，2010 年以前完全依賴廣告收入，之後開始提供每月 7.99 美元訂閱服務。至今，Hulu 基本訂費仍維持為 7.99 美元，並新增完全沒有廣告的訂閱服務每月 11.99 美元。此外，訂戶只要再付每月 8.99 美元，加訂 Showtime 隨選視訊，比單獨訂閱 Showtime 還便宜。與 Netflix 相似，Hulu 也不要求訂戶長期忠誠度，訂戶繳月費，每月由 Hulu 自訂戶信用卡扣款，首月也是免費收看。據 Statista 統計，Hulu 2016 年收益達 20 億美元，廣告及訂費收入各占一半。預測至 2017 年，訂戶可達 1,700 萬戶，收益可達 24 億美元（Statista, n.d.c）。表 4-1 比較三大 OTT 業者的商業模式。

表 4-1　美國主要 OTT 業者經營模式比較

	Netflix	Amazon Prime	Hulu
創立年份	1997 年	2006 年	2007 年
內容策略	·大量多元內容 ·快速更新內容 ·原創內容	·大量多元內容 ·原創內容	·投資人無線電視網及有線電視網節目 ·原創內容
收費模式	·依螢幕數量及畫面品質，月訂費 7.99～11.99 美元 ·新訂戶首月免費觀看	·Prime 年費 99 美元，學生方案年費 49 美元 ·串流服務月費 8.99 美元 ·Prime 首月免費試用	·Hulu 免費 ·Hulu Plus 依廣告量月訂費 7.99～11.99 美元 ·每月加付 8.99 美元，收看 Showtime 節目 ·新訂戶首月免費觀賞
收益來源	訂費	訂費	廣告／訂費
國際化	高度	高度	僅限日本

　　網路調查公司 eMarketer 比較上述三大 OTT 業者 2015 年美國市場占有率發現，Netflix 使用者占全體 OTT 服務使用者 60%，其次為 Amazon，占 36%，Hulu 排第三，占 31.4%（eMarketer, October 24, 2016）。根據該公司對未來五年市占率推估，Netflix 市占率最高，2020 年將增加至 67.5%，但成長率趨緩。Amazon 仍排第二，但成長率最高，市占率將成長至 46.8%。而 Hulu 市占率 2016 年急速下滑至 15.9%，此後緩慢成長，預估 2020 年市占率為 17.4%（eMarketer, October 24, 2016）。

　　據 eMarketer 分析，Amazon 市占率成長最快的原因有三：一是 Amazon 推出的串流播放器 Fire 市場反應良好；此外，消費者可以只加入隨選視訊會員，按月繳交會費，而不必加入 Prime，將吸引大量消費者加入會員；第三，Amazon 砸重金自製節目，勢必吸引更多消費者。Netflix 成長趨緩主因租費上漲，而 Hulu 市占率大幅滑落是因為商業模式的改變，導致 eMarketer 改變計算方式。如前所述，Hulu 服務原本由廣告支持，免費提供，後來改採月租制，把免費內容聯賣給 Yahoo，因此移轉至 Yahoo 觀眾不計算為 Hulu 觀眾，但仍預估使用者將緩慢增加（eMarketer, October 24, 2016）。

二、分眾業者

　　分眾業者以提供優質類型電影及節目為主。如前所述，美國許多寬頻家庭訂閱兩個以上 OTT 服務，其中極可能包括分眾服務。由於分眾業者眾多，本節僅選擇討論四家具有特色的分眾業者。

（一）Crackle

　　Crackle 是 Sony 於 2007 年推出的免費線上隨選視訊服務，內容主要來自於 Sony 片庫的電影和影集，Sony 也和 MGM、Warner Bros 及 Paramount 結盟，播出聯賣內容。自 2009 年起，Crackle 開始自製網路影集和電影。Crackle 服務集中於美洲與亞太地區 20 個國家，除了在其官網收看，也可由智慧型電視、智慧型手機、平板電腦、Roku、PS4 與 Xbox 等遊戲機接收節目。Crackle 主打 18～34 歲男性。據估計，Crackle 每月吸引 1,800 萬觀眾（Lynch, April 9, 2015）。該服務收益來自於廣告收入，2015 年收益達 600 萬美元（Reiber, April 21, 2016）。

（二）Tribeca Shortlist

　　Tribeca Shortlist 是由 Tribeca Enterprises and Lionsgate 於 2015 年 10 月推出的獨立製片隨選視訊服務，同時提供約 150 部電影供消費者選擇，每月替換約三分之一的內容，主要內容來自於 MGM、Sony、Miramax 和 Lionsgate 等的片庫。該服務的特色是由專業影評人所提供的影片評述與推薦，片庫影片也是這些影評人精挑細選的。Tribeca Shortlist 服務僅及於美國境內，不插播廣告，每月收取 4.99 美元。該服務可在多個平台接收，包括：Apple TV、iPhone、iPad、Amazon Fire TV 與 Roku 等。該公司維持片庫小而美規模，以吸引電影同好。

（三）CuriosityStream

　　CuriosityStream 是由 Discovery Channel 創辦人 John Hendricks 所策劃，於 2015 年 3 月推出的隨選視訊服務，內容為科學、科技與歷史相關紀錄片與教學片為主。該服務片庫除自製內容，還包括 BBC 及 NHK 節目，維持 1,400 個節目總共約 600 小時紀錄片。CuriosityStream 不插播廣告，依節目畫質設計三層付費方案供消費者選擇：標準畫質收取每月 2.99 美元，高畫質每月收取 5.99 美元，4K 畫質則每月收取 9.99 美元。新訂戶首月免費試看。該服務可透過智慧型手機、Apple TV、Roku

及 Amazon Fire TV 等接收。

（四）Noggin

　　Noggin 是 Nickelodeon 於 2015 年 3 月推出隨選視訊服務，針對學齡前兒童。內容主要來自於自製且曾經於 Nick Jr. 頻道播出的節目。Noggin 不插播廣告，每月收取 5.99 美元，新訂戶可獲一週免費收看。該服務僅由行動裝置接收，不提供網路串流，必須透過 Apple、Google Play 及 Amazon 商店購買。商業模式也是依賴訂費收益，沒有廣告收入。表 4-2 比較上述四家分眾業者的商業模式。

表 4-2　美國 OTT 分眾業者經營模式比較

	Crackle	Tribeca Shortlist	CuriosityStream	Noggin
創立年份	2007 年	2015 年	2015 年	2015 年
內容策略	・Sony 片庫爲主 ・原創內容	・獨立製片爲主 ・影評人推薦	科學、科技、歷史紀錄片、教學片	Nick Jr. 節目
目標觀眾	18～34 歲男性	電影同好	對科學、科技與歷史有興趣者	學齡前兒童
收費模式	・免費	・月訂費 4.99 美元 ・試看服務	・依畫面品質，月訂費 2.99～9.99 美元 ・首月免費收看	・行動裝置月訂費 5.99 美元 ・新訂戶首週免費收看
收益來源	廣告	訂費	訂費	訂費
國際化	美洲與亞太	無	是	無

三、頻道包裹業者

　　相對於主要業者提供大量各種類型內容，以及分眾業者提供特定類型內容，頻道包裹業者提供的是受歡迎的頻道。無論是否與 MVPD 打對臺，頻道包裹服務帶來一定的收益。以下討論兩個主要頻道包裹業者。

（一）Sling TV

　　Sling TV 是衛星電視網 Dish Network 於 2015 年 2 月推出的 OTT 服務，提供三個媒體集團總共 12 個基本頻道的付費方案，包括：Disney 家族頻道中的

ABC Family、Disney Channel、ESPN 與 ESPN2，Time Warner 家族頻道中的 Adult Swim、Cartoon Network、CNN、TBS 與 TNT，以及 Scripps Networks Interactive 的 Food Network、HGTV 與 Travel Channel。Sling TV 主要針對想看電視節目，但無意支付有線電視或衛星電視費用的年輕人。該方案收取月費 20 美元，觀眾可以每月 5 美元加購不同的類型方案，比如包括 EPIX 各頻道和 SundanceTV 的好萊塢方案，包括 ESPN 各頻道和 Univision Sports 的體育方案，以及包括 Disney 各兒童頻道和 Boomerang 的兒童方案。新訂戶可獲 7 天免費收看。由於 Sling TV 提供的是線性頻道串流服務，觀眾收視的節目和廣告跟傳統電視的相同，但不提供暫停、回看、快轉等功能，且同時只能從單一裝置收看。SlingTV 可以從電腦、平板電腦、智慧型手機、Roku、Amazon Fire TV、Xbox One 等接收。

　　Sling TV 商業模式完全依賴訂費收益，雖然播出廣告，但不收取廣告費。Sling TV 服務區域僅及於美國境內，且 Dish 不打算積極推廣 Sling TV。據專家分析，MVPD 不希望觀眾對 Sling TV 服務反應太好，引發進一步剪線，以免影響有線電視與衛星電視收益（Berman, January 9, 2015）。部分訂戶剪線後，移轉至 Sling TV。據估計，2016 年底，Sling TV 訂戶約 1 百萬戶，遠不如 Dish 衛星電視 1,300 萬訂戶，但 Sling TV 訂費收入仍不無小補（Advertising Age, November 8, 2016）。

（二）PlayStation Vue

　　PlayStation Vue 是 Sony 於 2015 年 3 月在美國少數重要市場推出的頻道現場串流服務，所包括的頻道幾乎與傳統 MVPD 所提供的無異。一年之後，串流服務擴及全美 200 多個市場。PlayStation Vue 提供三層不同的付費方案供消費者選擇。基本方案包括 55 個頻道及三大電視網的隨選視訊，每月收取 29.99 美元；中層為核心方案，包括基本方案的頻道再加 15～20 個體育及分眾頻道，每月收取 34.99 美元；高層為菁英方案，包括核心方案的頻道再加更多的體育、電影和娛樂頻道，總頻道數超過 100 個，每月收取 44.99 美元。PlayStation Vue 提供新訂戶一週免費收視，除按月收取方案費用，也提供電影頻道加購服務。

　　與 Sling TV 不同，Sony 推出 PlayStation Vue 就是要直接和 MVPD 競爭。服務剛推出時，只能透過 Sony 遊戲機 PS3 和 PS4 接收，服務僅限該公司遊戲機的使用者。目前有更多裝置可以接收 PlayStation Vue，包括：Amazon Fire TV、iPhone、 iPad 及 Chromecast 等。該服務創新之處在於雲端錄影功能，可預錄節目延後收看，可在不同裝置接收串流內容，且方便使用者搜尋現場節目或隨選內容。

PlayStation Vue 的商業模式也是完全依賴訂費收益。串流節目如同傳統電視安插廣告，但 Sony 不收取廣告費。該服務的價格方案比美國市場上其他 OTT 服務昂貴，但仍較傳統 MVPD 的訂費爲低，服務瞄準剪線收視群。根據市調公司估計，PlayStation Vue 訂戶約 50 萬戶（The Associated Press, January 31, 2017）。

四、品牌業者

品牌業者提供的是自製內容，由於其內容有自有品牌加持，對於剪線者具有一定的吸引力。以下討論三個品牌服務。

（一）HBO Now

HBO 於 2015 年 4 月在全美推出隨選視訊 HBO Now，包括幾乎所有 HBO 曾經製播的電視影集，以及取得串流播放權的電影。在 HBO 首播的節目很快就可以透過 HBO Now 收看。訂戶每月支付 14.99 美元，新訂戶可獲得首 30 天免費收看。HBO Now 服務剛推出時，訂戶只能由 Apple TV 接收，目前可由多種平台接收 HBO Now，包括：官網、平板電腦、Apple TV、iPhone、Amazon Fire TV、Roku 等，目前提供服務區域僅限美國。HBO Now 收益完全來自於訂費收入，沒有廣告收入。2016 年 2 月，HBO 母公司 Time Warner 宣布 HBO Now 訂戶已達 80 萬戶（Steel, February 10, 2016）。HBO Now 的目標觀眾群是家中可以上網，但從未裝設有線電視或衛星電視，以及剪線者。美國境內有 1 千萬家庭可上網，但未裝設有線電視或衛星電視，HBO 認爲隨選視訊服務前景可期（Steel, February 10, 2016）。

（二）CBS All Access

CBS 於 2014 年 10 月在美國 14 個主要市場推出隨選視訊服務 CBS All Access，提供該臺地方電視臺直播串流，以及 7,500 集該臺受歡迎的影集。當季影集在 CBS 播出後一天便可在隨選視訊服務收視。CBS All Access 已逐漸推廣至全美 75% 市場。CBS All Access 也是採用月訂費制，訂戶每月繳交 5.99 美元，新訂戶適用一週免費收看，可選擇在電腦、Apple TV、Amazon Fire TV、Roku 等收看。

CBS All Access 直播串流及隨選視訊服務皆播出廣告，但其收益完全依賴訂費收入。2016 年 8 月，CBS 推出每月 9.99 美元方案，完全沒有廣告，並將陸續推出原創內容。據報導，截至 2016 年中，CBS All Access 訂戶達 1 百萬戶（Statt, July 28, 2016）。另據 CBS 樂觀估計，至 2020 年，訂戶將增加至 4 百萬戶（Littleton, March 15, 2016）。

（三）Showtime

　　CBS 也是 Showtime 的母公司，於 2015 年 7 月推出 Showtime OTT 服務，包括各種曾經在該頻道播出之電影、紀錄片、體育節目和自製電視影集等。新影集在電視頻道播出後不久便納入 OTT 服務，但沒有 OTT 獨家內容。Showtime 也是採取月租制，但不同平台的租金不同。在官網以及 Amazon、Android、Roku、Apple 等裝置，Showtime 收取月費 10.99 美元。若訂戶透過 Hulu、Amazon Prime 或 PlayStation Vue 等接收服務，Showtime 收取月費 8.99 美元。新訂戶可獲得首月免費收看。Showtime OTT 服務僅限美國國內，目標觀眾群是想看付費電影頻道，但無意裝設付費電視的年輕人。該服務收益來自於訂費，完全沒有廣告。截至 2016 年中，Showtime 訂戶數約 1 百萬戶，與 CBS All Access 相近（Statt, July 28, 2016）。CBS 預估至 2020 年，Showtime 訂戶可達 4 百萬戶，也是與 CBS All Access 差不多（Littleton, March 15, 2016）。表 4-3 比較上述三個品牌服務的商業模式。

表 4-3　美國主要品牌服務經營模式比較

	HBO Now	CBS All Access	Showtime
創立年份	2015 年	2014 年	2015 年
影片來源	・HBO 內容	・CBS 地方電視臺直播串流 ・CBS 影集	・Showtime 內容
收費模式	・月訂費 14.99 美元 ・新訂戶首月免費收看	・月訂費 5.99 美元 ・新訂戶首週免費收看	・依平台類別，月訂費 8.99～10.99 美元 ・新訂戶首月免費收看
收益來源	訂費	有廣告，但收益完全依賴訂費收入	訂費
國際化	無	無	無

第二節　OTT TV 服務成功的因素

OTT 產業方興未艾，多數專家看好產業規模持續擴張。即使如此，來勢洶洶卻鎩羽而歸的嘗試不是沒有。比如，電信商 Verizon 和 DVD 租片亭公司 Redbox 合作，於 2012 年推出 Redbox Instant，消費者每月支付 8 美元，可以從 DVD 租片亭租用四片 DVD，加上 Redbox Instant 串流服務吃到飽方案。但是，不到兩年 Redbox Instant 便熄燈。

據產業專家（如 Dixon, October 6, 2014; Mattera, October 14, 2014）分析，失敗的原因很多，最主要地，Redbox Instant 錯估形勢，採取租片及串流整合商業模式，也就是 Netflix 曾經使用的模式。但是當串流服務快速成長，Netflix 將租片和串流分成兩種不同的服務，而消費者整體 DVD 租片量卻逐年下滑，從 2013 年開始，Redbox 租片亭整體租片量下滑。換句話說，Netflix 及早察覺觀眾觀賞行為改變，也看到隨選視訊發展新趨勢，而 Redbox 正相反，只想複製過去成功的模式，不能及時洞察產業新趨勢。

Redbox Instant 商業模式的失誤之二是，消費者透過租片亭租用新片，而串流服務提供的是老片、舊片及低成本影片，數量有限。最大致命傷是缺乏原創、獨家內容。換言之，串流服務提供的影片都可以從其他管道獲得，沒有特色，取代性過高。這就牽涉兩家投資人出資有限，既搶不到好片串流播放權，也沒有自製內容的能力。其他問題還包括：接收平台有限、影片品質欠佳等。

Redbox Instant 是值得 OTT 業者借鑑的案例，那麼，成功的因素有哪些？Sappington（*n.d.*）歸納出四個成功的特質：

一、經營觀眾

業者需要花時間累積消費者，長時間地為消費者提供價值。隨著 OTT 市場快速發展，競爭激烈，業者必須花更多時間經營觀眾，回應其需求，以累積訂戶數量。

二、提供優質內容

內容品質是 OTT 服務成功與否的關鍵，而非價格或其他因素。由於優質內容播放權價格不菲，業者必須精挑細選。首先，片庫必須夠充裕，任何訂戶都可以找到想看的影片或節目，也方便觀眾追劇。此外，必須每日或每週更新內容，給觀眾一點驚喜，讓他們經常使用服務，尋找新內容。第三，採用限時特賣手法，在特定時段讓觀眾收視喜好的內容。

OTT 業者有幾個方法提供特色服務，比如取得獨家播放權，只有大型 OTT 業者才有這種實力，或是自製內容，與其他服務區隔。另一個作法是取得外國影片獨家播放權，價格通常較低，也可建立特色，提供觀眾不同的選擇。

三、採用可長可久的商業模式

無論業者採取哪一種商業模式，都必須考量消費者接受度與企業的永續經營。以目前 OTT 市場競爭態勢，新進業者可說是腹背受敵。新進業者不僅要承受昂貴的授權費，可能還要承諾訂戶數門檻。他們所面對的競爭者，不僅是大型 OTT 業者，也必須和 MVPD 競爭。

至於收費方式，訂戶制或按次付費制（transactional model）各有長處。訂戶制通常提供觀眾層級吃到飽方案，費用較低，但內容可能不夠即時。想看新片的觀眾可能選擇按次付費制，針對每一部影片付費收看，花費自然比較多。

在收益來源方面，業者可以選擇以廣告收益為主、以訂費收益為主，或結合二者。以廣告收益為主的模式對消費者而言，幾乎沒有接近障礙，但觀眾忠誠度可能偏低。業者也可選擇訂費收益，專心經營觀眾，但收益來源單一，而結合廣告及訂費收益則可能兼顧收益來源與經營觀眾。

在廣告運用方面，以廣告收益為主的模式應避免廣告過量，引發消費者反感，而應提供適量廣告，並將廣告效益極大化。提供按次付費制的模式應善用影片建議名單，促使消費者立即選擇付費收看。至於以訂費收益為主的模式，應善用大數據，了解觀眾偏好及行為，以便提供更好的服務，比如以相似品味消費者觀影行為為基礎的影片建議名單，或是以消費者個人選片行為為基礎的影片建議名單。

四、優化使用者經驗

在高度競爭 OTT 市場中，業者必須提供差異化服務，特色服務才能吸引消費者。商業模式及內容固然吸引消費者，使用者經驗才是留住消費者的關鍵。從登入到登出的每一個步驟，都必須優化，讓消費者了解服務的價值所在。建議名單幫助消費者作選擇，個人化廣告讓消費者覺得廣告跟他們相關。

OTT 市場潛力十足。據英國媒體調查公司 Deloitte 預估，全球 OTT 訂費收益於 2018 年將達 156 億美元，卻僅占全球付費電視收益 4%，顯示 OTT 市場有相當成長空間（Deloitte, 2014）。此外，以廣告收益為主的 OTT 服務也將持續成長。據媒體調查公司 MAGNA 統計，2016 年全球 70 個市場的數位廣告收益達 1,780 億美元，比 2015 年成長約 17%，預估 2017 年將持續成長，比 2016 年增加 13%。2016年數位視訊的廣告收益更是成長了 27%。在美國，2016 年數位廣告收益達 700億美元，比 2015 年成長 18%，已經超過傳統電視廣告收益（Letang & Stillman, December 5, 2016）。

這些數據雖然鼓舞 OTT 新進業者，Brightcove 認為，即使 OTT 市場可以持續成長，新進業者也需要步步為營。該公司建議，無論在內容、商業模式、接收平台及行銷等都需要考量以下策略（Brightcove, 2016）：

一、內容策略

對 OTT 新進業者而言，必須思考以下問題：要提供哪些類型內容，目標觀眾群特質為何，他們何時看節目，為何喜歡看這些節目，打算提供多少內容，多久更新內容，預算多少，有多少授權內容，多少原創內容，打算提供直播或 VOD 嗎？Brightcove 建議，OTT 內容應該與傳統電視訴求大眾有所區隔，比如提供分眾內容，專心經營小眾市場，但是在不同平台上提供不同的內容，以滿足不同收視行為的觀眾群，比如讓觀眾透過大螢幕追劇，在行動平台上接收短片或預告片。舉例而言，Acorn TV 成立於 2011 年，專門提供英國電視影集。2015 年，Acorn TV 播出長壽影集 Agatha Christie's Poirot 最後三集，包括被 2015 年艾美獎提名的終局集《Curtain》，吸引大量訂戶。據 Acorn TV 透露，截至 2016 年 3 月，訂戶數為 24

萬戶，比一年前成長一倍（Brightcove, 2016）。

二、商業模式

目前 OTT 業者已採行的商業模式有幾種，各有特色，也各有需要考量的問題：

（一）訂費制，如 Netflix，提供大量優質內容，可以精選一些內容提供免費觀賞，以吸引觀眾。新進業者必須自問：有無可能提供大量優質內容？

（二）按次付費制，現場直播、PPV 或下載，提供特殊、獨家內容。新進業者必須自問：有無可能提供讓觀眾認為必須立即購買的內容？購買程序是否操作容易？

（三）由廣告支持的免費內容，如早期的 Hulu，由於媒體廣告大量、穩定地移往線上內容，增加廣告模式的可行性。新進業者必須自問：有無可能吸引足夠數量的觀眾，從而吸引主要廣告主？

（四）免費提供品牌內容，特定片商提供自家內容，以提升品牌影響力。新進業者必須自問：自家品牌有無充裕的優質內容？

三、接收平台

不同的接收平台提供觀眾不同的觀賞經驗。比如，與電腦或行動裝置比較，大螢幕電視機仍舊提供最舒適觀賞環境。桌上型電腦或手提電腦通常提供比電視機小，但比行動裝置大的螢幕。相對於電視機提供「向後靠」（lean-back）觀賞環境，電腦提供的是「向前傾」（lean-forward）觀賞環境。電腦適合用於觀賞各種長度的節目，喜歡用電腦看節目的觀眾似乎並不在意「向前傾」。觀眾似乎也不甚在意智慧型手機偏小的螢幕，況且還可以用手機搜尋節目、與他人分享內容或自拍內容。手機也提供預約提醒功能，也可被當作遙控器使用，改從較大螢幕觀賞節目。至於平板電腦提供的觀賞環境，最接近「向後靠」，適合個人觀賞，也適合與另一位觀眾共同觀賞，也具有手機分享、社交等功能。Brightcove 建議，新進業者應該採取四螢策略，充分運用不同螢幕的各種優勢。

四、行銷策略

在培養觀眾方面，Brightcove 建議 OTT 業者向 MVPD 取經，不僅善用電視、數位及行動多種平台，也應該多加利用其他媒體或電子商務等方式爭取觀眾。該公司提出五種策略：

（一）電視廣告，例如在地方電視臺或 YouTube 頻道刊登廣告。

（二）社群媒體，例如以品牌行銷的手法在社群媒體成立粉絲團。

（三）目標廣告，例如在串流播放器平台或官網刊登廣告。

（四）電子商務，例如推出網路購物服務增加一些收益。

（五）平面媒體，例如與傳統報紙或雜誌結盟，相互促銷。

從上述諮詢顧問公司的建議來看，無論現有業者或新進業者，都應該致力於取得優質內容。大型業者儘量取得大量各式各樣內容，消費者總是可以找到喜愛的內容。由於串流權利金偏高，大型業者傾向於自製內容，一方面與其他業者區隔，突顯品牌特色，另一方面，權利金勢必水漲船高，對財務是沉重負擔，還不如自製內容。而著重分眾市場的小型業者，則是針對特定消費群提供類型優質內容。至於經營自有品牌的業者，對於自家內容品質深具信心，提供的也是優質內容。從各家業者採用的商業模式來看，無論是免費、訂閱制、按次付費制或直播等，都是以優質內容為前提，不像 MVPD 要求長期訂閱，而是以定時更換內容來吸引消費者，也不像傳統電視以帶狀或區塊（block）節目安排讓觀眾養成收視習慣，而是安排整季影集，方便觀眾追劇來留住觀眾。換言之，OTT 業者必須體認觀賞行為的改變，善用各種接收平台，因應觀眾不同的觀賞需求，以及觀眾在一天當中不同時段或在不同地點的觀賞需求。

第三節　OTT TV 對於傳統付費電視的衝擊

當 OTT 服務快速獲得消費者青睞，是否衝擊傳統付費電視業者？關於全美 1 億 1 千 6 百萬家戶中，有多少家戶裝設付費電視，各家市調公司的估計不甚相同，但都反映相同的趨勢，即持續緩緩下滑的滲透率。比如，據市調公司 Leichtman Research Group 歷年調查顯示，2005 年，全美 82% 家戶裝設付費電視，至 2011 年，

上升至 87% 高峰，但至 2016 年，下滑至 2005 年水準（見 Broadband TV News, September 26, 2016）。另據 GfK 調查 2016 年全美家戶裝設付費影音服務狀況，則有高達 25% 家戶沒有裝設付費電視（見 Schwindt, July 15, 2016）。再根據市調公司 Statista 統計，2016 年，全美裝置付費電視的家戶有 9,900 百萬戶，此後每年以 70 萬戶至 130 萬戶的的幅度下滑，預估至 2020 年，付費電視家戶數將減少至 9,500 萬戶（Statista, *n.d.*b）。若再細分，GfK 的調查發現，18～34 歲家戶沒有裝設付費電視的比例比其他年齡層高（見 Schwindt, July 15, 2016）。另一個值得注意的趨勢是，年齡偏高的富裕家庭開始退訂付費電視（見 Schwindt, July 15, 2016）。若由個別 MVPD 訂戶數來看，自 2013 年開始，幾乎所有業者的訂戶數也是緩慢下跌的（見 Reiber, April 21, 2016）。

另一方面，串流影音服務卻快速進入家庭。比如，GfK 估計，全美有三分之一的家庭訂閱至少一個串流影音服務：31% 訂閱 Netflix，16% 訂閱 Amazon Prime Video，而訂閱 Hulu 的家戶則為 7%（見 Schwindt, July 15, 2016）。

顯然，兩相對照，OTT 服務的收益快速增加，但 MVPD 的收益並未以相同的速度減少。Reiber（April 21, 2016）指出，長期而言，MVPD 必須調整其商業模式，亦即 OTT 業者已經成為 MVPD 重要競爭對手，消費者有足夠的理由退訂付費電視，改為選擇 OTT 服務。首先，OTT 業者如 Netflix 提供大量節目，超過任一有線電視業者提供的數量。此外，OTT 節目畫質不輸電視節目畫質。第三，相較於有線電視月訂費平均 99 美元，OTT 服務費率具有絕對優勢。Polidoro（May 7, 2014）引述 Nielsen 報告指出，有線電視提供平均 190 個頻道，而民眾經常收看的頻道平均僅 17 個，讓民眾覺得每月支付高額訂費，卻只觀賞其中 10% 的節目，不符成本效益。第四，民眾可以在不同地點、不同時段，選擇不同的平台接收 OTT 內容，也是傳統電視無法比擬的。因此，Reiber（April 21, 2016）認為，MVPD 遲早得認真面對電視市場的改變。

其實 MVPD 已開始採取對策，一個重要的作法是推出自家的隨選視訊服務，比如 Dish Network 於 2015 年成立 Sling TV，收取月費 19.99 美元，為消費者提供較低廉的收視選擇，也可以開闢收益來源。此外，Reiber（April 21, 2016）建議 MVPD 推出更多方案供消費者選擇，比如參考 Nielsen 報告，推出頻道數較少、價

格較低廉的方案，或推出行動平台服務，或推出創新隨選視訊服務等。

除了 MVPD，無線電視網及有線電視網也受到 OTT 服務的衝擊。無線電視網如 CBS 主要收益來源是廣告，而有線電視網如 ESPN 與 CNN 的收益包括廣告與訂費。電視網的廣告收益是否下跌？2016 年，全美傳統電視廣告收益微幅上升，而數位廣告收益則大幅上揚。據媒體調查公司 MAGNA 統計，2016 年，美國全國電視網廣告收益 440 億美元，比 2015 年增加 2.8%，而地方電視臺廣告收益為 230 億美元，比 2015 年增加 11.3%（Letang & Stillman, December 5, 2016）。數位廣告方面，2016 年收益達 700 億美元，比 2015 年增加 18%，已超過傳統電視廣告收益（Letang & Stillman, December 5, 2016）。MAGNA 對於 2017 年廣告收益的估計，與 2016 年相較，全國電視網將增加 0.7%，地方電視臺將下跌 1.7%，而數位廣告將提升 13.6%（Letang & Stillman, December 5, 2016）。

從 MAGNA 統計結果看來，傳統電視廣告收益尚稱平穩，但不能忽視數位廣告快速成長的現象。傳統電視不得不將節目上網，藉此收取一些網路廣告費。有線電視網則紛紛推出隨選視訊服務，比如 HBO、CBS、Showtime、Nickelodeon 等皆已推出自家的隨選視訊服務。另一方式是加入頻道包裹業者所推出的服務，比如 Sling TV 與 PlayStation Vue。還有，傳統電視推出的隨選視訊服務可以朝向原創內容發展，並可以在不同平台上接收，提供消費者更多訂閱的誘因。總之，傳統電視應及早面對電視市場結構的改變，採取對策。

結　語

美國 OTT 產業蓬勃發展有各種因素的因勢利導。首先，傳播科技發展推波助瀾；美國寬頻家庭持續增加，各式數位、行動接收平台紛紛上市。傳播行為也在改變中，觀眾不耐傳統電視線性節目排播，轉而接收非線性節目。在這些有利條件下，OTT 業者看準社會趨勢的轉變，提供消費者各種誘因。由上述各類業者觀之，各家皆是以提供優質內容為主，便於觀眾搜尋內容，或是提供特殊觀賞經驗。在價格方面，各家各種付費方案費用皆遠低於傳統付費電視費用。更重要的，不同於傳統付費電視，OTT 服務不要求新訂戶長期忠誠度，採月費制，訂戶可隨時退訂，

而透過各種策略培養訂戶忠誠度，比如方便訂戶追劇，透過自製節目首播製造話題等。

除了各種有利 OTT 發展的條件，充沛的資金與強大的內容產業才能成就 OTT 產業。串流播放權昂貴，且水漲船高，未來播放權利金只會愈來愈昂貴，大型業者口袋必須夠深，才能取得大量優質節目，使得大型業者熱衷於自製內容。而自製內容也必須優質，創造話題，才能吸引新訂戶，並留住原訂戶。此外，美國內容產業的量與質皆有目共睹，才能成就大型業者、分眾業者及品牌業者，也有利於大型業者國際化。

美國傳統付費電視仍居於電視市場領導地位，OTT 產業固然蓬勃發展，目前仍是補充傳統付費電視之不足，而非取代。展望未來，OTT 產業將持續蓬勃發展，對於傳統付費電視的衝擊勢將持續擴大。因此，傳統電視也將持續跨足 OTT 產業，開闢財源。此外，因應數位廣告收益持續上升，傳統電視也會設法獲取更多數位廣告。從 MAGNA（Letang & Stillman, December 5, 2016）統計結果看來，數位廣告增加最快的是行動平台與社交媒體，應該是傳統電視積極拓展的方向。

美國 OTT 產業的發展帶給臺灣 OTT 業者什麼樣的訊息？首先，臺灣有些科技發展趨勢與美國相似，比如，寬頻上網普及，根據《2016 年臺灣寬頻網路使用調查報告》推估，臺灣家庭寬頻上網比率高達 87%（臺灣網路資訊中心，2016 年 7 月）。此外，各式行動接收平台也讓臺灣觀眾隨時隨地可以收看各式影音節目。在收視行為方面，臺灣觀眾對於非線性收視的接受度愈來愈高。這些條件皆有利於臺灣 OTT 產業的發展。然而，以臺灣有線電視普及率、數位化進程、高畫質頻道持續增加，加上中華電信 MOD 用戶穩定成長等因素，臺灣有線電視將維持高度普及率，OTT 服務可能只是提供消費者更多的選擇，而非取代有線電視。因此，以臺灣市場規模、資金來源與內容產業表現觀之，比較不容易出現大型業者，可能比較適合類型業者或品牌業者的發展。內容方面，則必須致力於原創內容的開發，與現有付費電視內容有所區隔，以吸引消費者訂閱。當國外各有特色的 OTT 服務紛紛登臺，勢將為本土業者帶來不少壓力。臺灣 OTT 服務未來是否朝向策略聯盟、整合模式、拓展海外市場或與國外 OTT 服務合作等方向發展，值得後續觀察。

📖 參考書目

臺灣網路資訊中心（2016 年 7 月）。《2016 年臺灣寬頻網路使用調查報告》。取自 http://www.twnic.net.tw/download/200307/20160922e.pdf

Advertising Age (2016, November 8). *Dish's Sling TV braces for competition from AT&T, Hulu, Google.* Retrieved from http://adage.com/article/media/dish-s-sling-tv-braces-competition-t-hulu/306669/

Barraclough, L. (2016, December 14). Amazon Prime Video goes global: Available in more than 200 territories. *Variety.* Retrieved from http://variety.com/2016/digital/global/amazon-prime-video-now-available-in-more-than-200-countries-1201941818/

Berman, J. (2015, January 9). Dish Network doesn't want Sling TV to become too popular. *The Street.* Retrieved from https://www.thestreet.com/story/13004971/2/dish-network-doesnt-want-sling-tv-to-become-too-popular.html

Brightcove (2016). *Five smart tactics for OTT success: Launch and build your Internet TV brand.* Retrieved from http://go.brightcove.com/media-bc-ott-wp%20

Broadband TV News (2016, September 26). *US pay-TV subscribers down to 82%.* Retrieved from http://www.broadbandtvnews.com/2016/09/26/us-pay-tv-subscribers-82/

Business Wire (2016, August, 23). *Majority of Netflix subscribers to be outside US by 2018, HIS Markit says.* Retrieved from http://www.businesswire.com/news/home/20160823005666/en/Majority-Netflix-Subscribers-2018-IHS-Markit

Consumer Reports (2015, June 12). *Video streaming face-off: Amazon Prime Instant Video vs. Netflix.* Retrieved from http://www.consumerreports.org/cro/news/2015/06/netflix-vs-amazon-prime-video-streaming/index.htm

Deloitte (2014). *Television's business model: fit for a digital world.* Retrieved from https://www2.deloitte.com/content/dam/Deloitte/global/Documents/Technology-Media-Telecommunications/gx-tmt-ibc-report-2014.pdf

Dixon, C. (2014, October 6). Top four reasons for Redbox Instant failure. *nScreenMedia.* Retrieved from http://www.nscreenmedia.com/top-four-reasons-redbox-instant-failure/

eMarketer (2016, October 24). Amazon Prime growing fastest among streaming video services. Retrieved from https://www.emarketer.com/Article/Amazon-Prime-Growing-Fastest-Among-Streaming-Video-Services/1014635

Letang, V. & Stillman, L. (2016, December 5). *Global Advertising Forecast.* Retrieved from http://magnaglobal.com/wp-content/uploads/2016/12/MAGNA-December-Global-Forecast-Update-

Press-Release.pdf

Littleton, C. (2016, March 15). CBS Predicts 8 Million Subscribers for CBS All Access and Showtime Streaming Services by 2020. *Variety*. Retrieved from http://variety.com/2016/tv/news/cbs-all-access-showtime-8-million-subscribers-1201730792/

Lynch, J. (2015, April 9). Why Crackle wants you (and the industry) to see it as a mainstream TV network. *AdWeek*. Retrieved from http://www.adweek.com/tv-video/why-streaming-service-crackle-ditched-newfronts-upfronts-163951/

Mann, J. (2016, February 2). Netflix will double subscribers by 2020 (or come close). *Benzinga*. Retrieved from https://www.benzinga.com/analyst-ratings/analyst-color/16/02/6200532/netflix-will-double-subscribers-by-2020-or-come-close

Mattera, S. (2014, October 14). 3 reasons Red Box Instant couldn't kill Netflix. *The Motley Fool*. Retrieved from https://www.fool.com/investing/general/2014/10/14/3-reasons-red-box-instant-couldnt-kill-netflix.aspx

Netflix (2017, January 18). *Letter to shareholders*. Retrieved from http://files.shareholder.com/downloads/NFLX/3688598571x0x924415/A5ACACF9-9C17-44E6-B74A-628CE049C1B0/Q416ShareholderLetter.pdf

Parks Associates (2016, October 26). *Parks Associates announces 2016 update to top 10 U.S. subscription OTT video services*. Retrieved from https://www.parksassociates.com/blog/article/pr-10262016

Perez, S. (2016, May 4). Hulu CEO confirms plans for a live TV streaming service in 2017. *TechCrunch*. Retrieved from https://techcrunch.com/2016/05/04/hulu-ceo-confirms-plans-for-a-live-tv-streaming-service-in-2017/

Polidoro, R. (2014, May 7). Infographic: How many TV channels do you actually watch? *NBC News*. Retrieved from http://www.nbcnews.com/nightly-news/infographic-how-many-tv-channels-do-you-actually-watch-n99046

Reiber, T. (2016, April 21). *The game changers of the video content business: the OTTs*. Unpublished manuscript, School of Communication, University of Miami, Coral Gables, Florida. Retrieved from https://com.miami.edu/sites/default/files/project_files/mma_2016_firstplace.pdf

Richwine, L. (2015, March 18). Discovery Channel founder starts nonfiction streaming video service. *Recode*. Retrieved from https://www.recode.net/2015/3/18/11560458/discovery-channel-founder-starts-nonfiction-streaming-video-service

Roston, B. A. (2016, August 31). CBS All Access launches an advertisement-free option. *SlashGear*. Retrieved from https://www.slashgear.com/cbs-all-access-launches-an-advertisement-freeoption-31454188/

Sappington, B. (n.d.). *The OTT playbook: Success factors for video services*. Retrieved from https://www.parksassociates.com/whitepapers/the-ott-playbook--success-factors-for-video-services

Schwindt, O. (2016, July 15). Cord cutting accelerates: Study finds 25% of U.S. homes don't have pay TV service. *Variety*. Retrieved from http://variety.com/2016/biz/news/cord-cutting-accelerates-americans-cable-pay-report-1201814276/

Statista (n.d.a). *Number of Amazon Prime Instant Video users in the United States from 2014 to 2019*. Retrieved from https://www.statista.com/statistics/469377/number-amazon-video-users-usa/

Statista (n.d.b). *Number of pay-TV households in the United States from 2015 to 2020 (in millions)*. Retrieved from https://www.statista.com/statistics/251268/number-of-pay-tv-households-in-the-us/

Statista (n.d.c). *Revenue generated by Hulu from 2008 to 2017 (in million U.S. dollars)*. Retrieved from https://www.statista.com/statistics/258004/hulus-annual-revenue/

Statt, N. (2016, July 28). CBS All Access and Showtime streaming services have about 1 million subscribers each. *The Verge*. Retrieved from http://www.theverge.com/2016/7/28/12318188/cbs-all-access-showtime-ott-subscribers-2-million

Steel, E. (2014, October 16). Cord-cutters rejoice: CBS joins Web stream. *The New York Times*. Retrieved from https://www.nytimes.com/2014/10/17/business/cbs-to-offer-web-subscription-service.html

Steel, E. (2016, February 10). HBO Now has 800,000 paid streaming subscribers, Time Warner says. *The New York Times*. Retrieved from https://www.nytimes.com/2016/02/11/business/media/hbo-now-has-800000-paid-streaming-subscribers-time-warner-says.html

Steel, E. (2017, January 18). Netflix goes global and its profit soars. *The New York Times*. Retrieved from https://www.nytimes.com/2017/01/18/business/netflix-profit-rises-56-percent-to-67-million.html?_r=0

Stelter, B. & Stone, B. (2010, April 5). Hulu, the online-video hub, contemplates its future. *The Seattle Times*. Retrieved from http://www.seattletimes.com/business/hulu-the-online-video-hub-contemplates-its-future/

Stelter, B. (2016, February 11). Les Noonves says talks with Apple have stopped. *CNN Media*. Retrieved from http://money.cnn.com/2016/02/11/media/cbs-les-moonves-apple-tv/

The Associated Press (2017, January 31). *Sony extends PlayStation Vue reach, aims at cord-cutters nationwide*. Retrieved from http://www.denverpost.com/2016/03/14/sony-extends-playstation-vue-reach-aims-at-cord-cutters-nationwide/

編者按

美國 FCC 對 OTT TV 的管制態度

　　美國傳統上對於既有媒體的規管採取穀倉（Silo）管制架構，以技術的不同來區隔各項服務以及規範，針對 OTT TV 的管制則沒有制訂專法。當 IPTV 的服務出現時，美國主管機關 FCC 是將其視爲資訊服務（information service），所以無法可管。電信業者爲了儘速提供服務，選擇向各州或地方政府申請有線電視執照。當 OTT TV 問世之後，FCC 也無法可管。2014 年 12 月 FCC 發布草案制定公告（Notice of Proposed Rulemaking），考慮將訂閱的線性 OTT TV（Subscription Linear）納入 MVPD 的範圍內。FCC 前任主席 Wheeler（2014）表示，從促進競爭的角度來看，法規管制不應該成爲創新服務的障礙。MVPD 應該是技術中立，讓利用網路或者其他傳輸方式的 MVPD 業者都能夠取得節目內容，並且具備同等的能力來協商洽談業者所要播出的廣電節目。到目前爲止，各方業者與專家學者仍未有共識。當時 Ajit Pai 委員是持反對意見，他表示除非市場失靈，而且管制可以解決問題才需規範 OTT TV（Polashuk, 2015）。然而美國總統川普上任後任命 Pai 爲 FCC 的新任主席，所以他擔任主席後不太可能會考慮將線性 OTT 納入 MVPD 的範疇。

註：編者在付梓前再一次向 FCC 官員確認 FCC 處理線性 OTT TV 是否納入 MVPD 範疇的
　　進展與看法（2017 年 5 月 14 日）。

Polashuk, R. (2015). *Inside FCC proposal to regulate online video distributors*. Retrieved from https://www.law360.com/articles/620391/inside-fcc-proposal-to-regulate-online-video-distributors

Wheeler, T. (2014). *Tech transitions, video, and the future*. Retrieved from http://www.fcc.gov/blog/tech-transitions-video-and-future#

第五章　英國OTT TV的創新經營模式與政策法規

國立政治大學特聘教授暨研發長　劉幼琍

前　言

　　英國的電視平台是以無線電視最受歡迎，其次是直播衛星，接著則是有線電視。英國無線電視如 BBC 有執照費的大量預算，直播衛星 BSkyB 也因為隸屬於梅鐸集團的旗下，所以經費比較充足，有線電視 MSO Virgin Media 的前身因為是英國本土的商業媒體，發展時程較晚，所以競爭相對弱勢。儘管英國的電信業者如 BT 雖然推出 IPTV，但是影響力並沒有很大。

　　自從 OTT 視訊服務出現之後，2012 年起，美國業者如 Netflix、Amazon 相繼投入英國市場，對於電視產業帶來刺激。為因應此一情形，英國無線電視業者及電信業者於該年共同整合成立 YouView，其中包括 BBC、ITV 等無線電視業者，以及電信業者 BT、TalkTalk。儘管集合了多家主要業者，YouView 在現階段仍須依賴各業者的支持，短期目標是先達到自給自足（Lytton-Dickie, *n.d.*）。

　　英國 OTT 視訊服務與無線電視 BBC、ITV、Channel 4、Channel 5，以及有線電視 Virgin Media、IPTV 如 BT TV 等平台都有競合關係。有鑑於年輕觀眾上網收視的時間已有多於傳統媒體的趨勢，傳統電視業者也以開放的 OTT 模式增加收視者看其節目的便利性，以維持觀眾的支持度。為因應觀眾收視習慣的改變，英國電視業者很早就推出多螢服務，讓觀眾可以在不同的設備上收視節目內容。

　　至於在 OTT 視訊服務的價值鏈方面，共包含了內容產製者（BBC、ITV）、節目供應商、平台整合者（YouView）、網路營運者（Virgin Media、BT、TalkTalk）以及設備製造商（Samsung TV、LG）等。有線電視業者 Virgin Media 為滿足客戶的需求，提供 Virgin TV Anywhere 服務，同時也與 Netflix 合作，讓其節目能夠上架。三星、LG、Sony 等電視機製造商及 Tivo 數位機上盒業者為吸引消費者購買其設備，也提供 OTT 視訊服務的連網方式。英國網路傳輸業者 Arqiva 也有加入 YouView 的服務，他們都希望以合作的方式降低投資風險及擴大消費者服務以留住客戶。

　　英國過去在推動數位無線電視的相關政策法規、推動策略及經營模式曾是世界各國學習的對象，例如其 Freeview 數位電視平台的經營模式也曾是臺灣學習與觀摩的對象。近年來英國 OTT TV 的經營模式與相關政策法規也有值得臺灣借鏡之處。

第一節　英國電視市場之發展概況

英國電視產業的發展可說是相當蓬勃，營運的平台包括了數位無線電視平台、有線電視、衛星電視、IPTV 以及 OTT 視訊媒體。2002 年開始播出的數位無線電視平台 Freeview，由 BBC、Sky、Channel 4、ITV 以及 Arqiva 所共同出資成立，如今播出 70 個標準數位頻道以及 15 個高畫質電視頻道，約有 1,900 萬個家戶收視。根據 Digital UK（2016）的統計，Freeview 至今已經銷售出超過 1.08 億個電視機上盒。

英國主要的有線電視業者為 2006 年 3 月由 NTL 和 Telewest 合併而成的 Virgin Media，提供固網和行動電話、電視和寬頻上網服務。截至 2015 年底，Virgin Media 擁有英國 19% 的寬頻固網市場，落後於 BT Broadband 的 32% 及 Sky Broadband 的 23%，領先 TalkTalk 的 13%、EE 的 4%（Ofcom, 2016a）。根據 2017 年第一季的統計數字，Virgin Media 有 570 萬的有線電視訂戶，占英國電視市場的三成。

BT TV 是英國電信業者 BT 的 IPTV，最初於 2006 年 12 月以 BT Vision 的品牌發布。2014 年 4 月，BT 宣布將原有的 Vision 服務於 6 月關閉，所有客戶都可以免費轉移到 YouView 服務（SEENIT, April 11, 2014）。截至 2016 年第三季，BT TV 的客戶已達到 170 萬，整體的獲利為 61.28 億英鎊（Advanced Television, January 27, 2017）。

在直播衛星方面，Sky TV 於 1990 年合併 BSB 所成立的衛星電視 BskyB，是英國最大的付費電視業者，在英國擁有超過 1000 萬用戶。Freesat 為英國的免費衛星平台，由 BBC 和 ITV 共同創立。該服務成立於 2007 年，透過 Freesat 機上盒或內建 Freesat 的電視機，觀眾可以免費訂閱，享受超過 200 個電視及廣播頻道。Freesat 為數位無線電視 Freeview 服務提供了一種衛星替代方案，用戶在購買該接收裝置的情況下，可以收看與原先大致類似的頻道而無需另外付費訂閱（TopUpTV, November 18, 2016），其回看服務免費，也可透過該平台看付費的 Netflix 等隨選服務。

在媒體產業市場現狀方面，2016 年英國數位電視的普及率已經達到 100%；其

中最重要的傳輸平台為數位無線電視（36%），和付費衛星電視（41%），數位有線電視占家戶數的 15%，至於 IPTV 則占 7%（Ofcom, 2016b）。在付費電視的部分，研究機構 statista（2016）的調查報告指出，2015 年付費電視業者以 Sky 的訂戶數 1080 萬為最多，其次依序為 Virgin TV 的 373.4 萬、Freesat 的 190 萬、TalkTalk TV Plus 的 110 萬，以及 BT Vision 的 100 萬。

　　就英國電視整體發展現況而言，根據英國通訊傳播管理局（Office of Communications, Ofcom）於 2016 年 8 月公布的媒體產業統計報告（表 5-1），至 2015 年底，估計英國電視產業的產值約為 136 億英鎊，其中電視付費訂閱的收入占整體收入 45%，約為 61 億英鎊，廣告業務收入占 30%，約為 41 億英鎊。此外，數位電視家戶的占有率已達到 95%，付費電視的訂戶數為 1790 萬，五家主要公共電視的家戶占有率則為 51%，英國民眾對於 VOD 的使用情形相當普遍，占有率達 59%（Ofcom, 2016c）。

表 5-1　英國電視媒體產業 2010-2015 年發展概況

媒體產業	2010 年	2011 年	2012 年	2013 年	2014 年	2015 年
電視產業營收（十億英鎊）	11.8	12.4	12.5	12.8	13.2	13.6
電視廣告收入比例	30%	29%	28%	29%	29%	30%
電視訂閱付費收入比例	43%	44%	44%	46%	45%	45%
數位電視家戶占有率	92%	94%	96%	95%	93%	95%
傳統付費電視訂戶數（百萬）	14.4	14.7	15.0	16.0	17.1	17.9
每日收視電視時間（分鐘）	242	242	241	232	220	216
五家主要公共頻道家戶占有率	55%	54%	52%	51%	51%	51%
VOD 使用占比率（15 歲以上）	27%	43%	38%	51%	57%	59%
OTT TV 產業營收（百萬英鎊）	180	238	379	574	795	976

資料來源：Ofcom（2016c）。

　　英國 OTT 視訊服務的發展相當快速，從 2010 年的營收 1.8 億英鎊，到 2015 年已達到 9.76 億英鎊，較 2014 年的 7.95 億英鎊成長 23%，但與傳統電視的收入相比仍然很小。訂閱模式的線上影音使用持續成長，2015 年營收成長42% 達到4.51

億英鎊，爲網路電視市場營收主要的來源，占總體 46%。其次爲免費收視（free-to-view, FTV），在 2015 年達到 2.83 億英鎊，收入來源爲廣告，主要的業者如 ITV Hub、All 4 以及 My5 等；至於計次付費部分，2015 成長幅度爲 36%，達到 8300 萬英鎊；下載（download-to-own, DTO）部分，與 2014 年相較成長 2%，總營收爲 1.59 億英鎊（Ofcom, 2016c）。

至於在 SVOD 的用戶數方面，根據 Digital TV Europe 在 2016 年 11 月的報導，Netflix 在英國擁有 1240 萬用戶，是英國最大的 SVOD 業者，其次是 Sky Go，擁有 720 萬用戶，第三名是 Amazon，有 670 萬用戶，NOW TV 則是有 310 萬用戶（Digital TV Europe, November 3, 2016）。

第二節　英國 OTT TV 用戶之使用情形

關於英國民衆使用 OTT TV 的行爲方面，根據研究機構 GfK（December 14, 2016）的調查指出，英國觀衆在行動裝置上收視 OTT 的情形明顯偏低，顯示使用者對於在 Netflix、Amazon 和 NOW TV 上觀看訂閱的影音內容，仍屬於家庭娛樂。儘管英國絕大多數（90%）的 OTT 用戶都在使用各種行動設備（如智慧型手機、平板電腦），遠超過其他類型的收視設備，如可供上網的遊戲機（60%）、機上盒（54%）和智慧型電視（52%）等。然而只有 4% 的 OTT 用戶表示在最近一週內曾使用智慧型手機收看內容，而有 10% 的用戶使用平板電腦觀看，整體使用的情形並不高。

因此儘管行動設備的滲透率高，但是在行動設備上平均每週觀看 OTT 的時間也低於其他類型的設備。在行動設備上觀看的時間比在其他設備上花費的時間少 2 小時，智慧型電視是觀看訂閱電影和電視節目最常使用的設備（表 5-2）。在訂閱一個或多個影音服務時，觀衆大多傾向在家收視節目。整體而言，98% 都是在家裡收視影音內容，至於 86% 在行動設備上觀看的地點也都是待在家裡（GfK, December 14, 2016）。

表 5-2　平均每週於設備上觀看 OTT 影音的時間

單位：hh:mm

	Netflix	Amazon	NOW TV
桌上型電腦	4:11	3:12	3:09
筆記型電腦	5:00	3:47	3:01
智慧型電視	5:21	4:08	4:28
連網電視	5:13	4:03	4:49
智慧型手機	2:48	2:26	2:06
平板電腦	3:53	3:03	2:39

資料來源：GfK（December 14, 2016）。

截至 2015 年第三季，有 33% 的英國寬頻家庭訂閱了 OTT 視訊服務，只有 15% 擁有付費電視的英國家庭訂閱加值電影頻道。英國的用戶在選擇 OTT 服務上，比較偏好既有電視臺業者所提供的服務。最受歡迎的 OTT 視訊服務，主要包括了 BBC 的 iPlayer、ITV Player、All4 以及 My5 等，這些均為由無線電視所提供的回放及隨選服務。新的 OTT 影音市場進入者，特別是提供付費服務的業者，必須能提供獨特的價值，才能取得實質性收益。現階段英國觀眾對於有趣內容的需求非常強，對於新興的 OTT 影音業者而言出現了市場機會。儘管市場上已經有免費的 OTT 回放服務，將近 20% 的英國寬頻家庭仍表示有使用 Netflix 的服務（Parks Associates, January 12, 2016）。

第三節　英國 OTT TV 之創新服務與經營模式

英國的 OTT TV 主要分為訂閱隨選服務（如 Netflix、Amazon Instant Video）、隨選與線性混合型服務（如 NOW TV、Virgin TV Anywhere）以及回看服務（如 BBC iPlayer）（Bourton, 2015）。底下則從內容業者、寬頻業者（有線電視 MSO 與電信業者）、衛星電視業者、租賃業者及內容整合業者的角度來分析。

一、內容產製業者經營之 OTT TV

（一）無線電視業者

1. BBC iPlayer

2007 年英國的公共電視 BBC 推出了 iPlayer 服務，除提供 VOD 點播外，也提供頻道直播，可在電視、電腦、智慧型手機及平板電腦等裝置上收看。BBC iPlayer 是英國最受歡迎的 VOD 服務，截至 2015 年年底，有 32% 的民眾曾在 12 個月之內使用過該服務（Ofcom, 2016c）。Channel 4、Channel 5 也分別推出了 4oD 和 Demand 5，提供節目回看（Catch up）服務。

由於提供 OTT 視訊服務的業者大多沒有自己的傳輸設備，因此需仰賴其他業者建設的網絡來提供服務給使用者。近幾年來，消費者可透過智慧型手機、平板電腦、Smart TV、藍光播放器（Blu-ray players），甚至是遊戲機等載具來使用視訊服務，其種類及數量也預計在未來會大幅成長（Clemson, 2011）。BBC iPlayer 於推出時，就提出跨螢的產品經營策略，讓用戶無論是在電視、電腦、平板或手機都能收視節目內容，只要透過 iPlayer 即可收看 BBC 所有頻道的節目，無需再繳納費用，可以在任何時間免費下載和觀看 BBC 首播一周後所有的節目內容。然而自 2016 年 9 月起，隨著觀眾收看電視的習慣改變，BBC 宣布以新媒體或 BBC iPlayer 收視節目，不論是現場節目、隨選視訊或是串流節目，只要收看 BBC 的節目，不論何種平台收視，都必須要繳交電視執照費。

BBC iPlayer 爲了增加普及率，和很多電視平台合作，也在 iOS 和 Android 兩個系統提供 BBC iPlayer 手機與平板 APP 服務。2016 年 6 月，使用者以此兩種終端設備收視 iPlayer 的節目爲最高，占整體使用設備的 38%（Andersson, 2016）。在遊戲機平台方面，BBC 與微軟 Xbox、Sony Play Station 以及任天堂 Wii 合作，用戶可以點擊並連接到 BBC 的網路資源（鄭國慶，2016 年 4 月 3 日）。BBC iPlayer 同時也提供高畫質 HD 節目（Henderson, February 12, 2016）。

BBC iPlayer 以前主要是提供「回看」的服務，爲了增加競爭力，BBC 於 2017 年 1 月宣布，將仿造 Netflix 及 Amazon 讓觀眾一次看個夠的作法，讓觀眾可以事先下載還沒有在電視播放的影集，以期許於 2020 年之前變成英國第一名的 OTT 業

者（Briel, 2017）。

2. ITV Hub

由 ITV 所推出的 OTT 視訊服務 ITV Player（原名 ITV Catch Up），於 2008 年推出，可讓觀眾在沒有廣告的情形之下，隨選收視 ITV、ITV2、ITV3、ITV4 和 CITV 過去三十天的內容，以及透過 WiFi 和 3G 即時同步收視 ITV3 和 ITV4 的節目（Advanced Television, June 12, 2013）。ITV Player 可於各種設備和平台上收視，包括 ITV 網站、Android 和蘋果手機及平板電腦、Windows 手機、YouView 機上盒、Amazon Fire TV、Samsung Smart TV 和其他電視提供商。

2014 年 ITV 在線上、付費以及互動的收入為 1.53 億英鎊，至 2015 年達 1.88 億英鎊，成長 23%，反映線上廣告和付費模式的進一步成長（ITV, 2015）。2015 年 11 月，ITV 將 ITV Player 和 ITV.com 網站上的所有電視頻道及線上內容加以整合成新的「ITV Hub」數位服務，以直播電視頻道串流作為新服務的核心，提供更具吸引力的 TV-like 使用體驗（Digital TV Europe, September 23, 2015）。另外，由於觀眾開始使用自己的連網設備作為電視機，因此同步直播變得越來越受歡迎，特別是體育賽事和大型綜藝節目。同步聯播的觀眾在平台上大約佔 30%。ITV Hub 已經在 27 個平台上架，包括 ITV 網站（itv.com）和付費電視業者如 Virgin 和 Sky，或透過內容管理業者如 Amazon、Apple iTunes 和 Netflix 提供服務（ITV, 2015）。

近期 ITV 積極發展付費線上服務及頻道內容，希冀經由 ITV Hub 以混和經營的方式，包裝和銷售內容；為因應線上和付費商業模式的快速成長，所採取的經營策略主要包括（ITV, 2015）：

(1)最大化（maximising）：ITV 每年投資 10 億英鎊於節目製作上，透過無線電視及 VOD 業務進一步最大化收視群眾及營收。

(2)成長（growing）：ITV 積極發展國際內容交易，將頻道視為一個平台，展示其節目內容，並在英國和國際上之平台發布。由於市場對於戲劇的需求越來越強烈，原創內容可以讓廣電業者和 OTT 業者在日趨競爭的全球環境當中，以品牌競爭。此外，ITV 已在進行全球性的交易，目標是利用既有的節目內容來增加市佔率，並擴大與網路和 OTT 業者的合作。

(3)建構（building）：ITV 目標是建構全球性的付費及發行商業模式，嘗試以新的方式向廣電業者及平台業者收費或免費提供內容，並擴展可觸及消費者的範圍。

3. Channel 4 的 All 4

Channel 4 於 2006 年 11 月推出隨選服務 4oD（4 on Demand），爲第一個提供隨選服務的廣電業者（Channel 4, 2016）。4oD 可供民眾回看三十天以內 Channel 4、E4、More4 以及其資料庫的各種節目。4oD 於 2011 年上半年在各平台上合計共獲得了 2.15 億次的觀看數，在英國隨選市場非常可觀。另外，爲強調平台的個性化及客製化，允許用戶建立「My 4oD」以紀錄所要觀看節目的播放時間表，並持續追蹤他們看過或開始收看的節目，每當喜好的節目有新的影集播放時，都會加以提醒（Laughlin, August 25, 2011）。

2015 年 3 月，Channel 4 提出以「All 4」取代 4oD，提供整合獨家內容和節目首映的隨選服務（Holmes, March 26, 2015），主要提供觀眾免費收看直播、精選系列、經典、獨家、原創以及短篇的影片。All 4 的原創及獨家短片是屬於創新的內容，以作爲提供定製的線上服務，而非電視上回放的或是附加的內容，此外也提供 All 4 獨有的外語戲劇節目。隨著 All 4 的推出，帶動了 Channel 4 業務的成長，2015 年 All 4 共有 1310 萬的用戶數，收看次數爲 5.12 億次，相較於 2014 年的 4.92 億次，年成長率爲 4%（Channel 4, 2016）。

經由讓觀眾登錄節目或片單至 All 4 可以了解他們的喜好，可與觀眾保持直接的關係，藉此 Channel 4 能夠提供個性化服務以豐富觀眾體驗，讓觀眾可以參與、分享，並與 Channel 4 及其內容進行互動。Channel 4 的目標是提供觀眾客製化的服務，將蒐集到的觀眾資料分類，也可以將廣告做到客製化，向觀眾展示與他們興趣相關的廣告，並向品牌業者和媒體購買業者證明這種廣告形式的效率及其效果。2015 年 Channel 4 的數位收入有 30% 是靠分析觀眾的資料轉化來的（Channel 4, 2016）。

4. Channel 5 的 My5

Demand 5 是 Channel 5 於 2008 年推出的免費隨選 VOD 服務，使用者可以在智慧電視、機上盒以及遊戲機上收視 Channel 5、Channel 5 HD、Spike、5USA 和

5STAR 等頻道，以及過去七天的電視節目內容，同時可以從資料庫點選影音串流收視，包括 MTV 等一些 Demand 5 獨有的內容。

　　2016 年，Channel 5 隨著 Channel 4 以及 ITV 的腳步，也推出 My5 取代 Demand 5 在 iOS 和 Android 智慧型手機以及平板電腦上的應用程式，觀眾同時可以從 My5 的網站線上收視影音內容。My5 主要包括 Channel 5、5Star、5USA 以及 Spike 等四個頻道，並提供新的個性化功能，包括收藏節目的選項、追蹤已收視的節目，以及在某一個設備上按暫停，並在另一個設備上能繼續收看節目（Henderson, February 12, 2016）。

二、寬頻網路業者經營之 OTT TV

（一）有線電視業者 Virgin Media 的 Virgin TV Anywhere

　　有鑑於 OTT TV 是不可忽視的發展趨勢，Virgin Media 於 2012 年也推出 OTT 視訊服務「Virgin TV Anywhere」，主要目的是為電視觀眾創造無差別的收視體驗（Wilkinson-Jones, April 8, 2015）。Virgin Media 發現用戶收視電視的方式正在改變，此一應用可將其所有的服務整合在一起，讓用戶在收看電視以及使用節目錄影功能時，變得自由且富彈性（Gee, November 30, 2016）。Virgin TV Anywhere 允許 Virgin 的 TiVo 機上盒用戶透過任何連網設備收視 117 個頻道的串流內容，消費者可以使用 Android 和 iOS 的 App 在智慧型手機上操控 TiVo 機上盒（Wilkinson-Jones, April 8, 2015）。

　　Virgin TV Anywhere 讓有線電視的用戶可以在手機、平板及桌上型電腦收視串流直播節目及隨選服務。用戶能夠瀏覽節目表，取得有關節目、電影和其他影音內容的評論，可以收到最新的娛樂新聞，使用 App 和網站管理 V+ 機上盒的節目錄影，以及在 Twitter 和 Facebook 上分享內容。觀眾可在該平台收視 45 個直播的電視頻道，4000 小時的隨選節目和電影。Virgin TV Anywhere 僅提供給 Virgin Media TV 的收視戶透過網站或 App 使用。

　　筆者曾經於 2016 年 9 月訪問 Virgin Media。其法規部門的主管坦承在沒有被 Liberty Global 併購前，該有線電視比較缺乏自己的內容，如今因為 Liberty Global

集團擁有頻道，Virgin Media 在其集團底下，內容因此變得比較充沛。Liberty Global 的節目主管 Bruce Mann 表示，該公司有鑑於新興平台興起及 OTT TV 的重要性，買片都是買所有平台的授權，他們有獨家投資戲劇製作，在個別市場也會視需要而購買獨家播放權，但是他們也會量力而為，不會與大的 OTT 業者（如 Netflix）爭獨家播放權（Digital TV Europe, 2017）。

（二）電信業者

1. TalkTalk Plus TV 與 Talk Talk TV Store

TalkTalk Telecom Group 是英國第二大的四合一匯流業者（電視、電信、網路、行動），僅次於 Virgin Media。該公司曾經併購 Tiscali TV，然後於 2009 年將之改名為 TalkTalk TV。TalkTalk 是 YouView 的七個股東之一。消費者如果與其電信服務綁約，就可有免費的機上盒收看 YouView。TalkTalk TV 曾經有一段時間發現很難和 BSkyB、Virgin Media 及 BT 的電視競爭，在 2011 年投資 YouView 時就終止了原有的電視服務，2012 年正式提供 YouView 服務，2013 年開始大力行銷，又重新經營自有品牌 TalkTalk Plus TV（是一種 IPTV），2015 年也幫忙推銷 Netflix，2016 年引進 Discovery 六個頻道，之後又與迪士尼的子公司 Maker Studios 合作推出原創的內容。

TalkTalk TV Store 的前身是 Blinkbox，於 2007 年成立，2011 年被英國最大零售業者 Tesco（特易購）所收購，主要業務是提供用戶電影和電視劇的數位下載服務，同時也提供電子書和音樂的下載等服務，服務涵蓋範圍包括 PC、平板、電視及 PlayStation 多個平台。Blinkbox 提供與 iTunes 類似的服務模式，用戶可以租借或購買想看的電影或電視劇（新浪科技，2013 年 8 月 20 日）。Blinkbox 結合了免費及付費模式，允許用戶購買影片，或收視廣告支持的免費內容，2012 年 Blinkbox 停止了由廣告支持的內容，並推出 clubcardtv 網站，用戶使用 Tesco Clubcard 可以免費收視內容，並根據他們的購買習慣播放廣告。

2015 年，TalkTalk 收購了 Tesco 的 Blinkbox 電影串流服務以及寬頻用戶，積極將 Blinkbox 的服務整合至其現有的電視平台，並加速新產品的開發，例如讓用戶可以使用任何設備取得付費內容的電視應用程式（臨淵，2015 年 1 月 14 日）。

經由此次的收購，TalkTalk 可取得 Blinkbox 上每個月 40 萬的付費用戶，以及 Tesco 的 75,000 個寬頻用戶以及 20,000 個家庭電話用戶，同時 TalkTalk 也可以進一步開始提供使用者四合一（quadruple play）的服務（Barrie, January 8, 2015）。2016 年，TalkTalk 將 Blinkbox 改名為 TalkTalkTV Store。

2. BT TV

英國最大的電信業者英國電信 BT 的 IPTV 為 BT TV，最初於 2006 年 12 月推出時為 BT Vision，BT TV 提供隨選內容，包括 25 個娛樂頻道、9 個兒童頻道、11 個電影頻道（Sky Movies）以及 5 個現場直播體育頻道（BT Sport 和 Sky Sports）。由於 BT 的電視是透過 IPTV 傳輸頻道和內容，因此 BT 會鼓勵客戶註冊 BT 寬頻網路和電話服務。BT 於 2013 年 5 月至 8 月期間，將其電視服務 Vision 和 BT 在 YouView 上的服務整合，並重新命名為「BT TV」。截至 2016 年底，BT TV 共有 170 萬用戶數（RNS, 2016）。

BT 認為應該將 OTT TV 與廣播電視整體規劃，在 IOS、Android 和桌上型電腦推出了 BT Sport App。如果 IPTV 無法完整播出的球賽，可以利用 OTT 的頻道來播。BT 採取的服務用戶策略主要包括了四種（Pennington, February 28, 2017）：

(1)多網路（Multi network）：BT 透過對第三方網路或與電信業者合作，讓消費者有多種網路可用。

(2)多螢幕（Multi-screen）：讓消費者有多種螢幕可以觀看，例如連網電視、遊戲機以及行動設備。

(3)多零售（Multi retail）：向消費者提供其他業者銷售的服務（例如 BT 轉售 Netflix 服務，而 Netflix 則可透過 BT 的計費系統收費）。

(4)第一和第二螢幕（First and second screen）：不需要太在意這兩者之間有無區別，因為對於消費者而言，他們只是在不同的情境選擇方便觀看的螢幕。

為了讓消費者有多種選擇的機會，BT 也投資 YouView 平台，有關討論將在下一節討論。

三、無線電視業者及電信業者合資經營之 OTT TV──YouView

　　YouView 為無線電視和電信業者加以整合的電視平台，創立於 2010 年，並於 2012 年 7 月正式推出。由英國主要的無線電視業者 BBC、ITV、Channel 4 和 Channel 5，電信業者 BT 和 TalkTalk 以及傳輸業者 Arqiva 等七家業者組成。用戶可以購買 YouView 的機上盒，或與 BT 或 TalkTalk 簽年約享有免費機上盒，來收視免費無線電視及隨選視訊服務。YouView 提供的影音內容服務可分為免費無線電視以及利用寬頻傳輸的隨選視訊。

　　用戶利用 YouView 的機上盒連結至 BBC iPlayer、ITV Player 等平台，可以檢索、回溯並下載七天前所播出節目，亦可收視 BBC、ITV 等旗下 70 個免費數位無線電視頻道。YouView 亦擴大付費影音的類型，藉以提昇付費內容的收益（Farber, 2013），因此加入了付費電視 NOW TV，讓用戶可選擇訂閱娛樂頻道、電影頻道，或運動頻道。

　　電信業者 BT 及 TalkTalk 提供觀看 YouView 的機上盒可留住既有訂戶與吸引新訂戶申裝其服務。YouView 除了免費模式與付費模式外，亦有三合一服務（Triple Play）的促銷方式。（Sweney, February 5, 2013）。至 2016 年底，YouView 共銷售了 250 萬個機上盒（Digital TV Europe, November 23, 2016）。

四、直播衛星電視業者經營之 OTT TV──Sky Go 與 NOW TV

　　直播衛星電視業者 Sky 的 Sky Go 原名為 Sky Player，於 2006 年推出，有直播及隨選服務。消費者只要訂閱 Sky 的節目，可透過各種裝置收看，不需額外付費，非訂戶可以以計次付費的方式收看。Sky Go 早期只讓消費者註冊用兩種裝置收看，後來擴充為四種裝置。由於版權的緣故，有些節目無法在 Sky Go 免費收看，但是付費訂閱有些電視節目組合就可完整收看。

　　為了吸引非 Sky 的訂戶，Sky 特別於 2012 年推出不需綁約的 NOW TV 服務。NOW TV 可以在電腦、各種行動裝置、遊戲機以及機上盒使用。NOW TV 所提供的服務類似 Netflix、Lovefilm Instant 等，主要作為一個電影串流媒體平台，觀眾可以根據自身的需求，或以計次付費方式收視數百部電影。使用者無法透過 Sky 的數

位衛星電視服務或 Sky Go 的網路服務來收視 NOW TV 的內容（Newton, September 28, 2012），因為 NOW TV 主要是為沒有訂閱付費電視的消費者所設計的（Stallard, July 17, 2012）。根據研究機構 Strategy Analytics 的分析，Sky 推出 NOW TV 的原因在於（Barton, July 16, 2012）：

1. 為了擴大 Sky 的服務範圍：因為有些消費者不願綁約訂閱付費電視，NOW TV 就不用綁約。

2. 作為避免其他 OTT 視訊服務在英國市場擴散的防禦措施：如 Netflix 和 LOVEFiLM 已經可以在英國越來越多的連網設備上被觀眾收視，Sky 必須因應。

3. 此乃低風險的策略：NOW TV 使用與 Sky 相同的內容版權、傳輸技術、銷售和客戶服務基礎，支援 Sky TV 及 Sky Go。NOW TV 可提供 Sky 集團一個增加投資報酬率（ROI）的方式。

隨著英國連網設備的快速成長，以及另類內容付費模式，特別是短期訂閱和 VOD 日益增加，NOW TV 能夠協助 Sky 突破現有付費電視訂閱的束縛，強化 Sky 現有的 OTT 服務 Sky Go，而不會侵蝕 Sky 品牌的領先地位。NOW TV 將目標對準連網電視、遊戲機以及快速成長的平板電腦市場。Sky 將利用其開發的專業技術，向現有付費電視客戶提供多螢幕和室外傳輸，包括收購 Acetrax 的連網電視專業技術，以及不斷擴展 NOW TV 的內容影音資料庫。NOW TV 甚至可以經由連網電視、控制臺或平板電腦傳輸內容，來爭取原先訂閱競爭對手的付費電視服務的家庭（Barton, July 16, 2012）。

五、由租售業者轉型的內容整合者

（一）Netflix

Netflix 於 2012 年開始在英國和愛爾蘭提供服務（The Guardian, 2011），為英國最大的訂閱隨選視訊服務業者，其成功的主要關鍵因素，在於受觀眾歡迎的「紙牌屋」（House of Cards）和「絕命毒師」（Breaking Bad）等自製影集（Garside, August 21, 2013）。此外，為迎合當地觀眾的收視喜好，Netflix 也特別向英國的電視業者 ITV、Channel 4、BBC Worldwide 購買內容。同時，英國版 Netflix 也可看

到在美國當紅的影集，但美國熱門影劇會較快在美國的 Netflix 上線，而英國的 Netflix 則需較久的時間（Barnett, January 9, 2012）。

　　Netflix 進軍英國市場的策略並非要改變觀眾既有的收視習慣，而是將其服務定位為消費者的「多一種選擇」（extra choice option）。Netflix 的主要目標客群為願意使用付費電視的用戶，以及家中多為免費無線電視、但偶爾喜歡一次看很多集的年輕族群。除此之外，Netflix 也致力提供多螢服務，使用者甚至可以只需一個帳號，便同時於其他多個裝置上觀賞串流影音服務，對消費者而言也是一大吸引（Garside, August 21, 2013）。至 2015 年第四季，Netflix 有 500 萬名的英國用戶（BARB, 2016）。2016 年 11 月，Netflix 有 1270 萬英國的訂戶，為英國最大的 SVOD 平台（Digital TV Europe, November 3, 2016）。

　　2017 年 1 月，Netflix 宣布其利潤成長了 56%，超出原先訂定的目標。關於 Netflix 在英國所採取的創新策略主要包括（Gibbs & Jackson,2016; Mitchell, March, 6, 2017）：

　　1. 了解客戶並持續學習：Netflix 使用探索和推薦演算法來了解客戶的喜好，並提供更為個性化和相應的建議。Netflix 的目標是讓平台能提供更好的建議，以呈現給消費者喜好的電影或電視節目，以配合他們的心情。

　　2. 鼓勵實驗和冒險的企業文化：Netflix 為其電影製作者和開發者提供了大量的創意自由，且預期還會繼續投資拍攝影片。

　　3. 敏捷（agile）創新：將設計思維、精益創業技巧（lean start-up techniques）和敏捷創新思維加以結合，能幫助各個領域的企業變得更加創新，並對客戶需求和市場變化做出更快的反應。Netflix 在許多面向積極朝向成為敏捷的企業，採取敏捷架構，並根據客戶行為和數據不斷改進節目與服務，包括其最近將主要的使用者介面（User Interface, UI）加以升級，引入新的使用者友善功能，如 Download and Go（離線下載），允許用戶將影音內容從其串流媒體服務下載到智慧型手機和平板電腦上，以便離線觀看。Netflix 不僅在當下就正視未來，並持續評估風險（例如其成功地轉移到原創內容），且專注於提供卓越的客戶體驗，包括不斷強調測試，以確保使用介面和影音內容在任何地方使用都能運作良好，以及與諸如 Google 和 Microsoft 等科技業者合作。

（二）Amazon Prime Instant Video

Amazon Prime Instant Video（或稱爲 Amazon Prime）有 670 萬用戶，在英國 OTT TV 市場排名第三。Prime Instant Video 的前身 LOVEFiLM 最初主要提供 DVD 的郵寄租賃服務。2006 年，兩家歐洲的 DVD 租賃業巨頭 Arts Alliance Media 和 Video Island 進行合併，成立 LOVEFiLM International，成爲歐洲影片郵寄租賃的龍頭。同年四月，LOVEFiLM 也率先於歐洲提供線上下載影片的服務（Amazon, 2010）。Halliday（January 20, 2011）指出，2008 年時，Amazon 即取得 LOVEFiLM 百分之四十二的股份。2010 年初，Amazon 宣布繼續收購 LOVEFiLM 的剩餘股份，並將其視爲 Amazon 至歐洲發展的中心，也使 LOVEFiLM 的服務項目不僅包含 DVD 郵寄租賃，更跨足線上影音市場。2014 年 2 月 26 日時，LOVEFiLM instant 更併入 Amazon Prime，成爲 Prime Video Instant（Campbell, 2014）。

LOVEFiLM 主要提供影片郵寄租賃及線上影音服務，在英國已有約三百萬訂戶（Rushton, January 29, 2013）。影片郵寄租賃服務沒有還片的時間限制，用戶無需綁約且隨時可取消訂閱，新訂戶更可於第一個月免費使用其服務。用戶可由電視、電腦、PlayStation 或已連上網路的行動載具收看，除此之外，LOVEFiLM Player 也提供含廣告的免費內容給非訂戶。以英國來說，訂戶只要月付 5.99 英鎊便可享受無上限的線上影音服務，或月付 9.99 英鎊，月租片數及線上影音服務均無上限。

LOVEFiLM 與 Amazon Prime 合併後，Prime Instant Video 的用戶除了可以無限觀看 15,000 筆線上影音串流內容外，同時可享有 700 多萬筆品項的一日內送達服務和 50 萬本的 Kindle 電子書。Prime Instant Video 於 2014 年三月起將年費從原先的 79 英鎊調漲至 99 英鎊，但用戶若爲 LOVEFiLM 的舊客戶，則可繼續月付 5.99 英鎊直到會員過期（Williams, February 24, 2014; Flacy, 2014）。

表 5-3 英國 OTT TV 收入來源與經營策略

業者	業別	內容服務	收入來源	經營策略
BBC iPlayer	無線電視業者	· BBC 所有頻道節目	· 電視執照費	· 自製內容 · 多螢策略
ITV Hub	無線電視業者	· ITV 所有頻道節目	· 廣告 · 訂戶加值付費	· 自製內容 · 多螢策略
All 4	無線電視業者	· Channel 4 所有的節目 · 獨有內容	· 廣告	· 蒐集觀眾使用行為，定製廣告及影音內容 · 多螢策略 · 自製內容
My5	無線電視業者	· Channel 5 所有的節目 · 獨有內容	· 廣告	· 多螢策略 · 自製內容
YouView	無線電視及電信業者	· 無線電視頻道（Freeview） · 隨選視訊（BBC iPlayer、ITV Hub 等） · 付費電視頻道 NOW TV	· 廣告 · 機上盒	· 整合廣播電視和網路電視平台 · 縮小免費及付費電視界線 · 三合一服務（Triple Play） · 多螢策略
NOW TV	直播衛星電視業者	· 電視頻道 · 電影 · 兒童頻道 · 運動頻道	· 廣告 · 訂戶月費 · 機上盒	· 多螢策略 · 套裝服務
TalkTalk TV store	電信業者	· 電影 · 戲劇	· 廣告 · 租片費 · 購片費	· 四合一服務 · 多螢策略
Netflix	OTT 視訊服務業者	· 電影 · 電視節目	· 廣告 · 訂戶月費	· 自製內容 · 多螢策略
Amazon Prime Instant Video	零售業者	· 電影 · 電視節目	· 廣告 · 訂戶月費 · 訂戶年費	· 平台整合 · 多螢策略

第四節　英國既有媒體與 OTT TV 之競合關係

近年來雖然美國有不少文獻討論 OTT TV 對既有付費媒體帶來剪線效應（cord-cutting），但是筆者於 2016 年 9 月訪問 Virgin Media 與 BT 時，業者都表示剪線效應在英國並不明顯。有關英國既有媒體與 OTT TV 的關係，他們多半認為與 OTT 是又競爭又合作。至於兩者的競合關係，有多種型態，底下一一分析。

一、既有電視業者共同投資經營 OTT TV

世界先進國家很多既有媒體也推出 OTT 服務，例如美國的 Hulu 是由四家電視業者 NBC Universal、Disney-ABC、Fox Entertainment、Turner Broadcasting 共同投資，但是沒有包涵電信業者。而英國的 YouView 很特別，是由四家電視業者、兩家電信業者及一家傳輸業者共同成立。YouView 的投資者 BT 與 TalkTalk 本身都有 IPTV，與 YouView 結合，屬於一種競合關係。YouView 的特色在於透過匯流合作來建立一個整合完善的 OTT 平台，讓各家用戶使用一個機上盒就可看到超過 70 個電視頻道。除了英國主要無線電視業者 BBC、ITV、Channel 4 和 Channel 5 提供免費的 70 個線性數位頻道外，YouView 也有提供節目回放（catch-up TV）功能的 BBC iPlayer、ITV Player、4oD 和 Demand 5 等選擇，讓使用者可隨選隨看。除此之外，更加入了付費電視 NOW TV，讓用戶可選擇訂閱娛樂、電影或運動頻道。

電信業者 BT 和 TalkTalk 都投入付費電視市場，與直播衛星業者 Sky 及其所擁有的 OTT 服務競爭。經由投資 YouView，他們可以重建平台，並受益於無線電視業者的影音內容，建立自己的用戶群。如果客戶和 BT 或 TalkTalk 簽一年以上的約成為其顧客即可免費獲得 YouView 的機上盒。因此，大多數使用 YouView 看節目的用戶也是 BT 或 TalkTalk 的客戶。

二、既有電視業者與 OTT 業者合作

即便 Virgin Media 也有自己的 OTT TV -Virgin TV Anywhere，但是作者於 2016 年 9 月訪問該公司時，該公司表示，他們和 Netflix 有合作關係，因為他們的節目

可以互補，也可以向 Netflix 抽成。所以早在 2013 年，Virgin Media 就與 Netflix 簽署了 OTT 上架協議，讓 Netflix 可以在 Virgin Media 的 TiVo 平台上提供串流媒體服務。

這樣的合作可以讓 Virgin Media 向 Netflix 抽成，Netflix 也可透過 TiVo 搜尋的功能取得現成有付費意願的客戶群，並經由 Virgin Media 的寬頻設施從而節省傳輸成本。此外，隨著 Virgin Media 控制進入客戶家庭的最後一哩，該協議也免除了 Netflix 在 ISP 業者的頻寬上「免費下載」（free-loading）的爭議。Virgin Media 與 Netflix 的合作是為了確保與其他的付費電視競爭對手相比，能提供獨特的價值主張，並阻止訂戶從 Virgin Media TV 轉換至訂閱 Netflix 的「剪線」行為。Virgin Media 與 Netflix 合作，也可讓其品牌加分，並共同立足於娛樂供應的第一線（IHS, September 9, 2013）。

三、電信業者與 OTT 業者合作

電信業者 BT 認為，在呈現服務給客戶的層面上，OTT TV 的影片傳輸技術適用於後端，可實現更具成本效益的整體服務供應和更好的客戶體驗。OTT TV 和傳統機上盒正逐漸整合在一起。過去 OTT TV 被視為是 BT 和其他電信業者的威脅，其前期成本非常低，沒有網絡成本，操弄網路中立又不願意負責任，如果服務發生問題，ISP 業者和電信業者就受到責備。如今 BT 意識到，既有電視與 OTT TV 的競爭將不利於客戶體驗，因此積極將兩者結合在一起（Pennington, February 28, 2017）。

另一家電信業者 Vodafone 也與 Netflix 簽署了行動設備的獨家促銷合作關係，力圖在英國的 4G 市場上從競爭對手 EE 奪回失去的客戶。Vodafone Red 4G 的訂戶可以在智慧型手機、平板電腦或其他設備上觀看電影和電視六個月。Vodafone 積極取得更多內容，因為也在爭取英國 4G 網絡的客戶（Handford, May 22, 2014）。Vodafone 和 Netflix 於 2015 年宣布繼續其在英國的合作夥伴關係，讓訂閱特定捆綁服務的客戶獲得免費一年收視影音串流服務。Vodafone 的 4G 訂戶使用數據量是 3G 的四倍，顯示 Netflix 服務非常受 4G 的訂戶歡迎（Majithia, September 14,

2015）。

四、Sky 與 BT 之間的競爭

Sky 在過去曾以播放體育節目著名。然而當 BT 進入電視市場，爲了讓其行動用戶有黏著度，就買了很多獨家的足球賽，甚至只提供給其行動用戶觀看。Sky 爲了與 BT 競爭，就讓其 NOW TV 所提供「NOW TV Combo」的套裝服務，讓用戶可以購買光纖寬頻、電視、機上盒和電話的組合服務，且無需簽訂合約，這樣的做法非常受消費者歡迎，也是 Sky 針對 BT 試圖從通訊領域積極進軍電視市場的因應（Jackson, June 29, 2016）。

第五節　英國 OTT TV 之政策與法規

在管制影音服務方面，歐盟主要是以視聽媒體服務指令（AVMSD）作爲主要的法規架構，而英國在尚未脫歐前仍有遵循相關指令的規範。英國在施行執照管制部分，線性 OTT 以及廣播電視服務必須要向 Ofcom 取得「可發執照電視內容服務」（Television Licensable Content Service, TLCS）執照，而隨選影音媒體服務 2010 年至 2015 年是由業者自行向隨選電視監理機構（Authority for Television on Demand, ATVOD）報備。不論線性或非線性服務所需共同遵守的規範包括：

1. 管轄權所在地：總部和編輯所在的地點（第 2 條）；
2. 禁止煽動仇恨種族、性別、宗教或國籍（第 6 條）；
3. 促進有感知障礙人士的可近用性（第 7 條）；
4. 對廣告內容的限制（第 9 條）；
5. 置入性行銷的規範與限制（第 11 條）。

另外，線性 OTT 及廣播電視所須遵循的規範爲廣告總量限制、歐洲節目比例以及字幕提供義務。隨選服務則要求內容不應傷害未成年人的身體、精神或智力的發育，促進歐洲的節目，在廣告的數量方面並沒有管制，至於字幕的提供屬自願性質。

表 5-4　英國採用歐盟架構對 OTT 的管制差別

線性 OTT 以及廣播電視服務	隨選影音媒體服務
授權： 向 Ofcom 取得「電視執照內容服務」 （television licensable content service, TLCS）執照	授權： 向 ATVOD 報備 （註：2016 年起改為向 Ofcom 報備）
共同遵守的基本規範： 管轄權所在地：總部和編輯所在的地點（第 2 條）； 禁止煽動仇恨種族、性別、宗教或國籍（第 6 條）； 促進感知障礙人士的可近用性（第 7 條）； 對廣告內容的限制（第 9 條）； 置入性行銷的規範與限制（第 11 條）。	
僅廣播電視所須遵守的規範： 廣告總量限制； 歐洲節目比例； 字幕提供義務。	僅隨選服務所須遵守的規範： 不應傷害未成年人的身體、精神或智力的發育； 推廣歐洲的節目作品； 在廣告的數量方面並沒有管制； 字幕的提供屬自願性質。

資料來源：Bourton（2015）。

　　有關線性 OTT TV 在英國的管制方面，主要比照廣播電視頻道，需遵守 Ofcom 的廣電規範標準，同時須符合電視廣告編排標準。在英國，許多線性串流頻道已經比照廣電頻道的方式經營，因此無須制定額外的管制規範。有關隨選視訊 VOD 納入管制的標準，係根據通訊傳播法 368A 的規範：

　　1. 其服務主要目的是提供節目，在內容和形式上，足以比照一般電視節目的內容及形式；

　　2. 使用上屬於隨選；

　　3. 擁有編輯責任；

　　4. 提供給公眾使用；

　　5. 在英國的管轄之下，符合影音媒體服務指令（AVMSD）的目的。

　　有鑑於線性與非線性的服務已經逐漸匯流，未來將會需要更全面的內容監管機制，另外 ATVOD 對於境外網站提供色情內容，也無權要求其增加年齡驗證或是接近控制系統（access control system）（Digital TV Europe, 2015; Ashford, 2015）。此外，由於隨選影音媒體服務的用戶從 2010 年到 2014 年已經成長 30%，Ofcom 認

為未來單一的監管機構會更有效率（Ofcom, 2015）。2015 年 10 月 14 日 Ofcom 決定結束 ATVOD 在隨選影音媒體服務（VOD）的共管角色，並於 2016 年 1 月 1 日正式接手隨選影音媒體服務的監管業務。Ofcom 於 2016 年 5 月針對隨選服務公布 ODPS（on-demand programme services）的規範及指導原則（Rules and Guidance），規範業者在預備提供隨選服務之前，必須事先通知 Ofcom，否則將不得提供該服務（Ofcom, 2016d）。

儘管 Ofcom 已經決定結束委託給 ATVOD 共管的業務，但 ASA（The Advertising Standards Authority）在隨選影音媒體服務的廣告內容仍扮演與 Ofcom 共同管理的角色（Ofcom, 2016e）。ASA 執掌的業務包括（Ofcom, December 15, 2014）：

1. 決定何者屬於 ODPS 的廣告；
2. 公布 ODPS 廣告的規範及指導；
3. 判斷 ODPS 業者是否違反規範。

有關 ODPS 上的廣告規範，影音媒體指令為保護消費者和民眾的利益，以確保在 ODPS 上的廣告能受到最低的規管標準，相關規範如下（Ofcom, December 15, 2014）：

1. 廣告應易於辨識；
2. 廣告不得損害人性尊嚴；
3. 廣告不可鼓勵損害個人健康或安全的行為；
4. 菸草、藥品以及醫療行為的廣告是被禁止的；
5. 酒類產品廣告不得針對未成年人或鼓勵無節制的消費；
6. 廣告不得造成未成年人身體或精神損害，或利用他們缺乏經驗。

結　語

英國電視市場的特色是各種平台彼此之間又競爭又合作，其既有媒體如無線電視、有線電視、直播衛星與 IPTV 即便都有自己的 OTT 服務，也願意和其他 OTT 業者合作。例如無線電視平台 Freeview 的頻道在 YouView 的平台上可以收視，四

家無線電視頻道和兩家電信業者有共同投資 YouView 平台，有線電視 Virgin Media 及 OTT 業者 YouView 都可以讓消費者在其平台訂閱及收視 Netflix 的節目。

　　Netflix 是全球最大的 OTT 業者，其在英國推出的影音服務與在美國的版本仍有差異。Netflix 特別與英國電視業者 ITV、Channel 4、BBC Worldwide 合作取得內容（Barnett, January 9, 2012）。有鑑於美國當紅影集在英國一樣受歡迎，因此在英國的 Netflix 上也會看到熱門的美國影音作品或戲劇。由此可見，OTT 業者若要進入其他國家的市場，除了本身要有優質內容，適度的納入當地節目，甚至與當地業者合製節目都能吸引消費者。

　　YouView 與 Netflix 有一個共同特色，就是都利用各種平台與裝置讓消費者容易看到其節目。YouView 是與通路商及電信商合作，讓其機上盒發揮提供多種內容的功能。Netflix 則是和各種平台合作，讓各平台抽成，不僅可快速進入英國付費電視市場，也可節省傳輸成本及保障節目收視品質。

　　總之，英國本土最大的 OTT 平台 YouView 這種由無線電視業者、電信業者及傳輸業者共同建構 OTT 平台的方式或可供臺灣的電視頻道及電信業者參考。臺灣的電視及廣告市場有限，如果既有電視及電信業者都各自推出 OTT 服務，經濟規模太小，若能合作共同出資，與電信及網路業者合作，推出一個大的 OTT 平台，才有機會成功。若各業者仍要有自己的 OTT 服務，與共同投資一個大的平台並不矛盾，不但可互補，還可將此整合平台視為能觸達消費者的另一個窗口。

參考書目

新浪科技（2013 年 8 月 20 日）。〈Netflix 在英業務受樂購威脅〉。取自 http://tech.sina.com.cn/i/2013-08-20/07548655263.shtml

鄭國慶（2016 年 4 月 3 日）。〈BBC iPlayer 八年了，還能玩出什麼花？〉。取自 http://www.weixinkd.com/n/7038350

臨淵（2015 年 1 月 14 日）。〈TalkTalk 布局「四合一」業務〉。取自 http://www.chinadaily.com.cn/hqcj/xfly/2015-01-14/content_13041800.html

Advanced Television (2013, June 12). *ITV launches subscription ad-free ITV Player*. Retrieved from http://advanced-television.com/2013/06/12/itv-launches-subscription-ad-free-itv-player-app/

Advanced Television (2017, January 27). *BT TV adds 52,000 subs in Q3*. Retrieved from http://advanced-television.com/2017/01/27/bt-q3-52000-tv-ads/

Andersson, M. (2016). *BBC iPlayer*. Retrieved from http://downloads.bbc.co.uk/aboutthebbc/insidethebbc/mediacentre/iplayer/performancepackaprmayjun2016.pdf

Ashford, H. (2015). *Ofcom to take over ATVOD on-demand regulation*. Retrieved from http://www.tvbeurope.com/ofcom-to-take-over-atvod-on-demand-regulation/

BARB (2016). *The UK TV landscape report*. Retrieved from http://www.barb.co.uk/download/?file=/wp-content/uploads/2016/03/The-UK-TV-Landscape-Report-March-2016-1.pdf

Barnett, E. (2012, January 9). *Netflix: 'Lovefilm is no competition'*. Retrieved from http://www.telegraph.co.uk/technology/news/9002474/Netflix-Lovefilm-is-no-competition.html

Barrie, J. (2015, January 8). *The sale of Blinkbox is a humiliation for Tesco and a massive bargain for TalkTalk*. Retrieved from http://www.businessinsider.com/talktalk-acquisition-of-blinkbox-from-tesco-2015-1

Barton, E. (2012, July 16). *NOW TV: Sky goes OTT*. Retrieved from https://www.strategyanalytics.com/strategy-analytics/blogs/tv-media-strategies/2012/07/16/now-tv-sky-goes-ott#.WMoQzHYrLcs

Bourton, P. (2015). *OTT linear and on-demand television: policy and regulation in the UK*. Paper presented at the Conference on the Development and Policy of International OTT Video Service, Taipei, Taiwan.

Briel, R. (2017, January 11). *BBC to reinvent the iPlayer*. Broadband TV News. Retrieved from http://www.broadbandtvnews.com/2017/01/11/bbc-to-reinvent-the-iplayer/

Channel 4 (2016). *Channel 4 annual report 2015*. Retrieved from http://annualreport.channel4.com/downloads/Channel-4-annual-report-2015.pdf

Clemson, C. (2011). Building a TV everywhere strategy. *Communications Technology, 28*(5), 2.

Digital TV Europe (2015). *Ofcom to take over VoD regulation from ATVOD*. Retrieved from http://www.digitaltveurope.net/443191/ofcom-to-take-over-vod-regulation-from-atvod/

Digital TV Europe (2015, September 23). *ITV revamps online offering with The ITV Hub*. Retrieved from http://www.digitaltveurope.net/431731/itv-revamps-online-offering-with-itv-hub/

Digital TV Europe (2016, November 3). *Netflix, Amazon UK subscribers shun 'normal' TV*. Retrieved from http://www.digitaltveurope.net/624492/netflix-amazon-uk-subs-shun-normal-tv/

Digital TV Europe (2016, November 23). *YouView launches next-gen platform, TalkTalk to roll out from Monday*. Retrieved from http://www.digitaltveurope.net/632712/youview-launches-next-gen-platform-talktalk-to-roll-out-from-monday/

Digital TV Europe (2017, March 20). *Liberty focusing on comprehensive content rights rather than 'scale play'*. Retrieved from

http://www.digitaltveurope.net/675332/liberty-focusing-on-comprehensive-content-rights-rather-than-scale-play/

Digital UK (2016). *The future of DTT*. Retrieved from http://www.digitaluk.co.uk/about_digital_uk/the_future_of_dtt

Farber, A. (2013). *YouView hits 400,000 homes*. Retrieved from http://www.broadcastnow.co.uk/news/multiplatform/youview-hits-400000-homes/5056913.article

Garside, J. (2013, August 21). Netflix reaches 1.5m UK subscribers for its internet video service. *The Guardian*. Retrieved from http://www.theguardian.com/media/2013/aug/21/netflix-uk-subscribers-internet-video/

Gee, R. (2016, November 30). *Virgin Media wants to 'simplify' TV*. Retrieved from https://www.marketingweek.com/2016/11/30/virgin-media-tv/

GfK (2016, December 14). *UK TV viewing trends*. Retrieved from http://www.gfk.com/fileadmin/user_upload/dyna_content/GB/documents/Press_Releases/GfK_SVOD_-_UK_TV_Viewing_Trends.pdf

Gibbs, S. & Jackson, J. (2016). *Netflix lets users download videos for offline viewing*. Retrieved from https://www.theguardian.com/media/2016/nov/30/netflix-download-videos-offline-viewing

Handford, R. (2014, May 22). *Vodafone strikes Netflix deal to boost 4G in the UK*. Retrieved from https://www.mobileworldlive.com/featured-content/top-three/vodafone-strikes-netflix-deal-boost-4g-uk/

Henderson, R. (2016, February 12). *Demand 5 is dead, My5 is Channel 5's new catch-up service*. Retrieved from http://www.pocket-lint.com/news/136705-demand-5-is-dead-my5-is-channel-5-s-new-catch-up-service

Holmes, J. (2015, 26 March). *Channel 4's 4oD replacement All 4 reviewed: "Apparent simplicity masks a great deal of thought"*. Retrieved from http://www.radiotimes.com/news/2015-03-26/channel-4s-4od-replacement-all-4-reviewed-apparent-simplicity-masks-a-great-deal-of-thought

IHS (2013, September 9). *Netflix added to Virgin's TiVo platform*. Retrieved from https://technology.ihs.com/448524/netflix-added-to-virgins-tivo-platform

ITV (2015). *Delivering strong growth and building scale*. Retrieved from http://ar2015.itvplc.com/assets/pdf/ITV_2015_Annual_Report.pdf

Jackson, J. (2016, June 29). *Sky ramps up BT battle with 'UK's first' monthly contract-free bundle*. Retrieved from https://www.theguardian.com/media/2016/jun/29/sky-ramps-up-bt-battle-with-uksfirst-monthly-contract-free-bundle

Laughlin, A. (2011, August 25). *Channel 4 to launch revamped 4oD on web*. Retrieved from http://www.digitalspy.com/tech/vod/news/a337054/channel-4-to-launch-revamped-4od-on-web/

Laughlin, A. (2012, September 7). *Virgin Media to launch TV Anywhere streaming service*. Retrieved from http://www.digitalspy.com/tech/cable/news/a404474/virgin-media-to-launch-tv-anywhere-streaming-service/

Lytton-Dickie, T. (n.d.). *YouView targets 10 million homes*. Retrieved from https://www.hottopics.ht/stories/consumer/youview-manage-seven-shareholder/

Majithia, K. (2015, September 14). *Vodafone and Netflix renew UK partnership*. Retrieved from https://www.mobileworldlive.com/featured-content/top-three/vodafone-and-netflix-renew-uk-partnership/

MAVISE (2016). *TV and on-demand audiovisual services in United Kingdom*. Retrieved from http://mavise.obs.coe.int/country?id=14#section-11

Mitchell, D. (2017, March, 6). *Four lessons UK broadsheets can learn about innovation from Netflix and Spotify*. Retrieved from http://www.huffingtonpost.com/entry/four-lessons-uk-broadsheets-can-learn-about-innovation_us_58bdaef8e4b0aeb52475fdcb

Newton, T. (2012, September 28). *Sky Go vs Now TV: What's the difference?* Retrieved from https://recombu.com/digital/article/sky-go-vs-now-tv_M10980.html#

Ofcom (2014, December 15). *Regulation of advertising in video on demand services*. Retrieved from http://stakeholders.ofcom.org.uk/binaries/broadcast/tv-ops/vod/Final_designation_Statement_Dec14.pdf

Ofcom (2015). *Ofcom brings regulation of 'video-on-demand' in-house*. Retrieved from http://media.ofcom.org.uk/news/2015/1520333/

Ofcom (2016a). *Facts & figures 2016*. Retrieved from https://www.ofcom.org.uk/__data/assets/pdf_file/0021/12828/facts-figures-table16.pdf

Ofcom (2016b). *The International Communications Market 2016*. Retrieved from https://www.ofcom.org.uk/__data/assets/pdf_file/0027/95661/ICMR-2016-4.pdf

Ofcom (2016c). *Communications market report 2016*. Retrieved from https://www.ofcom.org.uk/__data/assets/pdf_file/0024/26826/cmr_uk_2016.pdf

Ofcom (2016d). *Rules and Guidance*. Retrieved from http://stakeholders.ofcom.org.uk/binaries/broadcast/on-demand/rules-guidance/rules_and_guidance.pdf

Ofcom (2016e). *Future regulation of on-demand programme services*. Retrieved from http://stakeholders.ofcom.org.uk/binaries/consultations/vod_procedures/summary/Future_regulation_of_ on-demand_programme_services.pdf

Parks Associates (2016, January 12). *One-third of U.K. broadband households have an OTT video service subscription*. Retrieved from https://www.parksassociates.com/blog/article/pr-1122016-eu-pay-tv

Pennington, A. (2017, February 28). *Streaming forum keynote: BT brings OTT and broadcast together*. Retrieved from http://www.streamingmediaglobal.com/Articles/Editorial/Featured-Articles/Streaming-Forum-Keynote-BT-Brings-OTT-and-Broadcast-Together-116642.aspx

RNS (2016). *BT group plc results for the second quarter to 30 September 2016*. Retrieved from https://www.rns-pdf.londonstockexchange.com/rns/5689n_-2016-10-26.pdf

SEENIT (2014, April 11). *BT to switch off original BT Vision service*. Retrieved from http://www.seenit.co.uk/bt-to-switch-off-original-bt-vision-service/

Stallard, K. (2012, July 17). *No Dish, no contract - Sky launches NOW TV*. Retrieved from http://news.sky.com/story/no-dish-no-contract-sky-launches-now-tv-10475678

Statista (2016). *Pay TV operators ranked by number of subscribers in the United Kingdom (UK) in 2015 (in 1,000)*. Retrieved from https://www.statista.com/statistics/410979/main-pay-tv-operators-in-the-uk/

Sweney, M. (2013, February 5). YouView estimated to have added up to 230,000 subscribers since launch. *The Guardian*. Retrieved from http://www.theguardian.com/media/2013/feb/05/youview-230000-subscribers-july-launch

The Guardian (2011). *Netflix to launch in UK and Ireland in 2012*. Retrieved from https://www.theguardian.com/media/2011/oct/24/netflix-uk-launch-2012

TopUpTV (2016, November 18). *Best indoor TV aerial for Freeview – Digital TV aerial*. Retrieved from http://www.topuptv.co.uk/indoor-tv-aerial-freeview-digital/

Wilkinson-Jones, P. (2015, April 8). *Virgin Media customers to continue getting TiVo boxes under new deal*. Retrieved from https://www.cable.co.uk/news/virgin-media-customers-to-continue-getting-tivo-boxes-under-new-deal-700000552/

第六章 韓國OTT TV的經營模式與政策法規

長榮大學大眾傳播學系助理教授　陳彥龍

前　言

2016 年底，國際電信聯盟（ITU）發布全球資訊社會調查報告，全球 175 個經濟體中，南韓的資訊與通訊科技（Information and Communications Technology, ICT）發展指數，蟬聯亞洲與全球第一（ITU, 2016）。各項調查數據顯示，ICT 產業是韓國經濟增長的引擎，幫助韓國克服 2008 年金融危機，一躍成為資訊科技強國（IT powerhouse）。

表 6-1　韓國基本概況

項目	數據
人口（2015 年）	5,152 萬 9 千人
上網人口（2015 年）	4,194 萬人
寬頻用戶數（2015 年）	2,002 萬戶
家戶寬頻普及率（2015 年）	98.8%
平均網速（2016 年第一季）	29.0Mbps
行動電話用戶數（2015 年）	5,894 萬（普及率 114.4%）
利用智慧型手機、平板上網比率（2014 年）	95.1%
使用智慧型手機比率（2015 年）	89%
OTT 用戶數（2016 年 11 月）	3,200 萬用戶

資料來源：Korea Telecom（2016）；KCC（2016）；ITU（2016）；MSIP（2016）；Ericsson ConsumerLab（2016）。

2015 年底韓國人口約 5152 萬 9 千人，根據官方統計，韓國固網寬頻用戶數為 2002 萬戶，家戶寬頻普及率 98.8%，幾乎所有家庭都可以上網（MSIP, 2016; ITU, 2015a）。另一方面韓國行動上網也非常普及，全韓目前有超過 2000 個公共場所，包括火車站、機場、圖書館、保健中心和社區中心，設有免費 WiFi 熱點（KISA, 2015）。尤其南韓行動電話普及率已破百（114.4%），民眾擁有智慧型手機的比率高達 89%，有九成五以上的網民會利用智慧型手機或平板來上網（KCC, 2016; Deloitte, 2016; ITU, 2015b）。因此韓國的 OTT 發展經驗，也特別引發關注。

OTT（over-the-top）的定義，泛稱在網際網路之上的所有服務，包括網路電

話（VoIP）、簡訊（Short Message Service）、應用程式（Apps）、雲端服務（Cloud Services）、數位電視（Digital TV）、視訊串流（Video streaming）等，均可涵蓋在內。本文所探討之 OTT 服務，是指韓國數位電視平台（無線電視、有線電視、衛星電視、IPTV）之外的網際網路視訊服務。根據雲端服務商阿卡邁調查，韓國 2016 年第三季寬頻連網平均速度 26.3Mbps，排名世界第一（Akamai, 2016）。這樣的網速，瀏覽視訊串流游刃有餘。根據愛立信消費者行為研究室調查，至 2016 年 11 月，韓國 OTT 視訊服務用戶數已達 3,200 萬（Ericsson ConsumerLab, 2016）。

2010 年 8 月，有線電視 CJ HelloVision 開啟第一個 OTT 視訊服務 tving，自此 OTT 視訊服務市場在韓國快速發展。全力開展數位匯流市場的韓國廣電業與電信事業，其實都扮演了最關鍵的角色，也是本章聚焦的重點。本章結構安排上，先引介韓國無線電視、付費電視的市場現況，接著進一步研析 OTT 視訊服務參進者的經營模式與策略，最後，透過韓國政府對於 OTT 產業的政策法規研析，進行韓國經驗之結論。

第一節　韓國數位電視市場之現況

一、無線電視為民眾收視主流

韓國無線廣電業者共有四家，包括韓國放送公社（Korean Broadcasting System, KBS）、文化放送公社（Munhwa Broadcasting Corporation, MBC），首爾放送（Seoul Broadcasting System, SBS），以及教育放送公社（Educational Broadcasting System, EBS），已於 2012 年底完成數位轉換。KBS、MBC、EBS 屬韓國公共廣電體系，SBS 則是地方商業臺所結合的全國聯播網。韓國公視 KBS 以執照稅和廣告收入為主，節目豐富；MBC 是產製韓劇的戲劇王國，EBS 則播送教育性電視節目。

依據韓國官方公布之觀眾收視調查，2015 年無線電視臺收視占有率，仍以總和 55.522% 居首。分別是 KBS 的 27.777%、MBC 的 16.573%，SBS 的 9.099%，以及 EBS 的 2.073%（KCC，2016 年 7 月 21 日）。具體來說，近年網路媒體崛起，已造成無線臺收視率鬆動，然而韓國老三臺（KBS、MBC、SBS）及其經營之多頻道，仍為韓國民眾主流收視內容。

表 6-2　韓國無線電視業者年度觀衆收視占有率

單位：%

年度	無線四臺				總計
	KBS	MBC	SBS	EBS	
2011	35.951	18.374	11.173	2.194	67.692
2012	36.163	16.022	11.408	1.935	65.528
2013	31.989	16.778	9.673	2.424	60.864
2014	31.210	15.663	9.108	2.653	58.634
2015	27.777	16.573	9.099	2.073	55.522

資料來源：整理自 KCC 官網資料。

　　面對行動電視發展之國際趨勢，韓國老三臺於 2005 年 12 月合作推出以地面波傳輸的數位多媒體廣播服務（Terrestrial Digital Multimedia Broadcasting, T-DMB），即所謂的 T-DMB 行動電視。T-DMB 平台內容包含 KBS、MBC、SBS 及另三個內容提供商（U1、Hankook DMB、YTN DMB）之即時頻道（陳彥龍、劉幼琍，2014）。由於 T-DMB 爲單向接收，免收視費，即便已累積一億個接收裝置的銷售量，業者卻獲利無多。由於韓國政府指定 DMB 平台爲災害廣播公共媒介，DMB 技術上也持續突破，除升級至雙向互動 Smart DMB 及高畫質 Hybrid DMB 之外，公視 KBS 也在 2016 年底推出 T-DMB 平台上的第一個 HD 頻道 KBS STAR（KBS, 2017; Lee, 2015）。

二、付費電視市場三足鼎立

　　韓國的付費電視競爭市場，是由有線電視、衛星電視、IPTV 三者共同構成。韓國有線電視主要五大多系統營運商（Multi System Operator, MSO）爲：CJ HelloVision、t-broad、D'Live（原名 C&M）、CMB、Hyundai HCN。韓國民衆多居住於大型集合式住宅，因此有線電視普及率很高，惟數位化進度緩慢，節目內容影響力也無法威脅無線電視。至 2015 年 9 月，韓國類比有線電視訂戶 701.6 萬，數位有線電視訂戶 752 萬，數位化比例約 51.73%（KISDI, 2016）。近年韓國付費電視市場競爭激烈，IPTV 急起直追，OTT TV 風起雲湧，腹背受敵的有線電視，訂戶

數自 2014 年第二季開始停滯、下滑。

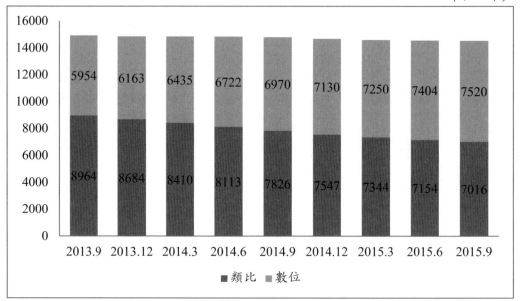

圖 6-1　韓國有線電視訂戶趨勢

資料來源：KISDI（2016）。

　　韓國 IPTV 服務由三大電信公司提供，分別是 KT、SK Broadband 及 LG U+。韓國政府於 2008 年 1 月通過「網路多媒體廣播服務法」（Internet Multimedia Broadcast Services Act），即所謂「IPTV 法」，來促進廣電業與電信業間的跨業競爭。KT 因此推出 olleh tv 服務，包括 olleh tv now 和 olleh tv SkyLife（簡稱 OTS）兩個產品線，SK Broadband 則推出 B tv，LG U+ 也推出 U+ tv 服務。

　　三大電信商透過語音、視訊、寬頻三合一網綁策略，成功讓 IPTV 用戶數逐步攀升，並透過寬頻技術，提供 Full HD 視訊串流服務。2014 年 9 月 KT 更開啟世界上第一個 UHD IPTV 服務 olleh GiGA UHD tv，即透過 UHD 機上盒提供 4K UHD 超高畫質即時頻道與隨選視訊（Korea Telecom, 2016）。根據 MSIP 公布的 2016 年第二季調查，三大電信商 IPTV 訂戶數依序是 KT olleh tv 的 546.8 萬戶，SK B tv 的 363.7 萬戶，以及 LG U+ tv 的 274.3 萬戶（MSIP，2016 年 11 月 15 日）。

　　韓國唯一的直播衛星 SkyLife，目前由韓國電信 KT 握有 49% 的股權。KT 的直播衛星 SkyLife，至 2016 年 6 月訂戶達 310.7 萬，合計 KT 的衛星電視與 IPTV 產品，約占付費電視整體市場的 29.85%，接近三分之一（MSIP，2016 年 11 月 15 日）。表面上韓國付費電視市場，是三大平台三足鼎立。若從另一角度觀察，也可視為廣電業者與電信業者二分天下。一開始是有線電視業者的總用戶數領先，至 2015 年年底，三大 IPTV 加上直播衛星的總訂戶數，已逆轉超越有線電視。

表 6-3　韓國付費電視用戶數與市占率（2016 年 6 月）

付費電視	服務供應商	用戶數	市占率
有線電視	CJ HelloVision	3,826,355	13.32%
	t-broad	3,247,291	11.30%
	D'Live	1,971,894	6.86%
	CMB	1,506,771	5.24%
	Hyundai HCN	1,348,704	4.69%
	其它有線業者	1,871,269	6.51%
	小計	13,772,284	47.93%
直播衛星	KT SkyLife	3,107,905	10.82%
IPTV	KT olleh tv	5,468,540	19.03%
	SK B tv	3,637,701	12.66%
	LG U+ tv	2,743,988	9.55%
	小計	11,850,229	41.25%
總計		28,730,419	100.0%

資料來源：MSIP（2016 年 11 月 15 日）。

第二節　韓國 OTT TV 之經營模式與競爭策略

　　根據愛立信消費者行為研究室的趨勢調查，韓國消費者行動視頻觀看行為之成長，在全球最具代表性。自 2013 年至 2016 年，韓國民眾在固定和行動螢幕看視頻的比例，從 70：30 轉變成 60：40，行動收視行為持續升高，且有 65% 的消費

者每週都會使用第二螢幕（second screen）來補充大電視螢幕上內容。另一方面，有 36% 的韓國消費者聲稱，他們對於隨選視訊（Video On Demand, VOD）的內容很滿意，相對線性電視，具有同樣滿意度的消費者僅有 24%。調查數據也顯示，2012 年以來韓國消費者對隨選視訊服務的支出，至 2016 年 11 月已增長三成，占家戶平均媒體消費支出的 13% 左右（Ericsson ConsumerLab, 2016）。南韓民眾行動視頻觀看行為與該國之 OTT 產業發展，實為一體兩面，彼此關聯。

一、無線廣電業者經營之 OTT

韓國 3G、LTE 陸續開通後，民眾逐漸轉向以智慧型手機上網、看視頻，已經是不爭的事實。嗅到 OTT 潛在商機，MBC 和 SBS 於 2011 年合資成立「內容聯盟平台」（Contents Alliance Platform），找上 KBS、EBS 成為內容合作夥伴，於 2012 年 7 月啟動專屬 OTT 服務 pooq。pooq 採取多螢服務（N-Screen Service）策略，透過應用程式（App），在電腦、手機、平板、智能電視都能收看。一開始 pooq 先提供 30 個即時頻道與隨選節目，採每月 1,800 韓元低價策略搶市（部分為免費），內容與 DMB 區隔，推出短短兩個月，註冊用戶數就突破 70 萬戶（Walop & Webb, 2015）。不過近年韓國無線電視業者整體收視下滑，年收入成長率停滯，因此無線廣電業者轉向行動視訊市場，以 pooq 開啟新商業模式。

表 6-4　韓國各類電視服務 2012 至 2016 年收入及其成長率

單位：億韓元

各類電視服務	2012	2013	2014	2015	2016
無線廣播電視服務（含無線電視、廣播、T-DMB）	39,687	39,058（▽1.6%）	40,153（2.8%）	41,219（2.7%）	42,363（2.8%）
付費廣播電視服務（含有線電視、衛星電視）	28,345	29,249（3.2%）	29,025（▽0.9%）	28,122（▽3.1%）	27,328（▽2.8%）
付費廣播電視服務（IPTV）	8,429	11,251（33.5%）	14,984（33.2%）	18,062（20.5%）	20,470（13.3%）

各類電視服務	2012	2013	2014	2015	2016
其它電視節目供應業 （Program Providers）	55,480	60,756 （9.5%）	63,067 （3.8%）	65,323 （3.6%）	67,712 （3.7%）

註：▽表示負成長
資料來源：整理自 KISDI (2016)、KISDI (2015)。

在 pooq 平台上除可觀賞四家無線電視臺主要頻道，還有知名綜合頻道 JTBC、TV Chosun、以及 24 小時新聞頻道 YTN（Yonhap Television News）等。pooq 營運之初，曾將其內容提供至主要電信業者的 OTT 平台，2015 年 6 月之後因授權費用歧見，已轉變經營策略，停止再授權給主要競爭 OTT 對手，以確保 pooq 獨家傳送無線電視即時頻道與隨選電視節目的 OTT 地位。

表 6-5　pooq 平台內容分類

分類	內容
直播電視	即時頻道（新聞頻道需付費訂閱）、回看電視
隨選電視	娛樂、文化、運動、動畫節目，及國內外電視劇
電影	國內外電影
兒童	兒童節目

資料來源：Kim (2016)。

當時 pooq 的付費訂戶約有 22 萬，pooq 將內容重新分成四大類，包括：直播電視（LIVE）、隨選電視（Broadcast VOD）、電影（Movie），與兒童（Kids）。值得注意的是 pooq 並沒有將「新聞（News）」特別分類，民眾若想在 pooq 平台看即時新聞，必須先註冊成為付費用戶，每月繳交費用，才能看到 24 小時新聞頻道。否則只能在「回看電視」或「隨選電視」區找到不是最新的時事報導。根據 MBC 新聞編輯 Kim Thae-rae 之研究，韓國民眾在 pooq 多螢平台，對無線電視既有新聞頻道內容，有很高的觀看意願。pooq 未區分出新聞類，其實是受限於老三臺的利益考量不同，授權無共識，加上串流技術標準不一所導致。因此 pooq 的考驗之一，也在如何促使民眾能便捷地使用其獨有即時新聞服務，以鞏固pooq訂戶（Kim, 2016）。

表 6-6　pooq 收費方案

單位：韓元／月

	手機／平板	手機／平板 電腦／智慧電視 （標準 HD 畫質）	手機／平板 電腦／智慧電視 （Full HD 畫質）
直播電視	3,900	4,900	7,900
隨選電視	5,900	6,900	9,900
直播電視＋ 隨選電視	6,900	7,900	10,900
直播電視＋ 隨選電視＋ PLAYY 電影	12,900	13,900	16,900

資料來源：pooq 官方網站。

　　至 2016 年第一季，pooq 註冊用戶來到 170 萬，其中付費會員也衝高至 40 萬。2016 年 6 月起 pooq 進一步擴充服務內容，並升級至 2.0 版。除了無線四臺旗下的各類即時頻道、新聞頻道，也陸續引進美國 CNN、CN、Disney、FOX、National Geographic；英國 BBC、BBC World News；日本 Animax、中國 CCTV 等，約 60 個直播頻道（含免費與付費）。在隨選視訊方面，pooq 也提供 170 萬個節目，3500 部電影供用戶觀看。pooq 升級後，收費調升至 3,900 韓元起跳，並有高畫質之 HD 與 Full HD 方案可供選擇（Hawkes, 2016）。

二、有線電視業者經營之 OTT

　　韓國第一大有線電視 CJ HelloVision，隸屬於韓國大型綜合企業 CJ 集團，其有線電視服務 hello tv，網路覆蓋範圍包括首爾及釜山。透過綑綁服務策略，CJ HelloVision 至 2016 年 6 月擁有 382.6 萬有線電視訂戶，占全國有線電視市場的 27.78%，在全韓付費電視市場也占有 13.32%。其母集團關係企業 CJ E&M 是亞洲最具規模的內容創作與營銷公司之一，旗下擁有 16 個電視頻道，知名者如娛樂頻道 tvN、流行音樂頻道 Mnet、電影頻道 OCN 等。CJ E&M 旗下頻道在 2015 年度的觀眾總收視占有率達 10.6%，在韓國一直擁有相當的內容影響力（MSIP，2016 年

11 月 15 日）。

基此，CJ HelloVision 成爲韓國付費電視業者自營 OTT TV 的先驅，於 2010 年 8 月推出全韓第一個 OTT 視訊服務 tving。tving 是全球多螢服務（N-screen Service）的先導者，曾榮獲多項創新大獎，只要下載 tving 應用程式（App），月付 5,500 韓元，有線電視用戶就可在電腦、智慧型手機、平板上收看超過 200 個即時頻道與 5 萬個隨選視訊（Walop & Webb, 2015）。tving 一開始的內容涵蓋無線電視主要頻道、熱門體育頻道，也引進年輕族群喜愛的「星際爭霸」（Starleague）遊戲頻道。在有線寬頻綑綁服務（hello net）優惠促銷下，上市第一年註冊用戶就超過 200 萬，一躍成爲韓國 OTT 視訊服務的樣板。

tving 服務之特色，就是用戶可以透過彈出式播放器（Pop-up player），一邊看節目，一邊使用 tving TALK 通話，仍可同時操作其他應用程式（CJ E&M, 2014）。2014 年 8 月 CJ HelloVision 推出類似 Chromecast 鏡射功能的電視棒 tving stick，將 tving 應用延伸至用戶客廳的智慧型電視機。至 2015 年底，tving 用戶已增長至 700 萬（Jeong, 2016），然此時無線廣電業者、電信三強已展開低價 OTT 攻略，加上網路非法盜播與點對點下載猖獗，助長民眾不願多花費的意向，致使 tving 表面上風光，營運者卻得務實面對赤字（Yoon, 2015）。2015 年 11 月，韓國最大行動通訊營運商 SK Broadband 出手收購 CJ 集團旗下的家庭購物公司（CJ O Shopping），交易案若獲許可，SK Broadband 將一躍成爲 CJ HelloVision 的最大控股公司，意料將牽動 tving 的後續發展。

惟前揭 SK Broadband 併購計畫，最後遭主管機關否決。2016 年底，CJ HelloVision 重新思索 OTT 發展策略，將 tving 服務轉移至母集團關係企業 CJ E&M 之下。原有 200 多個即時頻道，一半以上停止合作，並保留 CJ E&M 自身經營的頻道群，讓 tving 朝向 CJ E&M 專屬 OTT 轉型。CJ HelloVision 執行長 Byun Dong-Sik 宣布，擬研發新式機上盒 tving Box，來作爲其超網路接取服務（GiGA internet）與各種 OTT 服務的整合入口，讓用戶可同時看到 tving、pooq 和 Netflix 的選單（Jeong, 2016; Cho, 2016）。這代表 CJ HelloVision 的 OTT 策略開始轉向，不排除與 Netflix、pooq 等第三方 OTT 供應商進行合作，成爲其 OTT 內容的補充方案。

韓國有線電視業者參進 OTT 視訊市場的過程，其實作法不一。多系統營運商

Hyundai HCN 與韓國用戶原創內容（User Generated Content, UGC）供應商 Pandora TV 合作，2012 年成立 Everyon TV 公司，共集結 50 個有線電視節目供應商，用戶透過應用程式（App）下載，即可使用多螢行動服務，「免費」收看 250 個即時頻道。2014 年 2 月，再推出 Everyon TV Cast 電視棒，結合 OTT 與鏡射大螢幕功能，同時與 IT 設備商（如 InnoPia Tech 和 MediaOne）合作，來銷售該電視棒（Hee-seok, 2014）。

相對於 CJ HelloVision 一開始大費周章自建 OTT 平台，首爾地區最大有線電視業者 C&M，2013 年 2 月採取與 pooq 合作，直接成為其 OTT 服務方案。2015 年 11 月新執行長 Jeon Yong-Ju 上任後，第一步先重塑品牌，將 C&M 更名為 D'Live，並積極尋求全球戰略夥伴。2016 年 6 月，D'Live 與 Netflix 合作推出獨家 D'Live Plus 智慧機上盒，兩者更合作開拍首部美韓雙語原創電影《Okja》。2016 年 12 月，D'Live 再與美國媒體內容營運商「A+E 電視網」（A&E Television Networks）策略聯盟，引進其東南亞、港臺知名的 History 歷史頻道、Lifetime 娛樂頻道，為亞洲市場布局。D'Live 也致力於其與索尼影業（Sony Pictures Entertainment）合作的 AXN 頻道在地化，使其內容更符合韓國觀眾需求（Media Business Asia, 2017）。

2017 年 1 月，D'Live 透過旗下藝人經紀影視公司 IHQ（D'Live 控股 50%），改編韓國漫畫家千桂英的人氣網漫，與 Netflix 合作開拍原創影集《Love Alarm》。D'Live 兼 IHQ 的執行長 Jeon Yong-Ju 說明，透過有線電視與 OTT 的多平台策略，以及對合作夥伴的全面開放，來幫助 D'Live 突破首爾地區有線據點之限制，同步開拓國內與國際市場（Media Business Asia, 2017）。事實上 D'Live 轉型後，對自製原創內容的作法，正好遇上 Netflix、A+E 電視網等境外供應商積極進入韓國市場，彼此對充實韓國內容理念一致，進而促成合作。

表 6-7　韓國有線電視業者提供之 OTT 視訊服務

有線電視業者	OTT 視訊服務	推出時間	經營模式
CJ HelloVision	tving	2010 年 8 月	可在多螢裝置收看 200 個即時頻道，5 萬個隨選視訊。
	tving stick	2014 年 8 月	利用電視棒，將多螢裝置的 OTT 視訊，鏡射到智慧型電視上觀看。

有線電視業者	OTT 視訊服務	推出時間	經營模式
CJ HelloVision	tving Box	2016 年 11 月	tving 改隸 CJ E&M，研發 tving Box 機上盒，作爲 GiGA internet 接取與第三方 OTT 內容供應商（如 pooq、Netflix）之整合服務入口。
D'Live（前身爲 C&M）	D'Live pooq	2013 年 2 月	與 pooq 直接合作。
	D'Live Plus	2016 年 6 月	與 Netflix 合作推出 D'Live Plus 智慧機上盒，並合作開拍原創電影、影集，並安排在全球 Netflix 平台播出。
Hyundai HCN	Everyon TV	2012 年 3 月	與 Pandora TV 合作成立公司，透過 App 下載，用戶可在多螢裝置收看 250 個有線電視即時頻道，免收視費。
	Everyon TV Cast	2014 年 2 月	結合 OTT 與鏡射大螢幕功能。

資料來源：本研究整理。

綜上所述，韓國有線電視業者參進 OTT 市場的優先策略，乃不約而同地將其線纜服務，透過多螢應用，轉移至客廳電視機以外的 OTT 行動平台之上。近年部分有線業者開始轉向與市場上的知名 OTT 直接合作，期擴大經濟規模或平台內容，也積極與國際知名影業策略聯盟，甚至自製原創內容，爲全球與在地競爭市場同時布局。

三、電信業者經營之 OTT

韓國的三大電信業者 KT、SK Broadband、LG U+，彼此之間競爭激烈且持續，戰場也從固網寬頻、行動通信、IPTV 服務，延燒至 OTT 視訊服務市場。在策略上，三大電信業者不約而同朝「行動 IPTV」（mobile IPTV）發展。也就是說，在其原本的 IPTV 用戶基礎上，讓用戶也能在智慧型手機、平板等移動終端收看視訊串流服務。

第一大固網寬頻業者 KT，是首位將 IPTV 服務 olleh tv 延伸至行動多螢的業者，2011 年 10 月推出 olleh tv mobile 平台，最初每月加收 10,000 韓元，讓用戶行

動收視 75 多個即時頻道，6 萬 3 千個隨選影片（Walop & Webb, 2015）。在激烈競
爭下，olleh tv mobile 已降至每月 5,000 韓元，可看 80 多個即時頻道，11 萬個隨選
影片，估計至 2015 年底應用程式已累計下載 600 萬次（Hye-Seung, 2015）。為了區
隔市場，olleh tv mobile 與釜山國際電影節、韓國電影藝術學院合作，每週推出主
題電影，2016 年 11 月更開闢 360 度虛擬實境（VR）節目專區，用戶可自行選擇
角度觀看表演，甚至追星。這個 VR 節目專區，不僅 IPTV 上看的到，OTT 用戶同
樣能利用多螢裝置收看（Song, 2016）。

另一方面，KT 的控股子公司 KTH，已先於 2011 年 1 月與三星智慧電視
（Samsung smart TV）合作，推出多螢服務應用程式 PLAYY。2012 年 10 月，
PLAYY 發展為 VOD 電影套餐，並與其他付費電視平台洽談上架合作。PLAYY 電
影包的訂價為每月 9,900 韓元，用戶加訂後能觀賞 1 千部電影，特別著重在最新
優質電影與經典名片，且每月持續更新。包括無線業者 pooq、有線電視業者（CJ
HelloVision, t-broad, CMB, Hyundai HCN）、IPTV 業者（olleh tv, U+ tv），以及影音
播放器 GOMTV 等，都已陸續上架 PLAYY。

至於 SK Broadband 是目前韓國第一大行動通訊業者。2011 年 10 月 SK 電信
子公司 SK Planet 首先成立 Hoppin，打造隨選視訊多螢服務（VoD Multi-screen
Service），Hoppin 平台擁有 1 萬 5 千部國內外電影、電視影集、學齡兒童節目等內
容，訂戶下載應用程式，月繳 8,800 韓元就能看到飽。Hoppin 屬全球開放性平台，
推出一年後，訂戶就達到 260 萬戶（SK Planet, 2012）。

2012 年 7 月，SK Broadband 正式成立 B tv mobile 平台，將其 IPTV 服務 B tv
延伸至 OTT 行動多螢。B tv mobile 最初收費每月 10,000 韓元，可收看 60 個即時頻
道，4 萬個隨選視訊（Walop & Webb, 2015），後降價至每月僅 2,000 韓元。2016 年
1 月底，SK Broadband 決定合併 Hoppin 與 B tv mobile，成立整合新平台 oksusu，
再祭出超低價策略，每月僅收費 3,300 韓元，提供超過 90 個即時頻道，8 萬部國內
外隨選電影。oksusu 的內容主攻娛樂、專業體育頻道、兒童節目及動畫，雖排除了
無線電視即時頻道，卻以生產原創內容為號召，例如與 JTBC、CJ E&M、娛樂管
理公司、甚至個人合作，製作獨家行動視頻內容（Yoon, 2016）。

隸屬於 LG 集團的 LG U+ 電信公司，2012 年 10 月先與 UGC 供應商 Google

合作，將 Google TV 嵌入 LG U+ 機上盒，推出 U+ tv G 平台。2013 年 5 月推出 U+HDTV 服務，用戶每月繳交 15,000 韓元（後來降價至 5,000 韓元），就能將 IPTV 服務延伸至多螢，能收看 70 個即時頻道，4 萬個隨選視訊，且可採 4 個頻道分割視窗同步收看。2014 年 6 月 LG + 再推出類似 Netflix 的 Uflix Movie 電影平台，網羅 1 萬 2 千多部英、美、中、韓、日等國電影與知名電視劇，並提供外語字幕服務，月繳 7,000 韓元，就能看到飽（Walop & Webb, 2015）。

2015 年 6 月公司決定將 U + HDTV 與 Uflix Movie 兩平台整合，成立視訊串流入口平台 LTE Video Portal，價格調降到每月收費僅收 5,500 韓元。這個新平台入口，用戶可以收看 120 個即時頻道，內容包括無線三臺、韓國與美國職棒轉播、各國電影，以及 13 萬個隨選影片（Cho, 2015; Huawei, 2016）。

表 6-8　韓國電信業者提供之 OTT 視訊服務

電信業者	OTT 視訊服務	推出時間	經營模式
KT	olleh tv mobile	2011 年 10 月	將 IPTV 服務延伸至行動多螢，內容涵蓋 75 多個即時頻道，6 萬 3 千個隨選影片，並逐漸增加。
	PLAYY	2012 年 10 月	子公司 KTH 推出多螢應用隨選電影平台 PLAYY。已與 pooq 及其它付費電視合作，提供專屬電影包。
SK Broadband	Hoppin	2011 年 10 月	SK 電信子公司 SK Planet 成立 Hoppin 多螢服務，打造擁有 1 萬 5 千個隨選影片的全球開放性視訊平台。
	B tv mobile	2012 年 7 月	將其 IPTV 服務延伸至行動多螢，訂戶可收看 60 個即時頻道，4 萬個隨選視訊。
	Oksusu	2016 年 1 月	成立 oksusu 平台，整合 B tv mobile 與 SK Hoppin，延續行動多螢應用，提供超過 90 個即時頻道，8 萬部隨選電影，採低價策略。
LG U+	U+ tv G	2012 年 10 月	與 Google 合作，將 Google TV 嵌入 LG U+ 機上盒。
	U+ HDTV	2013 年 5 月	將其 IPTV 服務延伸至行動多螢，收看 70 個即時頻道，4 萬個隨選視訊。

電信業者	OTT 視訊服務	推出時間	經營模式
LG U+	Uflix Movie	2014 年 6 月	網羅 1 萬 2 千多部各國電影與電視劇，並提供字幕服務。
	LTE Video Portal	2015 年 6 月	整合 U＋HDTV 和 Uflix Movie 服務，成立 LTE Video Portal，可收看 120 個即時頻道，13 萬個隨選影片。

資料來源：本研究整理。

　　綜合前述，韓國三大電信業者參進 OTT 市場策略可歸納為三，首先是發展「行動 IPTV」，正如表 6-4 所示，近年電信業者因 IPTV 成功帶動年收入，因此在 IPTV 的原有訂戶基礎上，推出 olleh tv mobile、B tv mobile、U+ HDTV 服務；其次是同步打造開放式隨選視訊平台，如 PLAYY、Hoppin、Uflix Movie 等多螢應用程式，來突破非電信用戶之新市場；最後，再整合兩者，成為 OTT 內容的大平台，並祭出超低價策略，來吸引消費者訂閱。

四、其他業者經營之 OTT

　　韓國廣電業者與電信業者參進 OTT 市場表現突出，然而韓國國際電子大廠三星電子（Samsung Electronics）、樂金電子（LG Electronics），以及全球知名的網路服務供應商 Naver、Kakao，還有境外知名 OTT 業者如 Netflix 等業者，也在這場眼球爭奪戰中不缺席。

　　三星和樂金電子，兩者都是申請 Google CTS 認證的南韓電視盒業者，兩家電子製造商的共同策略就是「電視上的 OTT」（OTT in TV）。簡言之，過去的 OTT 服務多半採行動多螢，收看裝置都是電腦、智慧型手機、平板。因此兩業者的目標，就是讓智慧型電視機，在韓國形成一個新的播出平台。為此，三星電子於 2015 年 11 月推出智慧電視「TV Plus」虛擬電視頻道服務，將 OTT 服務導入智慧電視。樂金電子也在 2016 年 8 月推出智慧電視「Channel Plus」，目的就是讓觀眾收視 OTT 視訊服務，並且用熟悉的電視遙控器來簡單切換（Jung, 2015; Briel, 2016）。

　　由於語言的限制，南韓民眾多數喜歡瀏覽韓文本土網站（ITU, 2010），如韓國最大搜尋引擎 Naver、入口網站 Daum、即時新聞 Naver News，以及網路論

壇 DcInside 等，都在韓國十大熱門網站之列。而最大搜尋引擎業者 Naver 旗下的 Naver TV（原名 Naver tvcast），是韓國最大的線上影音平台，常鎖定年輕觀眾市場，播放網路劇，也經營網路漫畫與小說。2015 年 7 月，Naver TV 平台推出 4K UHD 網絡電視劇，以便與全球 OTT 巨頭如 Netflix，YouTube 和 Amazon 在亞洲 UHD 市場上競爭。Naver 也正式發布應用程式 V LIVE，簽下韓國流行音樂（K-POP）重量級明星，在 V LIVE 進行個人直播與粉絲互動。在 Naver TV 與 V LIVE 的雙重加持下，Naver 影響力不容小覷。

　　Kakao 是韓國市占率最大的通訊軟體商，KakaoTalk 可以說是國民通訊軟體。2015 年 6 月 Kakao 成立 Kakao TV，平台上除了有免費的隨選電影、電視劇、現場直播節目外，還可以讓使用者在利用 KakaoTalk 聊天之餘，同時觀賞視頻，甚至進行分享。不過 Kakao 在 2014 年 10 月整併韓國第二大入口網站 Daum 時，又擁有另一個 OTT 平台 Daum tvpot，提供約 270 個網路直播頻道內容。因此 2017 年 2 月 Kakao TV 進行升級時，也將 Daum tvpot 平台整併，同時新增上傳、共用、管理，以及直播交友等功能（趙博，2016 年 12 月 15 日）。

　　有趣的是，韓國廣電業者並沒有將 Naver TV、Kakao TV 當成競爭對手，反倒視為是網路行銷的策略夥伴。過去韓國電視臺常與 Google 的 YouTube 平台合作，將節目上傳，但因 YouTube 要求的收益拆帳比例過高，七大電視網（MBC, SBS, CJ E&M, JTBC, TV Chosun, Channel A, MBN）因而抵制，並合組 Smart Media Representative（SMR）公司，來代理線上廣告行銷事宜。2014 年底，SMR 公司轉向與 Naver 合作，上傳其隨選節目，Naver 可以從中獲得 10% 的拆帳收益（Iglauer, 2015; Sylvia，2014 年 12 月 1 日）。

　　根據愛立信消費者行為研究室調查，有 36% 的韓國受訪民眾表示每天都在觀看 YouTube。對於 16 至 19 歲的受訪族群來說，每天都會看 YouTube 的人甚至超過一半（Ericsson ConsumerLab, 2016）。事實上在韓國最受歡迎的 UGC 供應商之一，還有提供直播應用程式 AfreecaTV，讓人人都能當視頻主播（video jockeys），已超過 2700 萬人次下載 App。其近年最夯內容，是來自於主播一邊直播自己吃飯，一邊和網友即時互動。粉絲可以花錢購買虛擬「星星氣球」（star balloon）送給視頻主播，氣球也可兌換回現金。素人靠「吃飯」與對談互動就能賺錢，業者則抽取

佣金，加上廣告收入，營造出獨一無二的營運模式（Joffe, 2008）。

　　至於境外的全球知名 OTT 服務 Netflix 是在 2016 年初登陸韓國。Netflix 在策略上除了增加韓劇內容，也與 LG 及 Sony 等製造商合作，推動 Netflix 認證智慧型電視機（Recommended TV），並與韓國有線電視業者 D'Live 合作機上盒，合拍原創電影與影集。韓國本土網路服務供應商 Frograms，也同步在 2016 年 1 月推出 WATCHA PLAY 服務。從電腦版再進階至多螢裝置，類似 Netflix 的韓版，提供訂戶超過 4500 部電影、1500 齣電視劇，每月收費 4,900 韓元，價格接近 Netflix 的一半。WATCHA PLAY 的策略，就是以其低價及電影推薦服務，準確反映國內觀眾口味（Song, 2016）。YouTube Red、Amazon Video 則於 2016 年底進入韓國市場，和 Netflix 一樣，以高畫質 4K UHD 服務，作為進入韓國市場的手段（Mirae Asset, 2016）。

表 6-9　其他業者提供之 OTT 視訊服務

業別	業者	推出時間	經營模式
智慧電視製造商	Samsung Electronics	2015 年 11 月	電視盒申請 Google CTS 認證，研發 TV Plus、Channel Plus 等虛擬頻道，讓頻道容易切換，目標讓 OTT 服務導入智慧型電視機。
	LG Electronics	2016 年 8 月	
韓國網路服務供應商	Naver	2015 年 7 月	Naver TV 平台播出網漫小說、4K UHD 網絡劇場；與 SMR 七大媒體合作上傳節目、收益拆帳；並正式發布專看明星直播的 V LIVE 應用程式，均為免費。
	Kakao	2017 年 2 月	Kakao TV 升級，併入 Daum tvpot 平台，除了在 KakaoTalk 基礎上使用影音內容，還新增上傳、共用、管理及直播交友等新功能，均為免費。
	AfreecaTV	2006 年 3 月	Live 實況直播平台，熱門應用為素人直播吃飯，並與網友對談互動。提供虛擬氣球買賣，讓主播賺取額外收入，業者抽取佣金。
	Frograms	2016 年 1 月	推出 WATCHA PLAY 應用程式，特色在電影推薦及評分，類似 Netflix 服務，採低價策略（每月 4,900 韓元）。

業別	業者	推出時間	經營模式
境外網路服務供應商	Netflix	2016 年 1 月	Netflix South Korea 於 2016 年初進入韓國市場，提供 4K UHD 視訊服務（每月最低 9,200 韓元）。
	YouTube	2016 年 12 月	YouTube Red 於 2016 年底進入韓國市場，提供 4K UHD 視訊服務（每月 7,900 韓元）。
	Amazon	2016 年 12 月	Amazon Video 於 2016 年底進入韓國市場，提供 4K UHD 視訊服務（每月 7,000 韓元）。

資料來源：本研究整理。

第三節　韓國 OTT TV 之政策與法規

一、主管機關及權責

　　韓國現行對於 OTT 新媒體的管理權責，是在於「科學、資通訊與未來規劃部」（Ministry of Science, ICT and Future Planning, MSIP）。根據韓國「電信框架法」（Framework Act of Telecommunications）和「電信事業法」（Telecommunications Business Act），韓國電信服務提供商目前分為：網路服務提供商（network service providers）、加值服務提供商（value-added service providers）和特定服務提供商（specific service providers）。

　　MSIP 於 2013 年 3 月成立後，承接韓國通訊傳播委員會（Korea Communications Commission, KCC）部分監管職責，包括電信公司的管理和監理、IPTV 服務許可證核發、外資所有權比率的監督，以及與公眾利益有關的電信業務管理。OTT 視訊服務在韓國目前歸屬於電信事業的「加值服務」（Value-added service），提供商只要向現行電信事業主管機關 MSIP 提交報告（report），就可以開始營運（Korea Telecom, 2016）。

　　2015 年 3 月 MSIP 頒布了 IPTV 特別法的修正案。根據最新修訂，單一電視營運商及其關聯公司，在韓國所有付費電視市場訂戶數不得超過三分之一。目前此規則對於 KT 最需要注意，因為 KT 的衛星電視加上 IPTV 的市場占有率約為

29.85%，已經接近上限。另外根據電信事業法現行規定，網絡服務提供商可以自行決定其費率。在韓國，只有 KT 的市內電話服務，SK 電信的行動通訊，因為是市場主導者地位，其費率需經過 MSIP 核定，至於 OTT 視訊服務，則完全沒有費率管制，也沒有任何所有權與外資限制，市場完全開放。

韓國主要付費電視平台，仍分屬「放送法」（有線電視、衛星）與「IPTV 法」（IPTV）之規範，由於付費電視市場競爭激烈，因此 KCC 與 MSIP 已於 2015 年 11 月進行兩法的整合拉齊（KCC, 2016）。然而「付費電視」與「OTT 視訊服務」之間，本身也有潛在競合問題，兩者不平衡管制的議題，也開始受到關注。

韓國現行競爭管理機構是韓國公平交易委員會（KFTC），KFTC 屬一級中央行政部會，在總統授權之下，本身也是一個準司法機構，專責制訂與管理競爭政策。韓國現在的電信市場由三個營運商主導，因此對於電信市場上的相關併購案，也是由 KFTC 負責裁決（Robinson, 2014）。

2015 年 11 月，電信商 SK Broadband 宣布併購有線電視 CJ HelloVision。如果交易獲得批准，合計有線電視 hello tv 的 13.32% 市占率，以及 IPTV 產品線 SK B tv 的 12.66% 市占率，SK Broadband 將成為韓國第二大付費電視營運商，占有付費電視市場 25.98%（僅次於 KT 的 29.85%）。此併購案審查期長達半年，KFTC 終於在 2016 年 7 月做出否決的裁定。裁定結果讓 SK Broadband「行動通訊」與「有線固網」的匯流計畫嘎然而止，也迫使 CJ HelloVision 重新思考 tving 的未來營運規劃。

對於 OTT 視訊內容管理，是回歸到韓國既有網路內容之規定，業者自律並行。依據韓國資通網路利用之促進與資訊保護法（Network Act）第 44 之 7 條規定，網路上禁止交換九項非法資訊。包括：猥褻、誹謗、網路跟蹤、妨害兒少內容、干擾網路數據或程式、賭博、保密資訊、國家安全，以及任何協助或教唆犯罪之資訊。

至於韓國網路內容審議機構，是韓國放送通訊審議委員會（Korea Communications Standards Commission, KCSC）。KCSC 屬法定獨立機關，專責廣播電視與網路內容之審議。KCSC 對於違反規定的網路內容，可以根據決議，由 KCC 發出「更正要求」（correction request）行政命令，要求國內 ISP 業者刪除（delete）爭議網址、網頁，或將境外伺服器之爭議網址、網頁直接封鎖（block）（Park, 2015）。

　　雖然韓國 OTT 視訊服務沒有市場進入門檻，業者仍須遵守相關著作權之規範。韓國的著作權法目前將 OTT 稱爲特殊類線上服務業者（Special Types of Online Service Providers），在著作權人要求下，OTT 業者須採取必要手段，來以攔截非法互傳之作品與行爲。韓國目前已經通過電信事業法之修訂，規定要求 OTT 業者須提供著作權法中所述之技術措施（technological measures），保障著作權（財團法人台灣經濟研究院，2014 年 12 月）。

二、網路中立性與網路流量管理

　　OTT 業者提供視訊服務，是在公共網路之上，卻不必然提供使用者網際網路接取服務（Internet Access Service）。近年來網路流量大增，例如行動網際網路電話（mVoIP）、視訊串流（Video Streaming）等服務崛起，引發寬頻網路業者封鎖其網路，要求 OTT 業者分攤網路成本；或是行動網路營運商（Mobile Network Operators, MNOs）以網路流量管理爲由，設置不同價格帶，來限制訂戶對 mVoIP 之利用，這些都引發所謂的網路中立性（Net Neutrality）議題。

　　韓國早於 2011 年底，就由當時的電信事業主管機關 KCC 公布「網路中立性與網路流量管理原則」（Net Neutrality and Internet Traffic Management Guidelines），該原則強調五大重點，包括：(1) 用戶權利（User's Right），(2) 網路流量管理之透明度（Transparency），(3) 對於合法內容、應用程式、服務和裝置，禁止封鎖（No Blocking），(4) 禁止不合理差別待遇（No Unreasonable Discrimination）、(5) 合理的流量管理（Reasonable Traffic Management）。然而，還是出現主要電信業者封鎖 OTT 之事件（Kim, 2014）。

　　南韓引發網路中立性（Net Neutrality）爭議事件之一，是南韓第一大寬頻服務供應商 KT 電信公司，在 2012 年 2 月 10 日封鎖了三星智慧電視的網路接取服務。KT 認爲三星智慧電視所觸發的流量，比 KT 自己的 IPTV 流量多 5 到 15 倍，因此要求三星分攤網路成本費用。三星則認爲消費者利用網路卻由製造商支付費用，並不合理，且 KT 的封鎖行爲是對特定終端設備的歧視（未封鎖 LG 和 Sony），違反用戶權利，因此對 KT 行爲申請禁止命令。在 KCC 介入調查後，KT 於事發四日，

方重新恢復三星智慧電視的網路接取（Park, 2016）。

另一個重大爭議事件，則是韓國主要電信業者，對於免費 OTT 語音服務的限制手段。韓國最大的 mVoIP 業者是 Kakao Talk，普及率甚高，九成以上民眾的智慧型手機都有下載，可以說是南韓人的國民通訊軟體。2012 年 4 月 KakaoTalk 推出免費的網路電話服務 voice talk，對於行動通訊業者造成衝擊。包括 KT、SKT、LG U+ 為此限制 voice talk 語音通話的流量速度和品質，並對 mVoIP 營運商提出控告。KCC 審議後於 2012 年 6 月作出裁決，允許電信營運商可設定資費方案，來限制民眾對 mVoIP 的數據利用。KCC 的作法也被認為偏袒電信業者，有違反網路中立性原則之嫌。

MSIP 成立後，接手 KCC 管理職責，於 2013 年年底公告「網路流量管理與利用之合理性與流量管理透明度標準」（Standards for Reasonable Traffic Management/ Use and Transparency of Traffic Management），說明流量管理的合理性評估標準有四項：(1) 流量管理政策是否開放透明，(2) 流量管理是否與其目標和動機比例相稱，(3) 對同類型內容是否存在不合理差別待遇，(4) 網路的技術特性。該標準也允許某些例外情況，致使電信業者的流量管理議題，持續引發爭議。2015 年 2 月韓國法院裁定，電信業者根據資費方案來限制用戶利用 mVoIP 是合理的，因為用戶在簽訂合約時，就已明知其選擇的是有 mVoIP 流量限制之資費方案（國家通訊傳播委員會，2016 年 1 月 28 日；Kim, 2014）。

表 6-10　韓國網路中立性政策與網路流量管理

日期	大事記
2011 年 12 月	電信主管機關 KCC 公布「網路中立性與網路流量管理原則」。
2012 年 2 月	電信商 KT 封鎖了製造商 Samsung 的智慧電視網路接取服務，KCC 介入調查，KT 四天後恢復其網路。
2012 年 4 月	KakaoTalk 推出免費 OTT 語音服務 voice talk。
2012 年 6 月	KCC 裁定允許電信營運商可設定資費方案，來限制民眾對 mVoIP 的數據利用。
2012 年 12 月	SKT、KT 和 LG+ 共同發布 joyn.T，試圖遏制 KakaoTalk 服務。
2013 年 3 月	MSIP 成立，KCC 部分職權轉移，MSIP 成為電信事業主管機關。

日期	大事記
2013 年 12 月	MSIP 公告「網路流量管理與利用之合理性與流量管理透明度標準」，禁止行動網路營運商濫用網路所有權，並要求所有資費方案，都要能讓用戶利用 mVoIP 服務。
2015 年 2 月	韓國法院認為，用戶在簽訂合約的同時，明知其選擇的是有流量限制之 mVoIP 服務。因此裁定電信業者根據資費方案來限制用戶利用 mVoIP，並不違反公平性。

資料來源：本研究整理。

三、無線電視再傳輸議題

　　韓國無線廣電業者無論是公視體系或商業臺，都是南韓本國自製節目的主要供應者，無線廣電業者本身經營多頻道，節目授權與行銷都帶來一定收入。依韓國「放送法」（Broadcasting Act）第 78 條規定，有線電視、衛星電視、IPTV 三大平台，都可免費必載 KBS1 和 EBS 的主頻道。至於商業運作之 KBS2、MBC、SBS，及其旗下所屬頻道，其他平台若要「再傳輸」（Re-transmission），都必須與無線業者進行付費協商。

　　無線電視數位化後的再傳輸議題，在韓國已爭議多年，無線廣電業者曾於 2009 年對法院提出訴訟，主張版權，反對五大有線電視多系統營運商（MSO）免費必載。韓國的 S-DMB 手機電視服務，也是因為無法獲得法定必載而影響營運（陳彥龍、劉幼琍，2014）。無線電視頻道在付費平台的再傳輸與付費協商問題，戰火也接續延伸到 OTT 視訊服務。

　　有了自己的 OTT 平台 pooq，無線廣電業者過去將內容授權給其他 OTT 的做法，已產生利益衝突。無線廣電業者因此在 2015 年 6 月決定中止其在主要競爭對手 tving 及電信業者「行動 IPTV」平台上的即時頻道播送，引發軒然大波（Kim & Lee, 2016）。一年後，MBC 和 SBS 進一步宣布，不參加 DMB 平台在 2016 年 8 月啟動的 HD 播映計畫，原因是要避免 DMB 平台與 pooq 內容重複（Na, 2016）。無線廣電業者的作法，明顯是為了確保 pooq 的商業利益。

　　由於「再傳輸」議題引發的斷訊衝突，直接影響到觀眾的權利。KCC 和 MSIP 為試圖解決這個問題，2015 年 8 月啟動了無線電視頻道「再傳輸」的協商機構，

由首爾大學經濟學教授 Jeon Yeong-sub 主持。希望能制定付費協商的程序以及補貼方案，並舉行相關業者的聽證會來確認（KCC, 2016）。

結　論

　　韓國的 OTT 視訊服務市場，是回歸到兩個基本構面，首先是韓國政府全力推動的 ICT 產業，再者就是韓國現有數位電視市場的競爭現實。韓國的 ICT 發展全球聞名，相關寬頻建設與高普及率的智慧型手機使用，已形成一種 ICT 文化，韓國政府也規劃在 2017 年，將公共 WiFi 熱點擴展至 12,000 個（KISA, 2015）。政府對國家 ICT 建設計畫的投入，正是韓國 OTT 視訊服務能夠快速發展的背後原因。同理，我國 OTT 產業若要立足臺灣，在全球華人市場攻占一席之地，維持臺灣 ICT 產業之優勢與國際競爭力，政府應責無旁貸。

　　其次，韓國的付費電視市場競爭激烈，包括無線廣電業者、第一大有線電視 CJ HelloVision、三大電信暨 IPTV 營運商 KT、SB Broadband、LG U+，都是 OTT 視訊服務的主要參進者。本章發現，韓國無線廣電業者的內容影響力仍大，印證內容為王的真理。對於無線廣電業者來說，自營 pooq 之後，已無意願將內容授權至其他對手平台；有線電視業者則以多螢策略參進 OTT 視訊市場，研發電視棒與智慧機上盒商品，並傾向與知名 OTT 直接合作；至於電信業者，則是根基 IPTV 訂戶基礎，推廣「多螢」及「行動 IPTV」服務，同時也建置開放式隨選視訊平台，拓展非訂戶之新市場。

　　相對於韓國經驗，我國無線電視業者的收視影響力早不如從前，在內容為王的鐵律下，要靠 OTT 創造營收，回歸優質影視節目產出，方是正途。至於我國付費電視市場並不若韓國般競爭，占有主要市場的數位有線電視營運商，若能借韓國為鏡，投入多螢應用、鏡射電視棒、智慧機上盒之研發，甚至與知名 OTT 直接合作，應能創新用戶體驗，力挽狂瀾。至於電信業者，也能見賢韓國，透過電信寬頻技術之優勢，在智慧型裝置上，推動 UHD、VR 等 OTT 創新服務。

　　對於韓國付費電視市場來說，OTT 視訊服務的湧現，並非有線電視「剪線效應」（cord-cutting）的主要成因。因為韓國有線電視、衛星電視、IPTV 的月租費本

來就不高，付費電視業者本身亦推出 OTT 視訊服務。因此有線電視用戶數的衰退，原因應包括付費電視市場的激烈競爭。

根據研究調查，韓國付費電視營運商每個月從每用戶所得平均利潤（Average Revenue Per User, ARPU），只有 10,000 韓元左右。而 OTT 營運商的每個月 ARPU 值，也在 3,000～10,000 韓元之間，兩者相差無多（KDB Daewoo Securities, 2015）。韓國 KCC 主席 Choi Sung-joon 也指出，韓國 OTT 視訊服務雖已超過 3,000 萬用戶，然付費用戶比例僅維持在 10% 左右（國家通訊傳播委員會，2016 年 1 月 28 日），因此可推斷付費電視與 OTT 服務之間，尚未發生嚴重的取代性。韓國付費電視業者積極參進 OTT 市場，除了鞏固既有訂戶，也意在透過加值應用服務，開拓新收入來源。

在韓國，OTT 服務無須像傳統廣電業者或電信業者般，必須申請特許執照，韓國政府認定 OTT 為新興產業，以振興產業目標優先於管制，因此採取鬆綁，然而還是會引發諸多因市場競爭而衍生的管制課題。例如網路中立性議題，韓國電信營運商針對用戶使用 VoIP 應用程式來收取額外費用，或阻止他們的使用，目前依據韓國的判例是合法的。

對此網路中立性議題，許多國家會制定所謂的「零費率」（Zero-rating）規定，即行動網路營運商（Mobile Network Operators, MNOs）不得對終端消費者另外收取特定應用程式或網路服務（如 mVoIP）之數據傳輸費用（Seixas, 2015）。智利和荷蘭是全世界最早立法規範「網路中立性」與「零費率」原則的國家。韓國政府對於網路流量管理（Network Traffic Management）之政策變化，將牽動 OTT 視訊服務之後續發展。

由於網際網路服務的全球化特性，OTT 引發的競爭課題已超越國內管轄權，成為各國政府須共同面對之管理課題。面對全球 IP 流量持續攀升，如雲端服務、UHD 節目、與物聯網（IoT）等趨勢之下，電信業者勢必持續投注更多的資金在寬頻網路之升級，網路中立性的議題將更形重要，我國政府對此也必須及早因應。

挾著強大影音內容優勢，韓國業者 2016 年起也開始搶攻臺灣市場，憑藉的，正是韓國的文創軟實力。例如臺灣原生行動串流影音平台 CHOCO TV，已引入韓國 KBS、MBC 頻道。KKBOX 集團所成立 KKTV，更集結 CJ E&M 集團旗下

tvN、OCN，以及 KBS、MBC、SBS 五大戲劇頻道，韓國內容強占節目來源的四成（葉立斌，2016 年 7 月 7 日）。至於 Naver 旗下子公司 Line 所推出的免費視訊平台 Line TV，則熱播韓國綜藝節目及電視劇，吸引臺灣觀眾目光。足見 OTT 產業，除了本土發展，還有跨國競爭的本質。韓國經驗兼具了兩者，可為各國之借鑑。

📖 參考書目

KCC（2016 年 7 月 21 日）。〈2015 년도 방송사업자 시청점유율 산정결과〉。取自 http://eng.kcc.go.kr/user.do

MSIP（2016 年 11 月 15 日）。〈16 년 상반기 유료방송사업 가입자 수 및 시장점유율 공 〉。取自 http://www.msip.go.kr/web/main/main.do

Sylvia（2014 年 12 月 1 日）。〈韓國電視臺抵制 YouTube〉。取自 http://kpopn.niusnews.com/=K2sqeu65

財團法人台灣經濟研究院（2014 年 12 月）。《新興媒體內容治理架構之探討》。國家通訊傳播委員會委託研究報告。

陳彥龍、劉幼琍（2014）。〈國際數位電視與新媒體平台發展與政策比較〉。劉幼琍（編）《數位電視與新媒體平台之政策與發展策略》，頁 331-377。臺北：揚智。

葉立斌（2016 年 7 月 7 日）。〈KKBOX 推出 KKTV，力克愛奇藝、Netflix 夾擊〉。取自 http://www.setn.com/News.aspx?NewsID=162027

國家通訊傳播委員會（2016 年 1 月 28 日）。《出席 2015 年亞洲有線暨衛星廣播電視協會政策圓桌論壇及年會報告》。取自 http://report.nat.gov.tw/ReportFront/report_detail.jspx?sysId=C10500269

趙博（2016 年 12 月 15 日）。〈KAKAO 明年 2 月推出整合版 "KAKAO TV"〉。取自 http://www.jejuqunar.com/news/articleView.html?idxno=2891

Akamai (2016). *Q3 2016 state of the internet – Connectivity report*. Retrieved from https://www.akamai.com/us/en/multimedia/documents/state-of-the-internet/q3-2016-state-of-the-internet-security-report.pdf

Briel, R. (2016). *LG launches Channel Plus on smart TVs*. Retrieved from http://www.broadbandtvnews.com/2016/08/17/lg-launches-channel-plus-on-smart-tvs/

Cho, Jin-Young (2016). *CJ HelloVision Seeks to Be Leader in Broadcasting Market with Technology, Services*. Retrieved from http://www.businesskorea.co.kr/english/news/industry/16305-

broadcasting-platform-cj-hellovision-seeks-be-leader-broadcasting-market

Cho, Jin-Young (2015). *LG U+ Launches New LTE Video Portal and Smart Home System*. Retrieved from http://www.businesskorea.co.kr/english/news/ict/11214-integrated-video-streaming-lg-u-launches-new-lte-video-portal-and-smart-home-system

CJ E&M (2014). *Creating a new Culture*. Retrieved from http://www.cj.net/pr/data/brochure/CJ_Entertainment_Media_English.pdf

Deloitte (2016). *Global Mobile Consumer Survey 2016*. Retrieved from https://www2.deloitte.com/global/en/pages/technology-media-and-telecommunications/articles/global-mobile-consumer-survey.html

Ericsson ConsumerLab (2016). *TV and media 2016: The evolving role of TV and media in consumers' everyday lives*. Retrieved from https://www.ericsson.com/res/docs/2016/consumerlab/tv-and-media-2016.pdf

Hawkes, R. (2016). *Korea's pooq to stream CNN, Cartoon Network*. Retrieved from http://www.rapidtvnews.com/2016042942686/korea-s-pooq-to-stream-cnn-cartoon-network.html#axzz4SdMNUB78

Huawei (2016). *Mobile video report: Business models innovation drives mobile video monetization*. Retrieved from http://www.huawei.com/minisite/hwmbbf16/insights/huawei_mobile_video_report_european_mobile_video_forum_edition_aeptember_2016.pdf

Iglauer, P. (2015). *Naver to challenge YouTube dominance in South Korea*. Retrieved from http://www.zdnet.com/article/naver-to-challenge-youtube-dominance-in-south-korea/

ITU (2015a). *Measuring the information society report 2015*. Retrieved from http://www.itu.int/en/ITU-D/Statistics/Documents/publications/misr2015/MISR2015-w5.pdf

ITU (2015b). *ITU report on interactive multimedia services in Asia-Pacific 2015*. Retrieved from http://www.itu.int/en/ITU-D/Regional-Presence/AsiaPacific/Documents/Publications-Reports/Interactive_MM_service_EBAT3-376880.pdf

ITU (2016). *Measuring the information society report 2016*. Retrieved from https://www.itu.int/en/ITU-D/Statistics/Documents/publications/misr2016/MISR2016-w4.pdf

Jeong, Seung-lyang (2016). *Tving will be transferred to CJ E&M*. Retrieved from http://www.hankooke.co.kr/tving-will-be-transferred-to-cj-em/

Joffe, B. (2008). *What Asia can tell us about the future of TV and video*. Retrieved from https://www.slideshare.net/plus8star/future-of-tv-and-video-from-asia-presentation

Jung, Min-Hee (2015). *Samsung Electronics launches Smart TV service 'TV PLUS'*. Retrieved from http://www.businesskorea.co.kr/english/news/industry/12906-tv-plus-samsung-electronicslaunches-smart-tv-service-%E2%80%98tv-plus%E2%80%99

KBS (2017). *KBS launches high definition DMB service*. Retrieved from http://english.kbs.co.kr/about/Latest_at.html?No=8008611&page=4

KCC (2016). *KCC annual report 2015*. Retrieved from http://eng.kcc.go.kr/user/ehpMain.do

KDB Daewoo Securities (2015). *Media/Telecom service: The world of pay TV*. Retrieved from https://www.miraeassetdaewoo.com/bbs/maildownload/2015043014303294

Kim, Borami (2014). *Network Neutrality in S. Korea*. Retrieved from http://act.jinbo.net/wp/8351/

Kim, Thae-rae (2016). *The strategic approach towards broadcasting in the mobile world*. Retrieved from https://reutersinstitute.politics.ox.ac.uk/sites/default/files/The%20strategic%20approach%20towards%20broadcasting%20in%20the%20mobile%20world.pdf

Kim, Wonil & Lee, Kwang-Wook (2016). *The Technology, Media and Telecommunications Review* (6th Ed.). Korea chapter, pp215-226. Retrieved from http://www.yoonyang.com/chn/pr/paper_view.do?seq=857

KISA (2015). *Korea internet white paper 2015*. Retrieved from http://isis.kisa.or.kr/eng/ebook/EngWhitePaper2015.pdf

KISDI (2015). *2015 ICT industry outlook of Korea*. Retrieved from https://www.kisdi.re.kr/kisdi/upload/attach/Outlook_2015.pdf

KISDI (2016). *2016 ICT industry outlook of Korea*. Retrieved from https://www.kisdi.re.kr/kisdi/jsp/fp/eng/research/KE_25000.jsp

Korea Telecom (2016). *KT annual report 2015*. Retrieved from http://quicktake.morningstar.com/stocknet/secdocuments.aspx?symbol=kt

Lee, Sangjoo (2015). *Smart DMB based on Hybrid DMB*. Retrieved from https://www.itu.int/en/ITU-D/Regional-Presence/AsiaPacific/Documents/Events/2015/August-MTV/S5A_Sangjoo_Lee.pdf

Media Business Asia (2017). *D'Live pegs future on content, OTT*. Retrieved from http://www.mediabusinessasia.com/article.php?id=2214

Mirae Asset Daewoo (2016). *CJ HelloVision*. Retrieved from https://www.miraeassetdaewoo.com/bbs/download/207830.pdf?attachmentId=207830

Mirae Asset (2016). *Watch for mobile video market growth*. Retrieved from https://www.miraeassetdaewoo.com/bbs/download/214964.pdf?attachmentId=214964

MSIP (2016). *2016 annual report on the promotion of the Korean ICT industry*. Retrieved from file:///C:/Users/%E9%95%B7%E6%A6%AE%E5%B1%85%E5%A3%AB/Downloads/2016%20Annual%20Report%20on%20the%20Promotion%20of%20the%20Korean%20ICT%20

Industry(Summary)%20161213.pdf

Na, Yookwon (2016). *MBC and SBS to be excluded from HD DMB service.* Retrieved from http://www.ipnomics.net/?p=15811

Park, Hae-Jin (2016). *Over-The-Top (OTT) services in Korea.* Retrieved from https://www.itu.int/en/ITU-T/Workshops-and-Seminars/bsg/201609/Documents/OTT%20Services%20in%20Korea_BSG_HJP.pdf

Park, Kyung-Sin (2015). Administrative internet censorship by Korea Communication Standards Commission. *Soongsil Law Review, 33*, 91-115.

Robinson, J. (2014). *South Korea (Country Regulation Overview).* Retrieved from http://www.cisc.iii.org.tw/temp/cisc_document/19613/TE0007_000842.pdf

Seixas, P. (2015). *ITU aregnet regulation of OTT.* Retrieved from http://www.aregnet.org/ar/

Seo, Hye-Seung (2015). *Overview of KT's Mobile IPTV.* Retrieved from https://www.itu.int/en/ITU-D/Regional-Presence/AsiaPacific/Documents/Events/2015/August-MTV/S5B_Hye-Seung_Seo.pdf

SK Planet (2012). *SK Planet's hoppin introduces new screening room for movie fans.* Retrieved from https://www.skplanet.com/eng/prroom/press_view.aspx?seq_num=61

Song, Soon-Jin (2016). *Grab the OTTs: Korea's main OTT services.* Retrieved from http://koreanfilm.or.kr/jsp/news/features.jsp?blbdComCd=601013&seq=316&mode=FEATURES_VIEW

Walop, P & Webb, M. (2015). *ITU report on interactive multimedia services in Asia-Pacific 2015.* Retrieved from http://www.itu.int/en/ITU-D/Regional-Presence/AsiaPacific/Documents/Publications-Reports/Interactive_MM_service_EBAT3-376880.pdf

Yoon, Hee-seok (2014). *The pay TV industry competes to sell 'OTT' in the B2C market? signaling the restructuring of distribution.* Retrieved from http://english.etnews.com/news/article.html?id=20140911200003

Yoon, Sung-Won (2015). *CJ Hellovision chief pledges to boost internet TV service.* Retrieved from http://www.koreatimes.co.kr/www/news/tech/2015/04/133_177833.html

Yoon, Sung-Won (2016). *SK broadband to strengthen original content.* Retrieved from http://www.koreatimes.co.kr/www/news/tech/2016/01/133_196444.html

第七章　日本OTT TV的經營模式與政策法規

台灣經濟研究院研究四所所長　劉柏立

前　言

　　伴隨數位化與寬頻化之技術進步，不僅增進寬頻網路數位匯流之普及發展，更促使寬頻網路創新應用服務應運而生，例如「Skype」提供可與傳統電話服務相比擬的語音服務（Voice over IP, VoIP）；「Netflix」提供可與傳統影視服務相比擬的視訊服務（Video On Demand, VOD）；而「PayPal」更提供較傳統金融機關更為便捷的支付服務，顛覆了傳統的既有服務模式，增進全球電子商務的蓬勃發展。此等藉由寬頻網路而發展出來的創新應用服務一般泛稱為「OTT」。

　　所謂「OTT」（Over the Top），原來係引用自「目視飛航規則」（Visual Flight Rules, VFR）的專有名詞「VFR over-the-top」的概念（平林立彥，2011），是指飛行員在雲端之上，一望無際，沒有任何視覺障礙的目視駕駛飛行；而寬頻網路（網際網路）是典型的泛用技術（General Purpose Technology, GPT），可有效提升社會經濟所有活動的生產力（野口悠紀雄、遠藤諭，2008），凡具有創意者皆可運用寬頻網路開發創新應用服務，如同在雲端之上，自由翱翔，沒有障礙，蘊含無限的發展機會。

　　若以歐盟為因應數位匯流之網路層級架構監理思維觀之，通訊傳播可以區分有「網路層」（Electronic Communications Network, ECN）、「服務層」（Electronic Communications Service, ECS）以及「內容層」（content）等三層級，其中「網路層」與「服務層」列為通傳政策之監理範圍，管制強度相對較高；「內容層」則在監理範圍外，不存在市場進入障礙，發展自由度相對較高（劉柏立，2004），在寬頻網路上的創新應用服務「OTT」皆屬於「內容層」的服務，例如「Skype」的語音服務被稱之為「OTT-A」；「Netflix」的視訊服務則被稱之為「OTT-V」。因此用「OTT」的概念稱呼寬頻網路上的創新應用服務，自有其不受監理規範，創意無限的解放性聯想，頗具時代性發展意涵。

　　一般而言，按服務屬性之不同，「OTT」可大分為有「通訊類」（如 Skype、LINE、WeChat 等）；「視訊類」（如 Netflix、YouTube 等）；「商務類」（如 PayPal、Amazon 等）以及「社群媒體類」（Facebook、Twitter 等）等四大類別，相對於傳統的通訊傳播服務，「OTT」基本上並無受到監理面的規管束縛且可提供全球性的

相關服務，一方面突顯其創新應用的時代性意義；另一方面則又衝擊到傳統的通訊傳播服務。因此，各國主管機關對於「OTT」的發展，按其國家利益與政策思維之不同，所抱持的態度也不一樣。

例如美國擁有強大的網路資源與網路優勢，「Global Tier 1」、「Hyper Giants」乃至於「Big OTT」多集中於美國，是網際網路商用化發展以降，全球最大的利益者（參見表 7-1），為確保「OTT」的發展優勢，美國政府特別提出「網路中立（network neutrality）」政策，全面支持「OTT」不受限制的發展環境（FCC, 2015）；中國大陸則以「網路長城」的圍堵策略（Reddy, Zheng & Dong, 2015），限制外來「OTT」（主要來自美國），扶植本土「OTT」；歐盟則考量「OTT」（主要來自美國）對既有通訊傳播服務的衝擊影響，而探討是否應適用相關規管措施，裨益公平競爭與消費者權益之確保（BEREC, 2016）。

表 7-1　全球 Gig OTT 發展規模比較（2013 年）

	營業額（10 億美元）	獲益率	營業額成長率
Apple	176	28.6%	4.7%
Microsoft	83	32.8%	-0.4%
Amazon.com	78	0.9%	22.8%
Google	61	23.8%	19.1%
eBay	17	20.8%	13.7%
Tencent Holdings Ltd.	10	31.7%	43.8%
Facebook	9	39.3%	71.6%
Baidu	6	32.0%	59.4%
Yahoo!	5	9.3%	-0.7%
Netflix	5	6.4%	24.0%
Rakuten	5	16.3%	8.9%
Zynga	3	-16.8%	-28.0%
IAC/InterActice	3	13.7%	-0.3%
Groupon	3	1.3%	26.0%
AOL	2	8.2%	13.3%

	營業額（10 億美元）	獲益率	營業額成長率
DeNA	2	41.1%	46.3%
Shanda Games	2	36.9%	-3.2%
LinkedIn	2	1.4%	45.7%
CyberAgent	2	7.9%	-12.0%
Sohu.com	1	3.0%	18.8%
NetEase	1	46.2%	17.8%
Chhangyou.com	1	23.5%	1.8%
Yandex	1	31.0%	18.9%
TripAdvisor	1	30.4%	22.2%
GREE	2	35.4%	-14.1%

資料來源：引自總務省（2015），p71。

　　由此可知，原來具有不受監理規範，創意無限的解放性聯想的寬頻網路創新應用服務「OTT」（源起於美國），在提供跨國服務的時候，或有可能會因國家利益之理由，遭遇到不同的發展待遇。

　　如前所述，按服務屬性之不同，「OTT」得有四大類別的服務型態。本章之目的主要配合本書整體架構規劃，特針對日本「OTT 視訊媒體」的經營模式與政策法規，進行分析介紹；其他類別「OTT」的分析探討，則不在本書章節規劃範圍內。

　　此外，本章標題為配合本書書名雖定為「OTT TV」，但筆者基於如次理由，內文採以「OTT-V」呈現：

- 日本社會對於串流視訊通常少用 OTT，一般使用「動畫配信」名之。最近會使用 OTT 的原因，主要是受到 NetFlix、Amazon 等服務的影響，而該等服務就是典型的「OTT-V」。
- 動畫的日文漢字為「動画」；外來語為「ビデオ」；英文就是「Video」。
- 日本若使用 OTT 的話，通常係以「OTT-V」表達，因為 Video 和 TV 本質上有所不同。一般對於 TV 的概念是有節目表、一對多播送、對社會的影響力大；但「OTT-V」則僅表示 VOD（視訊隨選），僅對特定用戶提供視訊隨選服務，屬於透過電信網路提供內容的服務範疇。

• 就法律面而言，日本「放送法（Broadcast Act）」把 IPTV（例如我國 MOD 有節目表的內容）服務視同 CATV，被定位爲「一般放送」；IPTV 若還有提供 VOD 服務者，則該 VOD 服務不列爲 IPTV 範疇，屬於「OTT-V」，不在日本「放送法」的規管範圍內。

基於前述認知，本章內容首先從日本「OTT-V」的發展歷程進行回顧分析，闡述介紹發展現況；然後針對日本「OTT-V」的主要經營模式進行歸納彙整，提供分析說明；最後則就政策法規面探討分析日本「OTT-V」之相關議題，裨益讀者對本章主題之理解與參考。

第一節　日本 OTT TV 之發展現況

一、「OTT-V」的定義與特色

如前所述，「OTT」係泛指寬頻網路上創新應用服務的一種概念；若從網路層級架構的觀點而言，就是指網路最上位的內容層的相關服務，並未賦予特別的學術性嚴謹定義。

歐盟的「歐洲電子通訊監管機構」（Body of European Regulators for Electronic Communications, BEREC）在 2016 年所發表的「OTT 服務報告」（Report on OTT services）中，把「OTT 服務」定義爲：「藉由網際網路對終端用戶提供內容、服務或應用」；並如圖 7-1 所示，區分有「OTT-0」，可視同「電子通訊服務」（electronic communication services, ECS）；「OTT-1」，非 ECS 但與 ECS 具有潛在競爭性；「OTT-2」，泛指其他 OTT 服務（BEREC, 2016）。由此可知，本章所探討的「OTT-V」被列爲「OTT-2」的分類，非屬通訊服務，也因此不適用歐盟通訊服務的相關規範。

一般而言，日本社會不流行使用「OTT」的概念用語。日本通訊傳播主管機關「總務省」基於相關產業分析之目的，把「OTT」定義如次（總務省，2017）：「泛指本身不擁有通訊網路，提供內容等遞送服務的上位產業層之企業，包含 SNS 及智慧型手機應用內容之業者」。換言之，日本所定義的「OTT」也是從網路層級架構的概念，泛指網路最上層提供內容、服務或應用的業者。

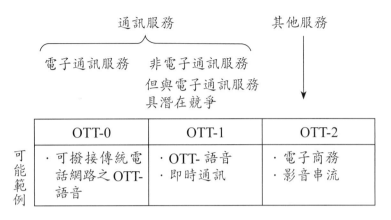

圖 7-1　歐盟對「OTT」分類示意圖

資料來源：引自 BEREC（2016），p16。

　　本章所探討的「OTT-V」，在日本一般稱之為「動畫配信」（video delivery; video distribution）、視訊遞送（分送）。日本業界對於「動畫配信」（OTT-V）的定義，基本上與國際知名智庫 eMarketer 對於「OTT-V」的定義一致：「任何應用程式或網站藉由網際網路且不經由傳統播送途徑而提供串流視訊內容之服務」；所謂「傳統播送途徑」就是指無線電視、有線電視或衛星電視等傳統廣播電視媒體（eMarketer, 2015）。

　　換言之，「OTT-V」服務的接取途徑，不與傳統廣電媒體相重疊，是透過網際網路串流技術而實現的新興視訊服務，與傳統廣電媒體的播送模式截然不同；正由於「OTT-V」是藉由網際網路而興起的創新應用服務，本質上係依存於寬頻網路建設之普及度而成長發達，並對網路流量做出重要貢獻。

　　依據國際知名廠商 Cisco（2016a）所發表的網路流量趨勢分析顯示，1997 年全球網際網路流量（Global Internet Traffic）平均每小時 100GB，2015 年則為 20,235Gbps，預估至 2020 年時將成長為 61,386Gbps（參見表 7-2）。

表 7-2　全球網路流量趨勢

年份	全球網路流量	年份	全球網路流量
1992	100 GB per day	2007	2,000 Gbps
1997	100 GB per hour	2015	20,235 Gbps

年份	全球網路流量	年份	全球網路流量
2002	100 GBps	2020	61,386 Gbps

資料來源：引自 Cisco（2016a），p4。

　　2020 年全球全年的網路流量預估將成長為 2.3ZB 規模，而 2015 年至 2020 年之全球全年的網路流量年均成長率（Compound Annual Growth Rate, CAGR）預估為 22%（參見表 7-3）。

　　一般而言，在全球網際網路的流量中，視訊流量所占的比重最高，約在 80% 到 90% 間，具有重要的意義；所謂「Content is King」的另外一層意義，實際上就是從網路流量的觀點，賦予視訊內容重要的定位。理由是：「在網際網路的世界中，流量大者恆占有優勢地位」（劉柏立，2012）。Cisco 預估到 2020 年時，視訊流量將占全球網際網路流量的比重為 82%（Cisco, 2016b）。

表 7-3　全球網路流量成長趨勢預測（2015〜2020）

	2015	2016	2017	2018	2019	2020	GAGR 2015〜2020
按網路類型別（單位：PB／每月）							
固網	49,494	60,160	73,300	89,102	108,102	130,758	21%
可管理式網路	19,342	22,378	25,303	28,155	30,750	33,052	11%
行動數據	3,685	6,180	9,931	14,934	21,708	30,564	53%
按部門別（單位：PB／每月）							
消費者	58,539	72,320	89,306	109,371	133,521	162,209	23%
企業	13,982	16,399	19,227	22,729	27,040	32,165	18%
按地區別（單位：PB／每月）							
亞太地區	24,827	30,147	36,957	45,357	55,523	67,850	22%
北美地區	24,759	30,317	36,526	43,482	50,838	59,088	19%
西歐地區	11,299	13,631	16,408	19,535	23,536	27,960	20%
中歐與東歐地區	5,205	6,434	8,116	10,298	13,375	17,020	27%
拉丁美洲	4,500	5,491	6,705	8,050	9,625	11,591	21%

	2015	2016	2017	2018	2019	2020	GAGR 2015～2020
中東與非洲地區	1,930	2,698	3,822	5,380	7,663	10,865	41%
總計（單位：PB／每月）							
全球網際網路流量	72,521	88,719	108,533	132,101	160,561	194,374	22%

註：PB = Petabytes = 10^{15} 位元組
資料來源：引自 Cisco（2016b），p10。

二、日本「OTT-V」的發展歷程

如前所述，「OTT-V」既然是基於寬頻網路而發達，日本「OTT-V」的發展亦不例外。日本最早的「OTT-V」始於 2000 年底，大致與 NTT 東日本公司推出「ADSL」定額制寬頻接取服務（即吃到飽的寬頻上網服務）的時間相當（NTT 東日本，2000）。但當時的服務內容，主要是以限制級的成人片內容與卡通影片為主流，規模不大。

直到 2005 年寬頻用戶數超過 2,000 萬戶時，這時也是「Web 2.0」興起的時代，一般民眾才開始意識到網路視訊服務的存在，尤其是「YouTube」服務之推出，備受矚目。鑒於寬頻網路已臻普及（參見圖 7-2），日本的有線電視業者、無線電視業者以及電視機廠商乃開始投入「OTT-V」的服務開發與應用。

首先在有線電視方面，「J:COM」在 2005 年 3 月率先推出「OTT-V」服務，主要係以其既有訂戶為對象，提供「VOD」視訊隨選服務，並以此為契機，影響帶動其他有線電視業者、「IPTV」業者效仿推出「OTT-V」服務。

順帶一提，「IPTV」的概念有廣義的和狹義的定義，一般而言，凡利用「網際網路協議」（Internet Protocol, IP）提供類似電視播送（TV-like Services）的通訊服務，即可視為「IPTV」，此是為 IPTV 廣義定義的一般性概念；而狹義的定義則是限定於有節目表，有品質保證的線性視訊服務，但不包含「VOD」服務（EU, 2005）。

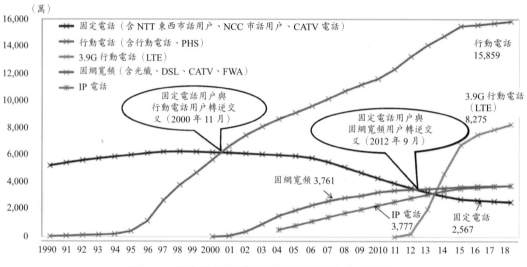

圖 7-2　日本電信事業相關服務用戶數成長趨勢

資料來源：引自總務省電氣通信紛爭處理委員會（2017）。

　　日本主管機關「總務省」所認定的「IPTV」係採狹義的定義，具體而言，就是把依據「電氣通信役務利用放送法」（中譯：利用電信服務放送法。筆者註：該法現已廢除，相關精神已納入 2010 年通過的「放送法」修正條文）以「IP Multicast」技術提供有線播送服務的「IPTV」業務屬性視同有線電視服務。若以我國中華電信所提供的「MOD」為例，則有節目表的服務內容可視為「IPTV」，等同有線電視服務；但「VOD」視訊隨選服務則非屬「IPTV」，等同「OTT-V」服務（劉柏立，2014a）。

　　其次在無線電視方面，日本無線電視公司也是在 2005 年開始運用網站提供「OTT-V」服務，例如「日本テレビ」（日本電視公司）於 2005 年 10 月開始以「第 2 日本テレビ」的品牌推出「OTT-V」服務，早期是以該電視臺既有的節目內容提供收費的「OTT-V」服務；其後至 2008 年 10 月則改採免費的服務模式，藉由廣告獲利。

　　至於公共電視方面，為使 NHK 得能提供 OTT 視訊服務，日本於 2007 年通過「放送法」修正案，凡播送過的電視節目，皆可藉由電信網路（即網際網路）提供一般使用。法規修正鬆綁後，NHK 乃於 2008 年 12 月正式推出視訊隨選服務「NHK On Demand」，其收費方式有「按次計費」及「每月定額吃到飽」等選項。

由於 NHK 為公共電視，依法定期向設有收視設備之民眾徵收收視費（「放送法」第 64 條），為保障沒有上網收看「NHK On Demand」之民眾的公平權益，NHK 經營「NHK On Demand」之業務費用，不得動用收視費所徵收之經費；但節目製作費則可取自收視費所徵收之經費，在法制上被嚴格規範有明確的會計義務（詳見「放送法」第 73 條）。

　　另外在電視機製造廠商方面，松下電器與 Sony 兩大廠最先於 2006 年 7 月共同出資成立連網電視平台，其後夏普、東芝、日立等三家業者也出資共同參與，結果松下電器（出資比例 35%）、Sony（同 35%）、夏普（同 10%）、東芝（同 10%）、日立（同 10%）等五大電視廠商共同出資成立的視訊平台「acTVila」於 2007 年 2 月開始提供「OTT-V」服務，凡購買「acTVila」機種的電視機，只要接有寬頻網路，即可藉由「acTVila」視訊平台接取「OTT-V」之影片觀賞服務，此是為連網電視的服務模式（參見圖 7-3）。

類別	生活資訊服務 acTVila 基本服務 acTVila Basic	視訊遞送服務 acTVila Video 服務 acTVila Video	acTVila VideoFull	acTVilaVideo Download	acTVilaVideo DownloadFull
顯示畫面					
內容	文字、靜止畫面	影像／文字、靜止畫面	全畫面影像／文字、靜止畫面	全畫面影像／文字、靜止畫面	全畫面影像／文字、靜止畫面
視訊遞送方法	—	串流型	串流型	下載型	下載型
文字、靜止畫面顯示	○	○	○	○	○
視訊遞送	×	○	○	○	○
全畫面顯示	×	×	○	○	○
視訊保存	×	×	×	△	○
接取環境與速率	FTTH、ADSL CATV 等	實效速率 6Mbps	推薦光纖網路 FTTH；實效速率 12Mbps		

Panasonic SONY SHARP HITACHI TOSHIBA DX BROADTEC EIZO
MITSUBISHI SANYO maxell FUNAI BUFFALO I-O DATA Victor·JVC LG Life's Good

圖 7-3　acTVila 平台服務示意圖

資料來源：引自劉柏立（2010）。

　　前述有線電視業者、無線電視業者以及電視機廠商所推出「OTT-V」服務的差別，在於有線電視業者把「OTT-V」定位爲「多頻道節目服務」的延伸，藉由機上盒（set-top box, STB）與有線電視對既有的訂戶提供服務；無線電視業者則是藉由網際網路與個人電腦（當時行動上網頻寬條件尚不充分）對一般上網民眾提供服務；而電視機廠商則是建立連網電視的技術規格與視訊平台提供消費者「OTT-V」服務（劉柏立，2014b）。

　　日本於此階段的「OTT-V」服務受限於授權問題，因此可提供的節目內容相對有限；另一方面，由於當時高速寬頻網路環境尚未普及，「OTT-V」節目內容的傳輸品質並不理想，因此當時「OTT-V」的市場並不熱絡，用戶數成長有限；而電視公司內部對於「OTT-V」之發展亦有抱持否定立場的態度。

　　尤其是在「YouTube」以及「ニコニコ」（niconico）等提供「視訊分享服務」（video hosting service）的 OTT 出現後，一方面電視節目內容被非法上傳；但另一方面卻可藉由網路上傳而有效提高節目收視率，此等矛盾現象，使得電視業者一方面和 OTT 業者紛爭不休；但另一方面卻也逐漸務實地面對既成事實，最後乃容忍合法的網路上傳。

　　由此可知，從 2005 年至 2010 年間，日本「OTT-V」的發展主體，主要是有線電視業者、無線電視業者以及電視製造商，各自從既有的服務思維，運用網路延伸發展「OTT-V」。其後，伴隨行動寬頻網路傳輸速率的提升以及智慧型手機的普及，NTT docomo、KDDI、SoftBank 等日本三大行動電話業者亦開始投入「OTT-V」的市場開發，爲日本「OTT-V」的市場發展帶來新的競爭局面。

　　首先，在 NTT docomo 所推出的「OTT-V」服務方面，NTT docomo 最早於 2009 年 5 月開始提供「dTV」視訊隨選服務，凡擁有 NTT docomo 的智慧型手機或平板（日本當時的行動電話是服務綁手機）的用戶皆可申請 NTT docomo 的「OTT-V」服務（月租費 500 日圓）。截至 2015 年 4 月底爲止，「dTV」所提供的視訊內容約有 23,000 部劇作，120,000 集內容；涵蓋西片、日片、亞洲片、外國連續劇、日本連續劇、亞洲連續劇、卡通影片、音樂等內容。至 2013 年 8 月底，「dTV」的會員數已突破 450 萬人；至 2016 年 3 月底，會員數已超過 500 萬人號稱日本國內定額制「OTT-V」的最大業者（石井徹，2016）。

　　其次，在 KDDI 所推出的「OTT-V」服務方面，KDDI 於 2012 年 5 月推出「ビデオパス」（Video-Pass）視訊隨選服務，凡擁有 KDDI 的智慧型手機或平板（日本當時的行動電話是服務綁手機）的用戶皆可申請 KDDI 的「OTT-V」服務（月租費 562 日圓）。當時「Video-Pass」所提供的視訊內容約 1,000 部劇作，3,000 集內容；2015 年 8 月 KDDI 與朝日電視共同發表合作協議，KDDI 未來不僅將在其「Video-Pass」平台提供朝日電視臺連續劇的視訊服務，雙方亦將合作共同製作節目，充實視訊內容，確保競爭優勢；目前 KDDI「Video-Pass」的會員數約 100 多萬人。

　　最後，在 SoftBank 所推出的「OTT-V」服務方面，SoftBank 於 2013 年 2 月推出「UULA」視訊隨選服務，以其智慧型手機的用戶為對象（月租費 467 日圓）。當時「UULA」所提供的視訊內容超過 60,000 部劇作以及 100,000 集內容，會員數在 2015 年 4 月時達到最高峰（157 萬人），但其後逐月遞減，截至 2016 年 10 月底時，僅有 62 萬人。SoftBank 基於營運虧損以及與「Netflix」策略合作的考量，遂於 2016 年 2 月轉讓股權退出經營，「UULA」自同年 12 月起停止服務申請，並於 2017 年 3 月底全面停止服務，退出市場（ソフトバンク，2015）。

　　除了前述三大行動電話業者投入「OTT-V」市場外，2008 年發源美國的 OTT 業者「Hulu」於 2011 年 8 月開始在日本提供服務（月租費 1480 日圓）。相對於行動電話業者在用戶申裝簽約時，可同步進行加購視訊服務之促銷活動；「Hulu」則須仰賴自力宣傳，招攬用戶，相對艱辛。「Hulu」是由電視公司與電影公司共同成立的隨選視訊平台，擁有比「YouTube」更豐富的影片內容，在「OTT-V」的市場規模僅次於「YouTube」，排名第二，在全美「OTT-V」的前十大中，成長最迅速，頗具競爭力（Nielsen Online, 2009）。

　　2012 年 4 月「Hulu」把月租費調降為 980 日圓，積極擴大爭取用戶，但於 2014 年 2 月美國「Hulu」把在日業務轉讓給「日本電視」，並提供品牌與技術授權，自此「Hulu」成為「日本電視」的子公司，至 2015 年 3 月底日本用戶數突破百萬戶；至 2016 年 3 月底則成長為 160 萬戶。2015 年 5 月「Hulu」與富士電視簽約合作，共同發展「OTT-V」，相互提供影視內容，自此「Hulu」用戶可觀賞富士臺的節目內容；2016 年 2 月「Hulu」與 HBO 簽約合作，獨占 HBO 在日本國內的影片視訊服務。

　　長期以來，節目內容一直是電視業界的招牌強項，外來「OTT-V」入侵日本後，意味著未來的節目內容將以單體之姿，浮游於茫茫的網路大海中。因為當時廣告業務的絕對性指標就是即時性的節目收視率，因而激發電視業界的危機意識，開始尋求與外部平台的策略性合作。

　　例如「日本電視」、「朝日電視」、「TBS 電視」、「東京電視」、「富士電視」等五大電視業者與四大廣告代理業者（「電通」、「博報堂 DYMP」、「ADK」、「東急代理」）於 2015 年 10 月共同出資成立「TVer」平台，提供「有廣告的免費視訊服務」（由電視公司提供已播放 1 週後的節目內容），旨在防範、對抗非法視訊節目。

　　如前所述，「Hulu」自 2011 年打進日本「OTT-V」市場後，衝擊日本視訊服務業界生態，並促使日本本土業者採行聯合策略，共同建置「TVer」平台以茲因應。截至 2016 年 12 月底為止，「TVer」之累計下載次數已超過 500 萬次，然而就其實際使用情況的調查結果觀之，「TVer」的發展情況存在努力空間（參見圖 7-4）。

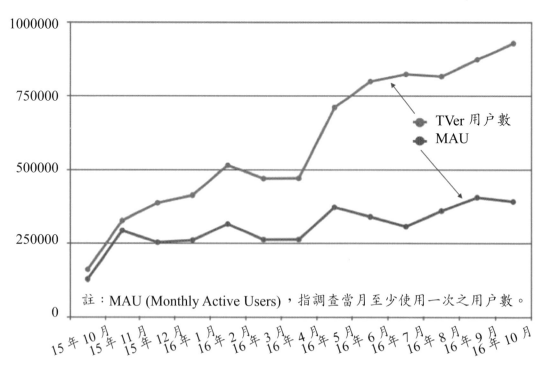

圖 7-4　「TVer」用戶數與 MAU 之變動趨勢

資料來源：塚本幹夫（2016）。

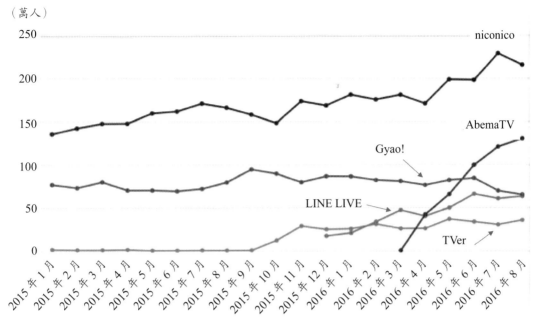

（萬人）

圖 7-5　主要有廣告免費視訊服務之 MAU 變動趨勢

資料來源：塚本幹夫（2016）。

　　進一步比較與「TVer」同屬性的其他「有廣告免費視訊服務」之用戶情況，則如圖 7-5 所示，其有效用戶數（Monthly Active Users，MAU：指調查當月至少使用一次之用戶數）在主要比較標的「OTT-V」中，敬陪末座，顯示「TVer」之未來發展仍存在努力空間，有待持續觀察。

　　觀察日本「OTT-V」之發展情況，對日本視訊業界最大的震撼，當在於 2015 年 2 月「Netflix」宣布進軍日本市場並於同年 9 月開始在日本提供服務。2015 年除了「Netflix」之外，還有「Amazon」也進軍日本提供「OTT-V」服務，影響深遠，因此日本把 2015 年稱之為「OTT 元年」（柴田厚，2016）。

　　「Netflix」是全美最大的「OTT-V」業者，1997 年以錄影帶出租業者起家，2007 年開始藉由網際網路轉型提供串流視訊服務。當初的服務內容係以電影、電視節目為主，從 2011 年開始積極投入節目自製，同時也與派拉蒙（Paramount Pictures）、華特迪士尼（Walt Disney Pictures）等電影公司合作，充實「OTT-V」的視訊內容，且以每月 7.99 美元極具競爭力的費率擴大用戶群，導致美國 CATV 的原訂戶出現鬆動解約的現象，改變了美國民眾既有的影視收看習慣。

「Netflix」成功崛起的背景，實有賴寬頻網路（含行動寬頻）、連網電視、智慧型手機等技術進步諸條件的配合，實現無障礙 OTT 視訊服務的健全發展（劉柏立，2016）。另一方面，美國「OTT-V」市場除了「Netflix」之外，尚有前已介紹的「Hulu」以及其他如「Amazon」、「Comcast」、「Verizon」等知名企業爭相投入，市場競爭激烈。

基於未來市場或將飽和成長趨緩以及 OTT 服務無國界的特性，「Netflix」乃於 2010 年開始進軍加拿大，2014 年開始進軍歐盟國家，2015 年正式進軍日本，並於 2016 年進軍紐西蘭、澳大利亞、韓國、臺灣、香港等國家地區，來勢洶洶。截至 2016 年初，「Netflix」已於全球 130 個國家提供「OTT-V」服務，超過 190 個國家可以收看「Netflix」的視訊內容。

相對於早期「Hulu」進軍日本時，日本本土相關業界採取防禦性措施以茲因應（如共同成立「TVer」平台等）；日本業界對於「Netflix」未必全然抱持敵視態度，毋寧以合作歡迎之立場居多。例如「富士電視」（フジテレビ，2015）、「SoftBank」（ソフトバンク，2015）皆與之簽有合作協議，期能開創互惠雙贏之發展契機。

第二節　日本 OTT TV 之經營模式

一、日本「OTT-V」服務之分類

截至 2016 年底為止，日本「OTT-V」市場結構，可以按服務提供者（service provider, SP）之屬性，彙整歸納如表 7-4 所示十一大類，主要經營模式，分析如後。

表 7-4　日本主要「OTT-V」服務彙整（按 SP 屬性分類）

●電視業者	●多頻道業者（CATV、IPTV）
➢ NHK オンデマンド	➢ au ひかり（テレビサービス ビデオ）
➢ TBS オンデマンド	➢ J:COM オンデマンド
➢ TVer	➢ スカパー！オンデマンド
➢ WOWOW メンバーズオンデマンド	➢ ひかり TV ビデオ
➢あにてれしあたー	
➢テレビ東京オンデマンド	●平台業者
➢テレビ東京ビジネスオンデマンド	➢ Amazon ビデオ
➢テレ朝動画	➢ Amazon プライムビデオ
➢フジテレビオンデマンド	➢ Google Play 映画＆テレビ
➢日テレオンデマンド	➢ iTunes Store

●電信業者 ➤ dTV94 ➤ d アニメストア ➤ UULA ➤ アニメ放題 ➤ ビデオパス	●錄影帶出租業者 ➤ DMM.com ➤ TSUTAYA TV ➤ ゲオチャンネル
● OTT 專業業者 ➤ Hulu ➤ Netflix	●遊戲業者 ➤ Microsoft Movies & TV ➤ プレイステーション ビデオ
●製造廠商 ➤ PlayStation Store ➤ XBOX Video ➤ アクトビラ	●内容内者 ➤ バンダイチャンネル ➤ 東映アニメオンデマンド ➤ 新日本プロレスワールド
● IT 業者 ➤ Abema TV ➤ GYAO! ストア ➤ U-NEXT ➤ 樂天 SHOWTIME	●視訊分享/即時視訊 ➤ LINE LIVE ➤ Ustream ➤ YouTube ➤ ニコニコ動画

資料來源：本研究綜合彙整。

二、日本「OTT-V」服務之經營模式

「OTT-V」之服務提供，得有不同的業種提供各自開發的相關服務，從表 7-4 可知，日本「OTT-V」之服務提供者包含：電視業者、電信業者、OTT 專業業者、多頻道業者（含 CATV、IPTV）、製造廠商、平台業者、IT 業者、錄影帶出租業者、遊戲業者、內容業者、視訊分享業者（即時視訊業者）等多元發展。

至於「OTT-V」之經營模式，固然得按其所擁有的內容優勢、技術優勢乃至於價格優勢等條件設定最有利的經營模式，基本上，可按其收費方式或是否針對既有契約用戶等條件，區分有「定額吃到飽模式」（Subscription Video On Demand, S-VOD）、「按次付費模式」（Transactional Video On Demand, T-VOD）、「有廣告免收費模式」（Advertising Video On Demand, AD-VOD）、「電子銷售模式」（Electronic Sell Through, EST）以及「既有契約用戶模式」等五大類，但不必然限於單一經營模式，得按經營策略設定不同組合之經營模式，分述如下（Chris Roberts，2015）。

• 「定額吃到飽模式」，可以「Hulu」和「Netflix」為代表，每月支付定額月租

費，即可享有吃到飽的視訊隨選服務。

- 「按次計費模式」可以前述「NHK On Demand」為代表，按消費者自己的喜好選片觀賞，每部片子費用從 100 日圓到 300 日圓不等（不含稅），按次計費。

- 「有廣告免收費模式」可以前述「TVer」為代表，除了需上網收看外，感覺就和收看電視一樣，收看途中會有廣告插播。

- 「電子銷售模式」可以「Amazon Video」為代表，視訊內容可從 Kindle Fire、iPad、iPhone、Android Phone 購得，所購買的視訊內容可保存於視訊圖書館，可隨時透過網路瀏覽器、iPhone、iPad、Fire、Android Phone 或連網電視收看。

- 「既有契約用戶模式」主要是以電信業者或多頻道業者（含 CATV、IPTV）對其既有用戶提供視訊隨選服務。

日本「OTT-V」之經營模式既如前述，基本上可以區分有五大類，然而就實務面而言，得以不同的組合模式提供服務，茲歸納彙整日本主要「OTT-V」之經營模式如表 7-5。

表 7-5　日本主要「OTT-V」之經營模式

電視業者		多頻道業者（含 CATV、IPTV）		電信業者	
FOD（フジテレビオンデマンド）	AD・T・S	iTSCOM オンデマンド	既	dTV	S・T
NHK オンデマンド	T・S	J SPORTS オンデマンド	既	d アニメストア	S
TBS オンデマンド	AD・T・S	J:COM オンデマンド	既	UULA	既・S
TVer	AD	milplus	既・S・T	アニメパス	S
テレビドガッチ（2016/03 服務終止）	AD・T・S	TOKAI オンデマンド	既	アニメ放題	既・S
テレビ東京オンデマンド	AD・T	WOWOW メンバーズオンデマンド	既	ビデオパス	既・S・T
テレ朝動画	AD・T・S	スカパー！オンデマンド	既・S・T		
ビジネスオンデマンド	S	ひかり TV テレビオンデマンド	既・S・T		
日テレオンデマンド	AD・T・S				
OTT 專業業者		電子商務業者			
Hulu	S	Amazon		製造廠商	
Netflix	S	インスタント・ビデオ	T・E	acTVila	S
U-NEXT	S・T	プライム・ビデオ	(S)	PlayStation Store	T
錄影帶出租業者		樂天 SHOWTIME	T・S・E	XBOX Video	T
TSUTAYA TV	T・S・E	内容業者		平台業者	
DMM.com	T・S	BANDAI CHANNEL	T・S	GYAO!	AD
ゲオチャンネル	T・S	bonobo	T・E	Google Play	T・E
視訊分享業者		YNN	T・S	GYAO! ストア	T・S
YouTube	AD	東映アニメオンデマンド	T・S	i Tunes Store	T・E
ニコニコ動画	AD・S	東映特撮ファンクラブ	S		

※AD：有廣告免收費模式 /E：電子銷售模式 /S：定額吃到飽模式 /T：按次付費模式 / 既：既有契約用戶模式。

三、日本「OTT-V」服務之市場規模

為掌握日本國內影視產業市場規模，「日本映像軟體協會」（Japan Video Software Association, JVA；中譯「日本影視軟體協會」）把消費者支付對價收看影視內容之「付費視訊市場」定義為「影視軟體市場」，定期實施「影視軟體市場規模與消費者使用動向調查」。此項調查在 2012 年以前僅以「影視軟體」市場（DVD 與 BD-Video）為對查對象；鑒於「OTT-V」之興起，乃自 2013 年以降，新增「有料動畫配信市場」（中譯：「網路付費視訊市場」，亦即本章所探討之付費「OTT-V」市場）。

依據 JVA2016 年 4 月所發表的調查成果顯示，2015 年日本全國「影視軟體市場」（含 DVD 與 BD-Video 之「銷售市場」與「出租市場」以及「網路付費視訊市場」）規模為 5,136 億日圓，較 2014 年成長 102.6%。影視軟體（DVD 與 BD）的市場規模為 4,175 億日圓，較 2014 年成長 95.1%，其中銷售市場規模為 2,234 億日圓，成長率為 97.7%；出租市場為 1,941 億日圓，成長率為 92.3%。付費「OTT-V」市場則為 961 億日圓，較 2014 年成長 156.5%，顯示日本「OTT-V」市場成長快速（參見圖 7-6）。

若按「影視軟體」之購買、租借以及線上（OTT-V）的使用情況觀之，2015 年的整體使用率為 43.7%，較 2014 年減少 2.7%；主要原因是 2014 年有熱門的暢銷作品「アナと雪の女王（冰雪奇緣）」，導致 2015 年之軟體購買率與租借率較 2014 年為低。再就「影視軟體」的購買率觀之，大致與 2013 年相當；租借率則呈現長期遞減的衰退趨勢；付費「OTT-V」的使用率則呈現明顯的成長趨勢（參見圖 7-7）。

觀察消費者之平均使用金額與平均購買、租借以及網路觀賞片數之發展情況，從圖 7-8 與圖 7-9 可知，實體影視軟體購買成本相對較高；消費者透過網路觀賞付費影片數相對較多。由此可知：相對於實體影視媒體（DVD 與 BD），「OTT-V」較具競爭優勢。

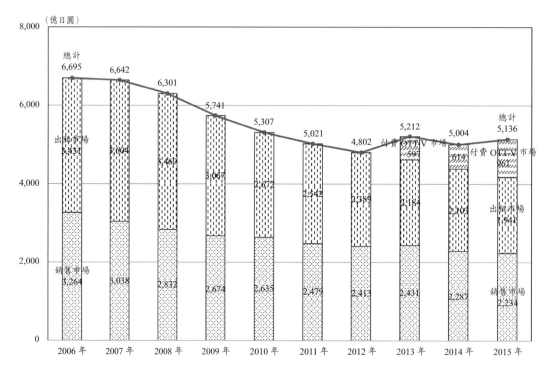

圖 7-6　日本影視軟體市場成長趨勢

資料來源：引自日本映像軟體協會（2016）。

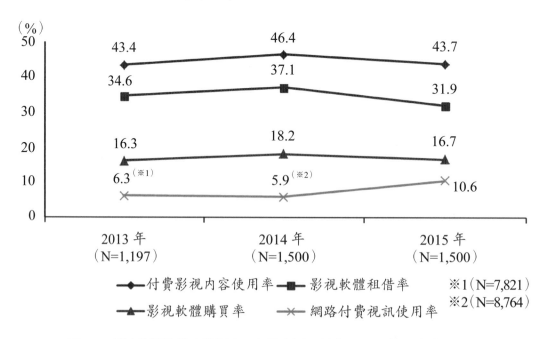

圖 7-7　日本影視軟體之購買率、租借率以及付費 OTT-V 使用率變動趨勢

註：N 表回收問卷數。
資料來源：引自日本映像軟體協會（2016）。

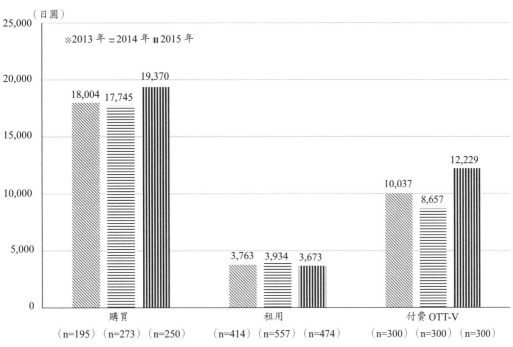

圖 7-8　消費者在影視軟體之平均使用金額

註：N 表回收問卷數。
資料來源：引自日本映像軟體協會（2016）。

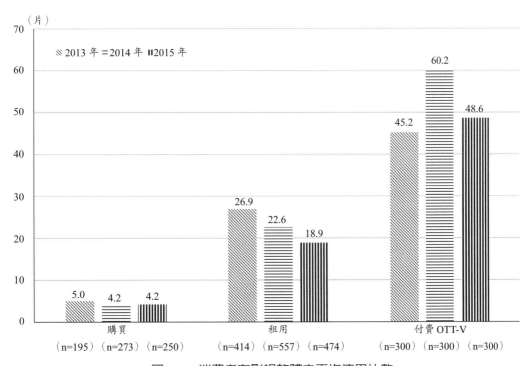

圖 7-9　消費者在影視軟體之平均使用片數

註：N 表回收問卷數。
資料來源：引自日本映像軟體協會（2016）。

最後，有關日本「OTT-V」市場規模之未來發展方面，依據野村總合研究所於 2016 年 11 月發表的市場預測分析資料顯示（野村総合研究所，2016），由於網路視訊內容朝向高附加價值發展；行動電話業者對自己的手機用戶所提供的「OTT-V」服務已日趨普及；加上 Netflix 已於 2015 年 9 月正式登陸日本提供服務的刺激影響，預測日本「OTT-V」的市場規模將從 2015 年的 1,531 億日圓，至 2022 年時，將擴大成長爲 2,188 億日圓規模，成長率高達 43%（參見圖 7-10）。

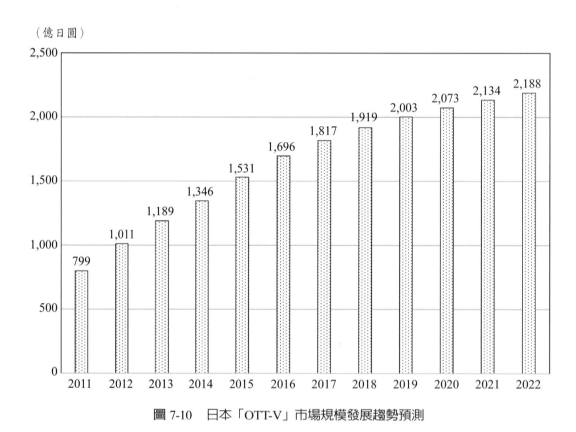

（億日圓）

圖 7-10　日本「OTT-V」市場規模發展趨勢預測

資料來源：引自野村総合研究所（2016）。

綜合前述「OTT-V」之市場經營模式與市場發展趨勢，可以總結未來日本整體影視產業將朝向「OTT-V」之服務模式收斂發展，已成主流趨勢，不僅傳統的影視服務如此；傳統的實體錄影帶銷售業以及出租業亦將如此（參見圖 7-11）。

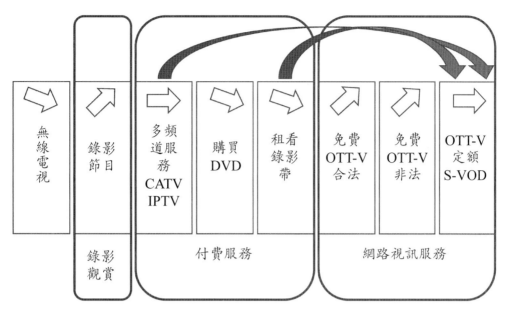

圖 7-11　日本影視產業未來發展趨勢示意圖

註：箭頭方向表示成長、持平或衰退。
資料來源：作者繪製。

四、「OTT-V」對日本業者之影響

　　從本章的分析介紹可知，由於寬頻網路的技術進步與寬頻服務的普及應用，2005 年日本已成為全球最先進的寬頻國家。具體而言，2005 年日本有 3,000 萬家戶數可接取 1 Mbps 高速網路；1,000 萬家戶數可接取 10 Mbps 超高速網路（劉柏立，2015）。在此背景下，日本有線電視業者、無線電視業者基於延伸既有服務的目的而發展「OTT-V」；電視機製造廠商則基於連網電視的概念而結盟制定技術標準發展「OTT-V」；其後伴隨行動寬頻之速率提升與智慧型手機之問世，行動電話業者也開始投入「OTT-V」的服務，擴大既有手機用戶視訊接取服務之多元選項。各有各的固定客源，市場競爭相對較不激烈。

　　2015 年 Netflix、Amazon 等外來「OTT-V」業者進軍日本後，日本「OTT-V」業者開始有了危機意識，為防止既有客源的流失，乃積極提升既有服務的品質。例如 NTT ぷらら 2015 年 10 月於其既有的「ひかり TV」追加提供「どこでもテレビ視聴（到哪裡都可看電視）」功能（NTT ぷらら，2015）；該服務功能與美國有線

電視業者為對抗 Netflix 而採取的「TV Everywhere」相類似（TVe, 2017）。

有線電視業者「J:COM」則於 2015 年 10 月使用 KDDI 的 4G LTE 網路成為虛擬行動網路營運商（mobile virtual network operator, MVNO），提供行動數據服務（J:COM MOBILE），服務內容包含提供智慧型手機或平板給其用戶使用。「J:COM MOBILE」服務的最大特色就是引進「zero-rating」（提供其用戶對特定 App 或內容之接取享有免費吃到飽不計流量）的經營模式，其用戶接取「J:COM On Demand」服務時，不計使用流量，可有效吸引用戶盡情使用，衝大流量，增加優勢（J:COM, 2015）。「J:COM」之所以投入 MVNO 的理由，係有鑑於行動視訊應用日益增多，但最大瓶頸在於戶外沒有 WiFi 環境時，用戶就無法享有完整的服務，因此參進行動通訊市場，用 MVNO 服務與既有的 CATV 服務整合提供綑綁服務，頗具特色。截至 2017 年 1 月底，「J:COM MOBILE」用戶數已突破 10 萬人（太田亮三，2017）。

另外在無線電視業者方面，如前所述，當時為因應外來「OTT-V」之衝擊，乃於 2015 年 10 月由五大電視與四大廣告商共同集資成立「TVer」平台，提供「AD-VOD」服務。各電視公司播放過的節目，約 7 天以後（因有收視率指標因素之考量），可藉由此平台免費收看。對於收視觀眾而言，最大的便利性當在於錯過的節目還可以重新點選觀賞的機會；對於廣告主而言，收看中的節目廣告內容無法跳開，可確保廣告之播放；對於電視公司而言，不僅不會減少觀眾對電臺網頁的點選次數，反而還有增多的趨勢，並可藉以宣導打擊非法網站之效（TVer, 2017）。

至於「Hulu」、「Netflix」以及「Amazon」等外來「OTT-V」進軍日本後的發展現況，首先在「Hulu」方面，如前所述，「Hulu」於 2012 年 4 月開始在日本推出「OTT-V」，但 2014 年 2 月時把日本業務轉讓給「日本電視」，授權「Hulu」品牌與技術；「日本電視」在「Hulu」平台充實該臺人氣節目，提供「S-VOD」服務之外，自己亦提供「日テレオンデマンド」按次計費的「T-VOD」以及有廣告免付費的「AD-SOD」服務，期能增進「日本電視」集團（「日本電視控股公司」）內容服務的價值最大化。「Hulu」是由「日本電視」子公司「HJ ホールディングス」負責營運，2015 年 3 月底用戶數突破 100 萬戶，2016 年 3 月底 130 萬戶，預估 2017 年 3 月底時將達 166 萬戶；惟就「Hulu」的營業績效觀之，2015 年度的營業額約

128 億日圓，營業利益爲負 21 億日圓，處於赤字經營的狀況（日本テレビホールディングス，2016）。

「Netflix」與「Amazon」在日本「S-VOD」服務的用戶數相關資訊並未公開，鑒於日本影視內容在海外市場評價頗高，因此採以合作策略，積極與日本的電視公司及其他內容業者共同製作新片，幾乎每月都有新片發表的訊息。因此，「Netflix」與「Amazon」等外來「OTT-V」業者在日本的發展情況，與其說與日本業者處於紅海市場的激烈競爭，毋寧是處於藍海市場的互惠合作，於日本整體影視內容產業之活化，具有一定程度的貢獻。

第三節　日本 OTT TV 之政策法規

一、日本 2010 年放送法修正案

爲因應數位匯流的時代需要，日本主管機關總務省於 2005 年召開「通訊傳播合理發展方向懇談會」，探討數位匯流時代所應採行的合理規管機制；2006 年「IT 戰略本部」再度提出層級管制構想，裨益數位匯流之健全發展；2007 年總務省更進一步成立「通訊傳播綜合法規體系研究會」，進行相關法規整併之可行性研究。其後，總務省「資通訊審議會」依據前述研究會之研究成果，下設「通訊傳播綜合法規體系檢討委員會」，正式就電信與廣播電視相關法規之整併修正事宜，進行具體的檢討作業。最後決定僅針對既有的廣電法規進行整併修正，並於 2010 年 11 月國會表決通過修正案，完成自 1950 年「放送法」制定以來，最大幅度的修法作業。

一般而言，廣播電視事業之所以需要法規規範的理由，主要係基於廣播電視播送節目所使用無線電頻率資源之稀有性以及節目內容對社會大眾和文化發展具有重大影響之考量。隨著數位技術之進步發展，傳統上以規範類比式播送網路爲前提對象的既有法規，已因數位匯流時代之到來，而必須進行調整修正。

日本政府「IT 戰略本部」在 2001 年 12 月發表「IT 領域管制改革之發展方向」研究報告，明文揭示「日本通訊傳播制度，應從過去利用類比技術，以載具屬性作縱向分類的管制體系，轉換爲利用數位技術、IP 化之方向發展，並改採功能性橫向競爭體系，藉由事業的水平分離與層級競爭機制，促進電信與廣電的匯流發展」

（IT 戰略本部，2001）。

因此日本政府乃制定「利用電信服務放送法」（2002 年 1 月實施），提供電信網路得作為廣播電視節目播送平台之法源依據，突破既有法規在廣電事業與電信事業間不得跨網經營的藩籬限制，為日本因應數位匯流的第一套革新法案（劉柏立，2005）；而為落實功能性橫向競爭之政策目標，日本政府於 2010 年 3 月向國會提出「放送法」修正案，同年 11 月獲得表決通過，把「有線廣播放送法」、「有線電視放送法」以及「利用電信服務放送法」整合併入「放送法」內，於 2011 年 6 月正式實施。

具體而言，日本現行通訊傳播法規架構，基本上已完成網路層（如電波法與有線電信法）、平台層（如電信事業法）以及內容層（如放送法）之層級分離架構，把傳統按載具屬性作縱向分類的管制體系，轉換為按層級別的競爭機制，裨益數位匯流發展（參見圖 7-12）。

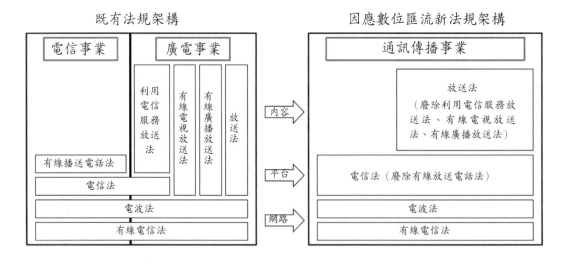

圖 7-12　日本通訊傳播法規架構示意圖

資料來源：引自劉柏立（2014a）。

二、放送法修正案之重要內容

日本現行「放送法」把「放送」定義修正為「以公眾直接收訊為目的之電信發訊」（參見日本「放送法」第二條第一項），並把播送事業大分為「重要放送」與「一

般放送」兩大類。前者係指依「電波法」取得電臺執照之播送業務，採特許制且有外資管制，市場進入門檻相對較高，如無線電視、AM、FM、短波廣播、廣播衛星、東經 100 度通訊衛星等之播送服務屬之；後者則係前者（重要放送）以外之一般放送業務，採登記制或報備制且無外資管制，市場進入門檻相對較低。

準此規定，於 2010 年 9 月取得行動多媒體執照的 docomo 團隊 mmbi 所提供的播送服務被定位為「重要放送」，在放送法中稱之為「行動收訊用地面重要放送」業務（「放送法」第 2 條第 14 項），依法有制定「普及計畫」義務（「放送法」第 91 條第 2 項），其業務經營模式依法得採製播分離。

換言之，2010 年「放送法」修正案已正式引進製播分離，電視事業經營者得就其經營理念，或維持傳統製播一體經營模式；或適予採行製播分離，享有較具彈性的經營空間，因應數位匯流新興媒體平台發展趨勢。而傳統的有線電視與新興視訊媒體 IPTV，則被定位為「使用有線電信設備之收費視訊放送業務」（參見日本「放送法」第 91 條至 157 條），免受「普及計畫」義務之規範，管制強度相對較低。

三、日本收費電視發展現況

若按收費之有無來看前述「放送法」所規範的電視事業，則 NHK 無線電視（含 NHK 衛星電視）、衛星電視以及有線電視等三大類電視事業屬於收費的電視服務。觀察圖 7-13 的發展趨勢可知，日本收費電視服務的契約用戶數歷年來呈現穩定成長的發展趨勢。

截至 2016 年 3 月底為止，此三大類收費電視服務的契約用戶數總計約 7,731 萬戶，其中 NHK 無線電視契約用戶數約 2,265 萬戶、NHK 衛星電視契約用戶數 1,993 萬戶；衛星電視（不含 NHK 衛星電視）契約用戶數約 620 萬戶；有線電視契約用戶數則約為 2,852 萬戶。

由此可知，日本收費電視服務市場發展穩健，目前尚未見有受到「OTT-V」的影響而發生負成長的現象，顯示日本收費電視市場仍具有一定程度的競爭力。另一方面，由於「OTT-V」非屬「放送法」的規範對象，因此在日本通訊傳播主管機關總務省的公務統計內，並未納入「OTT-V」的相關統計。

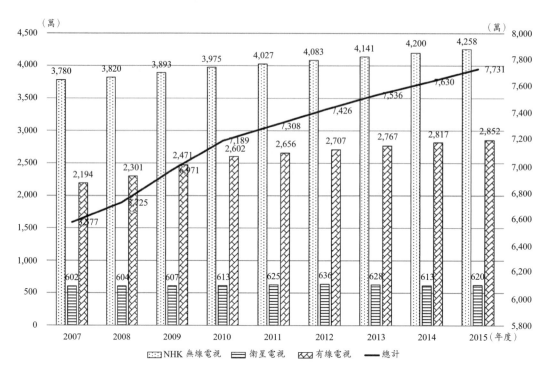

圖 7-13　日本收費電視用戶數成長趨勢

註1：NHK 無線電視用戶數包含 NHK 衛星電視用戶數。
註2：日本的會計年度係自每年 4 月 1 日至翌年 3 月 31 日止。
資料來源：本研究整理自總務省（2017）。

四、日本「OTT-V」之政策課題

　　前述 mmbi 提供服務的品牌名稱為「NOTTV」，意指其服務型態不同於傳統的電視服務，也不同於傳統的 VOD 服務；主要針對智慧型手機，提供雙向互動的高畫質視訊服務，使用者可以按照自己的喜好，隨時下載、儲存節目內容，不受時間或場所的限制，於方便的時間隨時點選觀賞，服務內容與「OTT-V」類似。惟其需取得頻譜資源提供服務，法制上被定位為「重要放送」，依法須取得執照，受「放送法」規範，因此不可視為「OTT-V」。由於「NOTTV」服務推展情況不順利，已於 2016 年 6 月底結束服務。

　　日本自 2010 年通過大幅度的「放送法」修正案後，於制度面正式引進「製播分離」機制，提供廣電事業更具彈性的經營空間，裨益迎向數位匯流新興媒體平台

發展之挑戰。當時日本國內流行的語彙是「智慧型電視」；所謂「智慧型電視」係指「透過網際網路之接取，可實現網頁社群媒體之利用、應用軟體之利用乃至於終端間協作功能之擴張等功能性的電視終端或機上盒」（總務省，2012）。準此定義，「智慧型電視」實際上就是「OTT-V」平台的概念（參見圖 7-14）。

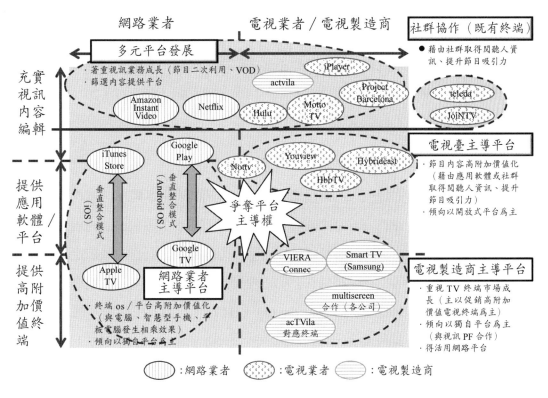

圖 7-14　日本「OTT-V」平台概念示意圖

資料來源：引自總務省（2012）。

由此不難理解為何日本發展「OTT-V」的思維，係由傳統的既有廣電業者（含CTAV 業者、IPTV 業者）或電視機廠商所主導，其服務模式則係藉由網路來延伸既有的服務模式與品質（含 4K、8K 高畫質電視技術的發展）。但相對地就「OTT-V」的服務推展方面，缺乏進軍海外的全球性思維；即便是硬體面的 8K 技術，目前全球或僅有日本積極開發，從市場實務面觀之，預定 2018 年實現商用化，曲高和寡。

另外，在日本發展「OTT-V」的服務模式中，可見有業者特別開發 MVNO 與「zero-rating」的服務模式，頗具創新意義。於此寬頻網路時代，在制度面應提供

更具彈性的發展環境，讓有創意的業者可善用網路資源的機會，推出創新應用服務，增進市場投資機會，爲經濟永續發展做出貢獻，如此才是發展寬頻網路政策的價值所在。

若按美國的監理標準，電信事業推出「zero-rating」綑綁服務或有涉及違反「網路中立」的疑慮。但日本主管機關總務省就發展寬頻網路以及通訊傳播監理政策的立場而言，現階段並未把「zero-rating」列爲競爭政策上的課題；對於來自海外「Big OTT」的巨大影響，則認爲該等服務雖不屬電信事業的服務範圍，但是否有違反公平競爭之行爲，應以個案的實際情況判斷，目前並無問題（總務省，2016b）。

結　語

「OTT-V」服務的特色在於傳輸途徑不經由傳統的廣電媒體（含無線電視、衛星電視、有線電視、IPTV），因此就法制面而言，不屬於「廣電法」的規管範圍。由於「OTT-V」需藉由網際網路傳輸視訊服務，因此在電信服務領域被定位爲網路最上位的內容層，一般不在「電信法」的監理範圍內，服務內容自由度高，不存在制度上的進入門檻，因而名爲「over the top，OTT」，自有其不受監理規範，創意無限的解放性聯想，具有重要的時代意義。

另一方面，正由於「OTT」是運用寬頻網路創新應用服務的概念，其發展當以市場機制爲導向，政策上不宜介入，始有創意服務之發展空間。例如日本的內容業者爲提供更具競爭力的服務，得以 MVNO 之姿搭配「zero-rating」促銷方案，頗具彈性，更能對擴大網路流量做出貢獻。

在網際網路的世界中，流量大者恆占有優勢地位；「把網路流量做大」是寬頻網路時代重要的發展方向，不僅攸關業者間網際網路互連（IP Peering）之協商籌碼，更反映於國家之競爭優勢。在全球網際網路的流量當中，影像視訊所占的比重高達 8 成以上，就此意義而言，「OTT-V」不僅是寬頻網路的創新應用服務，更是可以「把網路流量做大」的策略性產業。

總結本章的分析介紹可知，日本發展「OTT-V」的脈絡，是由傳統的既有廣電業者（含 CTAV 業者、IPTV 業者）或電視機廠商所主導，其服務模式則是藉由

網路來延伸既有的服務模式與品質（含 4K、8K 高畫質電視技術的發展）；至於在「OTT-V」的服務發展方面，主要以國內市場為主，相對缺乏進軍海外的全球性發展。

另外，在日本發展「OTT-V」的服務模式中，可見有業者特別開發 MVNO 與「zero-rating」的服務模式，頗具創新意義。若按美國的監理標準，電信事業推出「zero-rating」綑綁服務或有涉及違反「網路中立」的疑慮。但日本主管機關總務省就發展寬頻網路以及通訊傳播監理政策的立場而言，並未把「zero-rating」列為競爭政策上的課題；對於來自海外「Big OTT」的巨大影響，則認為該等服務雖不屬電信事業的服務範圍，但是否有違反公平競爭之行為，應以個案的實際情況判斷，以尊重市場機制為原則。

在數位匯流的大環境下，主管機關的重要功能之一，就是提供健全發展環境，以事後管制為原則；在創新市場中，更宜以先驅者優勢原則，鼓勵新技術新服務之創新發展，裨益業者勇於投資、樂於投資，為數位匯流、經濟發展做出貢獻。更何況「OTT」服務非屬監理規管對象，主管機關當提供友善環境，裨益寬頻網路創新應用服務之健全發展，增進國家整體競爭優勢。

📖 參考書目

劉柏立（2004）。〈因應技術匯流發展，相關法規之修訂研究〉。交通部電信總局委託研究。

劉柏立（2005）。〈通訊傳播匯流機制之研究 — 開放電信網路提供廣電播送之研析〉。「現代化、全球化與跨文化傳播國際學術研討會」，臺北：中國文化大學。

劉柏立（2010）。〈日本通訊執照之發照原則及規範〉。《多網合一服務監理制度探討》（國家通訊傳播委員會委託研究報告，PG9907-0213）。

劉柏立（2012）。〈雙方互連網際網路互連頻寬（private peering）合理免費互連之條件〉。行政院數位匯流專案辦公室委託研究。

劉柏立（2014a）。〈日本行動多媒體平台發展及放送法修法現況〉。

劉柏立（2014b）。（共著）〈數位電視與新媒體平台之政策與發展策略〉，揚智文化公司。

劉柏立（2015）。〈我國 3G 頻譜屆期釋出規劃及 B4G5G 規範與發展研究 - 研究 4G 相關應用及網路建設〉。交通部委託研究。

劉柏立（2016）。〈如何提升我國OTT競爭優勢〉。「臺灣OTT業者整合策略可行性研討會」。中華傳播管理學會。

BEREC（2016）。〈Report on OTT services〉。上網日期：2017 年 2 月 10 日，取自 http://www.google.co.jp/url?sa=t&rct=j&q=&esrc=s&source=web&cd=2&ved=0ahUKEwju-oCsgJnSAhUEJZQKHQTjCGMQFgggMAE&url=http%3A%2F%2Fberec.europa.eu%2Feng%2Fdocument_register%2Fsubject_matter%2Fberec%2Fdownload%2F0%2F5751-berec-report-on-ott-services_0.pdf&usg=AFQjCNHavY9eGwI687ODz7BARVfNFKC1yQ

Cheung, C.W.（2016）。〈Global development trend of OTT Video, and market outlook of SE-Asia〉。上網日期：2017 年 2 月 10 日，取自 https://static1.squarespace.com/static/575e117a40261d880441b950/t/57f76dde15d5db2cf00fbf2d/1475833315645/1004_01.pdf

Chris Roberts & Vince Muscarella（2015）。〈Defining Over-The-Top（OTT）Digital Distribution〉。上網日期：2017 年 2 月 10 日，取自 http://www.entmerch.org/digitalema/white-papers/defining-digital-distributi.pdf

Cisco（2016a）。〈ゼタバイト時代：トレンドと分析〉，上網日期：2017 年 2 月 10 日，取自 http://www.cisco.com/c/dam/global/ja_jp/solutions/collateral/service-provider/visual-networking-index-vni/vni-hyperconnectivity-wp.pdf。

Cisco（2016b）。〈Cisco Visual Networking Index：Forecast and Methodology 2015–2020〉，上網日期：2017 年 2 月 10 日，取自 http://www.cisco.com/c/en/us/solutions/collateral/service-provider/visual-networking-index-vni/complete-white-paper-c11-481360.html。

eMarketer（2015）。〈200M OTT video service users by 2019. Could it be higher?〉。上網日期：2017 年 2 月 10 日，取自 http://www.nscreenmedia.com/emarketer-200m-ott-video-service-users-by-2019-could-it-be-higher/

EU（2005）。〈TV without Frontiers: Commission proposes modernised rules for digital era TV and TV-like services（IP/05/1573）〉。上網日期：2017 年 2 月 10 日，取自 http://europa.eu/rapid/press-release_IP-05-1573_en.htm

FCC（2015）。〈Open Internet Order〉。上網日期：2017 年 2 月 10 日，取自 https://apps.fcc.gov/edocs_public/attachmatch/FCC-15-24A1.pdf

Impress（2015）。〈デジタルコンテンツの定額制配信サービスに する調査結果〉。上網日期：2017 年 2 月 10 日，取自 https://www.impress.co.jp/newsrelease/2015/10/20151008-01.html

IT 戦略本部（2001）。〈IT 分野の規制改革の方向性〉。上網日期：2017 年 2 月 10 日，取自 http://www.kantei.go.jp/jp/singi/it2/dai8/8siryou1.html

J：COM（2015）。〈J：COM が MVNO 事業に参入 10 月 29 日より新サービス「J：COM

MOBILE」提供開始〉。上網日期：2017 年 2 月 10 日，取自 http://newsreleases.jcom.co.jp/news/80111.html

Nielsen Online（2009）。〈News Release〉上網日期：2017 年 2 月 10 日，取自 http://www.nielsen-online.com/pr/090514_2.pdf

NTT ぷらら（2015）。〈「どこでもテレビ視聴」機能を提供開始！〉。上網日期：2017 年 2 月 10 日，取自 http://www.nttplala.com/information/2015/10/20151021.html

NTT 東日本（2000）。〈ADSL 接続サービスの本格提供開始〉。上網日期：2017 年 2 月 10 日，取自 https://www.ntt-west.co.jp/news/0012/001212.html

Reddy, S.K., Zheng, Z.W., & Dong, D.H.（2015）。〈Will we see western clones of Chinese originals?〉。上網日期：2016 年 1 月 24 日，取自 http://www.emeraldgrouppublishing.com/learning/ami/vol2_iss_2/chinas_digital_landscape.pdf

TVe（2017）。〈TV that goes where you go〉。上網日期：2017 年 2 月 10 日，取自 http://www.tveverywherenow.com/

TVer（2017）。〈民放テレビ局がひとつに！〉。上網日期：2017 年 2 月 10 日，取自 http://tver.jp/info/about.html

ソフトバンク（2015）。〈ソフトバンクと NETFLIX が業務提携〉。上網日期：2017 年 2 月 10 日，取自 http://www.softbank.jp/corp/group/sbm/news/press/2015/20150824_01/

フジテレビ（2015）。〈フジテレビと米・Netflix（ネットフリックス）がオリジナルコンテンツの制作で合意〉。上網日期：2017 年 2 月 10 日，取自 http://www.fujitv.co.jp/fujitv/news/pub_2015/s/150617-s044.html

太田亮三（2017）。〈J：COM の MVNO、ユーザー数 10 万件を突破〉。上網日期：2017 年 2 月 10 日，取自 http://k-tai.watch.impress.co.jp/docs/news/1042075.html

日本テレビホールディングス（2016）。〈2015 年度 IR 決算説明資料〉。上網日期：2017 年 2 月 10 日，取自 http://www.ntvhd.co.jp/ir/library/presentation/booklet/pdf/2015_4q.pdf

日本映像ソフト協（2016）。〈映像ソフト市場規模及びユーザー動向調〉。上網日期：2017 年 2 月 10 日，取自 http://www.jva-net.or.jp/report/annual_2016_4-27.pdf

平林立彦（2011）。〈Over-The-Top-Video〉。上網日期：2017 年 2 月 10 日，取自 http://rp.kddi-research.jp/special/from31to40/no36

白根雅彦（2015）。〈「d ビデオ」リニューアルで「dTV」に、セットトップボックスも発売〉。上網日期：2017 年 2 月 10 日，取自 http://k-tai.watch.impress.co.jp/docs/news/695912.html

石井徹（2016）。〈「dTV」会員数が 500 万人突破、「d グルメ」は 100 万会員に〉。上網日期：2017 年 2 月 10 日，取自 http://k-tai.watch.impress.co.jp/docs/news/750344.html

安成蓉子（2014）。〈ネット動画市場に新旋風を巻き起こす日本テレビの戦略〉。上網日期：
　　2017 年 2 月 10 日，取自 http://markezine.jp/article/detail/19359?p=2

臼田勤哉（2014）。〈Hulu、日本のビジネスを日本テレビに売却〉。上網日期：2017 年 2
　　月 10 日，取自 http://av.watch.impress.co.jp/docs/news/637444.html

臼田勤哉（2016）。〈Hulu の '16 年 3 月末有料会員は 130 万人。営業損失 21 億〉。http://
　　av.watch.impress.co.jp/docs/news/757862.html

松本和也（2015）。〈Netflix 日本進出〜国内の反応は？〉。上網日期：2017 年 2 月 10 日，
　　取自 https://www.nhk.or.jp/bunken/research/focus/f20150401_3.html

松本裕美（2015）。〈米 Netflix，2015 年秋から日本でサービス開始へ〉。上網日期：https://
　　www.nhk.or.jp/bunken/research/focus/f20150401_4.html

柴田厚（2016）。〈OTT はメディア産業をどう変えるか〉。上網日期：2017 年 2 月 10 日，
　　取自 https://www.nhk.or.jp/bunken/research/oversea/pdf/20160601_9.pdf

神田敏晶（2014）。〈SVOD 事業 VOD 事業ネットフリックス　リード・ヘイスティ
　　ングス〉。上網日期：2017 年 2 月 10 日，取自 http://knn.typepad.com/knn/2014/04/-
　　svod%E4%BA%8B%E6%A5%AD-%E3%83%A1%E3%83%A2.html

野口悠紀雄、遠藤諭（2008）。〈ジェネラルパーパス・テクノロジー，アスキー新書〉。

野村総合研究所（2016）。〈2022 年度までの ICT・メディア市場の規模とトレンドを展望〉。
　　上網日期：2017 年 2 月 10 日，取自 http://www.nri.com/Home/jp/news/2016/161121_1.aspx

奥村文隆（2013）。〈Over the " Over the Top"「OTT で勝ち組になるために」〉。上網日期：
　　2016 年 12 月 24 日，取自 http://blogs.itmedia.co.jp/seren/2013/07/over-the-over-t-43f1.html

塚本幹夫（2016）。〈見逃し番組配信「TVer」の現状は？〉。上網日期：2017 年 2 月 10 日，
　　取自 http://lab.appa.pe/2016-11/inter-bee-2016-tver.html

関口聖（2015）。〈「Netflix」がついに日本上陸、スマホ動画 " 見放題 " を比べてみた〉。
　　上網日期：2017 年 2 月 10 日，取自 http://k-tai.watch.impress.co.jp/docs/review/719960.html

総務省（2010）。〈放送法等の一部を改正する法律案新旧対照条文〉資料。

総務省（2012）。〈平成 24 年版情報通信白書〉。上網日期：2017 年 2 月 10 日，取自 http://
　　www.soumu.go.jp/johotsusintokei/whitepaper/ja/h24/index.html

総務省（2015）。〈平成 26 年版情報通信白書〉。上網日期：2017 年 2 月 10 日，取自 http://
　　www.soumu.go.jp/johotsusintokei/whitepaper/ja/h26/pdf/

総務省（2016a）。〈平成 27 年版情報通信白書〉。上網日期：2017 年 2 月 10 日，取自
　　http://www.soumu.go.jp/johotsusintokei/whitepaper/ja/h27/pdf/

総務省（2016b）。〈「電気通信事業分野における競争の促進に関する指針（改定案）」に
　　する御意見の概要及び御意見に対する考え方〉。上網日期：2017 年 2 月 10 日，取自

http://www.jftc.go.jp/houdou/pressrelease/h28/mar/160317_2.files/02.pdf

總務省（2017）。〈平成 28 年版情報通信白書〉。上網日期：2017 年 2 月 10 日，取自 http://www.soumu.go.jp/johotsusintokei/whitepaper/ja/h28/pdf/

總務省紛爭處理委員會（2016）。〈平成 27 年度年次報告〉。上網日期：2017 年 2 月 10 日，取自 http://www.soumu.go.jp/main_content/000414650.pdf

桜庭涼（2016）。〈エイベックスがソフトバンクとの合弁を解消したので動画事業の業績とその裏を読み解いてみた〉。上網日期：2017 年 2 月 10 日，取自 http://sakurabaryo.com/results/post-2726/

第八章 中國大陸OTT TV的經營模式與政策法規

國立臺灣藝術大學廣播電視學系教授　賴祥蔚

前　言：匯流時代 OTT TV 興起

OTT 帶來的新一波影音產業革命，正在席捲全球。這場由北美開始的革命性 OTT 影音服務發展，最先的變化開始於 2010 年，至今已被認為會掀起影視產業的全面變化，加速改變傳統電視產業的面貌。

OTT（Over The Top）原本指的是透過電視機上的機上盒等硬體裝置，來傳輸影音等訊號，但是隨著科技進步，現在泛指通過網際網路傳送影音等訊號的服務，在終端未必要另設機上盒。OTT TV 的內容提供與網路傳輸通常分屬不同業者，與已經發展了一段時間的 IPTV 頗有不同。

Digital TV Research（2016）指出，全球 OTT 影音產業當年的產值大約 400 億美元，到 2021 年可望超過 600 億美元。回顧 OTT 視訊媒體的發展，UGC（User Generated Content，用戶產生內容）是一開始盛行的模式，包括了美國的 YouTube 以及中國大陸的土豆、優酷等，都是循著 UGC 的經營模式而發展，儘管網友貢獻的內容為視訊媒體提供了大量內容，聚集了可觀的瀏覽數量，但是這些用戶製作的內容通常都不具有真正的吸引力，有些用戶上傳的內容則有版權問題，引起許多爭議，除此之外，這種經營模式帶來的廣告收入也相當有限。

OTT 視訊媒體發展至今，經營模式出現了重大的改變，從只依賴廣告，轉變成也倚賴會員付費。目前新開創出的模式是藉由高成本的 PGC（Professional Generated Content，專業生產內容），來吸引付費用戶的經營模式，取代了早期那種以低成本 UGC 免費內容，吸引不付費的觀眾，並且只能仰賴廣告支持的經營模式。在新興的業者之中，美國視訊媒體起步較早、市場規模可觀，市場領導品牌 Netflix 已經具有世界第一的知名度與用戶規模，整體上呈現了一枝獨秀的局面，其他國家與地區的業者也急起直追，甚至透過各種政策法規來保護本土產業同時提升競爭力。衡諸實際情況，OTT 視訊媒體的經營模式與產業環境息息相關，有些經營模式必須要有政府的良好政策配合才能成功，尤其是當境外 OTT 視訊媒體已經展開跨境競爭。在這當中，人口數量最多、媒體制度比較特殊的中國大陸，更是透過了強硬的法規與政策，一方面要加速推動相關業者的整併，另一方面嚴厲取締 OTT 視訊媒體平台上的非法與未經官方審核通過的內容，加上業者在市場中摸索

出了新的經營模式，使得 OTT 視訊媒體的付費會員以及會費收入都迅速增加，雖然收支尚未完全平衡，但是這種新出現的經營模式，已經在競爭激烈的媒體市場初步站穩了腳步（賴祥蔚，2014），稍後會有進一步探討。

中國大陸的總人口數約 13 億 8000 萬人，人口與網民人數都是世界第一，根據「中國互聯網絡信息中心」（CNNIC）在 2017 年 1 月 22 日最新公布的統計數據，中國大陸網民達到 7.3 億人，手機網民達到了 6.3 億人，視頻用戶規模也達到 5.45 億人（CNNIC, 2017）。調查指出，35.5% 的網民曾經付費觀看 OTT 視訊媒體的內容，這個數據比起 2015 年的 17%，成長幅度超過了一倍之多（中國網路視聽節目服務協會，2016）。

中國大陸在 2016 年大約有 4.3 億戶家庭，電視機大約 5.35 億臺。中國大陸當局從 2004 年開始努力推動電視數位化，但是到 2012 年也只有 1800 萬戶數位化用戶，成效不彰；有線電視進度好一些，數位化用戶數在 2009 年破億，到了 2012 年數位化比例為 65%（賴祥蔚，2016a）。由於電視數位化的進度遠遠不如預期，2012 年之後，官方很少主動公布相關數據，但是仍希望2020年完成電視的全面數位化。

在龐大市場規模的基礎上，中國大陸在 OTT 影音產業取得可觀成績。中國大陸的 OTT 視頻媒體逐漸邁向跨產業的整合，除了發揮影音播放平台的功能之外，也逐步整合線上遊戲、電視購物、線上學習、電子票券，甚至把 3C 用品等硬體生產都整合在一起。

儘管 OTT 視訊媒體產業的未來似乎呈現榮景，不過獲利仍然不容樂觀，因為現有主要 OTT 視訊媒體的營收規模雖然都很可觀，但是各家業者的投資規模同樣龐大，美歐與中國大陸的各家業者至今幾乎都在燒錢階段，還沒有進入穩健獲利的階段。龐大投資能不能回收？又該如何在市場中勝出並且獲利？要回答這些問題，就必須分析其經營模式，而經營模式是否可行，往往又與當地的政策法規有密切關係。本文試圖先整理出主要業者的經營模式，並且檢視中國大陸 OTT 視訊媒體的政策法規，進而探討其經營模式的優缺利弊。

第一節　中國大陸 OTT TV 的經營模式

　　經營模式是產業探討經營策略常引用的概念（賴祥蔚，2011），主要定義是為了追求目標的行動方案與資源分配（Chandler, 1962；Koontz & Weihrich, 1992; Afuah & Tucci, 2001；司徒達賢，1996）。透過 SWOT、五力分析等概念（Steiner, 1979; Porter, 1979; Porter, 1985）提出策略建議。經營模式的重點在於探究業者產品或是服務的利基（niche）、重點服務客戶、以及營收來源，進而創造價值（Timmers, 1998; Applegate, 2001）。

　　世界主要國家的 OTT 視訊媒體業者，多半採取了包括「訂閱隨選視訊」（Subscription VOD, SVOD）在內的經營模式，SVOD 是訂戶依照業者訂定的資費，每月支付基本固定費用，不少業者同時也採用「按片計費」以及免費收看的經營模式，觀眾在智慧型手機、電腦等多種終端設備上，以自選的免費或付費方式，享受電影、電視劇以及其他服務。相較於觀看傳統電視的最主要不同之處在於，除了收入從廣告模式轉變成會費模式，而且訂戶可以自己選擇收視之時間、地點與內容，從原有的「廣告收益模式」（Ad-supported model），改為兼顧「廣告收益模式」混合「訂戶繳費模式」（subscription model）（曾俐穎、陳人傑，2015）。SVOD 模式也被臺灣業者認為是主要的經營模式，民視推出的「四季線上影視」就推出每個月從 30 元到 168 元等五種不同的套餐，由訂戶自己選擇（賴祥蔚，2016b）。

一、中國大陸的廣電媒體發展現狀

　　中國大陸當局一向把媒體當成政權「喉舌」，嚴格掌控，過去只有中央與省兩級政府可以開辦電視，形成「分層壟斷」，全國只有一家中央電視臺，各省各有一家省級電視臺，後來開放四級政府都可以開辦電視，使得電視臺的數量大增，加上省級電視臺可以開辦衛星電視，整體頻道數量大增，不過經濟規模與內容產製能力則良莠不齊。有線電視則是由地方政府各自發展，只能播放獲得政府許可的電視頻道。

　　有鑑於全球化競爭以及網際網路時代的到來，中國大陸在過去十幾年積極加強境內廣電媒體的集團化發展，並且推動數位化進程。在無線電視（中國大陸稱地面

電視）的部分，主要以中央電視臺全區覆蓋為主，加上省級電視臺在各省的重複覆蓋，預計在 2020 年數位覆蓋必須基本完成，停止類比訊號；無線電視的數位化計畫，還包括了高畫質電視（high definition TV，HDTV，中國大陸稱高清電視），中央電視臺在 2008 年推出了第一個 HD 頻道 CCTV 18，其他頻道在 2013 年也都已經跟進（賴祥蔚，2016a）。

　　有線電視的部分，中國大陸的用戶在 2013 年達到 2.15 億戶，其中數位化用戶達到 1.52 億戶，2014 年數位化用戶增加為 1.91 億戶，數位化比例達到了 90.89%（中國調研報告網，2016）。

　　除了傳統的電視之外，中國大陸也積極推動新媒體，例如 IPTV 以及行動電視。IPTV 的主要業者來自於電信業者，將電話、寬頻與網路電視捆綁在一起，因為採取低價甚至是免費策略，一度取得快速成長，2015 年用戶達到 7000 萬戶。不過因為 IPTV 的節目與傳統電視的差異性不大，內容不夠吸引消費者，後來迅速被 OTT 視訊媒體超越（賴祥蔚，2016a）。

　　行動電視也曾經是中國大陸最受矚目的新媒體，尤其 2008 年北京奧運期間的直播賽事，使得行動電視獲得極大成長。不過後來因為節目跟傳統電視差異不大，限制了發展，發展速度跟 IPTV 一樣被 OTT 視訊媒體超越。值得注意的是，原本的中國大陸電信三雄，在 4G 到來後版圖產生極大變化，2016 年 4G 用戶 3.86 億，中國移動就占了 3.12 億戶，超過八成，相較之下，中國電信 4G 用戶只有 9100 萬戶，中國聯通只有 5000 萬戶（賴祥蔚，2016a）。

二、中國大陸 OTT 視訊媒體的經營模式

（一）付費模式與 BAT 旗下三雄

　　目前中國大陸 OTT 視訊媒體主要有三種形式，一是互聯網電視，二是機上盒，三是多種終端都可直接使用。在市場行為者方面，原先市占率分居一、二的優酷與土豆在 2012 年合併為優酷土豆股份有限公司，初期各自經營網站，合併後的市占率達到 35%，造成其他業者的強大壓力，風行網甚至同意讓 BesTV 取得過半股權以求取生路。現在業者透過整併與跨業結盟，更具有集團化商業經營的競爭優

勢，開始透過上市集資、取得獨家內容甚至自拍戲劇的方式，增加付費的會員人數
與整體營收。跨業部分，一開始是平台業者與 3C 業者的結盟，比較知名的個案包
括優酷土豆結盟華為，企圖在通路搶得優勢；各家業者也積極爭取資金與影視製作
團隊的合作，比較知名的個案包括優酷土豆找到阿里巴巴投資，百度在 2013 年收
購 PPS 並且與旗下的愛奇藝合併。資金到位，有助於優質內容的製作，然後又可
以吸引付費用戶的加入。

　　很長一度時間以來，中國大陸的 OTT 視訊媒體都是仰賴廣告支持，即使後
來付費會員激增，廣告收入還是最主要的來源。根據易觀產業數據庫發布的《中
國網絡視頻廣告市場季度監測報告》，2016 年視頻媒體的廣告收入仍然維持可觀
的成長，前三名也相當穩固，第一季廣告收入達到人民幣 66.9 億元，優酷土豆
占 21.8%，騰訊視頻占 20.9%，愛奇藝占 20.6%；第二季 91.1 億元，騰訊視頻
占 21.6%，愛奇藝占 21.3%，優酷土豆占 20.8%；第三季 97.5 億元，騰訊視頻
占 21.6%，愛奇藝占 21.3%，優酷土豆占 19.7%。

表 8-1　2016 年中國大陸前三大 OTT 視訊平台廣告比例

單位：人民幣

季別	視頻廣告總收入	優酷土豆	愛奇藝	騰訊視頻
第一季	66.9 億	21.8%	20.6%	20.9%
第二季	91.1 億	21.6%	21.3%	20.8%
第三季	97.5 億	21.6%	21.3%	19.7%

　　2015 年是改變的關鍵元年，包括愛奇藝、優酷土豆以及騰訊視頻，幾乎是同
步修正了原本的廣告支持模式，先後宣布啟動會員付費模式。在此之前，雖然中國
大陸早就有視訊媒體業者嘗試過採用付費模式，但是幾乎都是以失敗告終。藝恩網
（2016）的調查顯示：到了 2015 年的年底，中國大陸的 OTT 視訊媒體大約有付費
用戶人數 2200 萬，比起 2014 年的 945 萬增長 133%，增長幅度相當可觀；艾瑞網
（2016）公布的《2015 年中國在線視頻用戶付費市場研究報告》指出，2015 年中
國大陸的網路視頻付費戶接近 3000 萬人（達到 2884.1 萬人），此一現象被業界

稱為「付費颱風」。根據估算，2017 年中國大陸的視訊媒體付費市場規模大概介於人民幣 190 至 220 億元之間（易凱資本，2017）。

在視訊媒體付費市場中，愛奇藝、優酷土豆以及騰訊視頻分別位居前三名（CNNIC, 2016）。中國市場調查網（2016）發布的《2016～2020 年中國視頻網站行業市場調查及投資前景研究報告》也指出，中國大陸視訊媒體的前三大業者包括優酷土豆、愛奇藝和騰訊視頻。艾瑞網 2016 年的調查數據顯示，在每月活躍用戶、觀看時間長度這兩項重要數據方面，愛奇藝、騰訊視頻和優酷土豆穩定維持前三名，愛奇藝始終穩居第一名，以 2016 年 12 月的數據來看，愛奇藝、騰訊視頻和優酷土豆的活躍用戶量，分別為 4.81 億人、3.97 億人、2.89 億人，觀看時長分別為 56 億小時、36 億小時和 33 億小時，愛奇藝取得雙料第一（中國新聞網，2017 年 2 月 13 日）。這顯示 OTT 視訊媒體已經由成長期逐漸進展到成熟期，市場結構逐漸穩定，中國大陸 OTT 視訊媒體從百家爭鳴進入戰國時期。各家視訊媒體業者競爭激烈，正朝向以內容 IP 為核心，進一步串連起戲劇、線上遊戲、電子商務等（中投顧問產業中心，2016）。

優酷土豆、愛奇藝、騰訊視頻這三家主要的中國大陸 OTT 視訊媒體，母公司都大有來頭，被稱為 BAT，也就是百度（Baidu）、阿里巴巴（Alibaba）、騰訊（Tencent），其中百度在 2016 年已經擠入世界媒體排名的第九名，這是中國大陸媒體第一次擠入前十名，頗具意義；阿里巴巴與騰訊的排名也各有前進。前述公司跨足 OTT 視訊媒體的模式，都是成立視訊媒體、結合電子商務、跨足 3C 硬體的生產。三大業者之中，愛奇藝的後來居上，值得分析。

表 8-2　2016 年全球前十大傳媒集團

排名	名稱	總部	備註
1	Alphobet	美國	Google 母公司
2	迪士尼（Walt Disney）	美國	—
3	康凱斯特（Comcout）	美國	—
4	21 世紀福斯（21 Century Fox）	美國	—
5	臉書（Facebook）	美國	—

排名	名稱	總部	備註
6	貝塔斯曼（Bertelsmonn）	德國	—
7	維康（Viacom）	美國	—
8	哥倫比亞廣播公司（CBS）	美國	—
9	百度	中國大陸	—
10	新聞集團（News Corporation）	美國	—

資料來源：Zenith Optimedia（2016）。

（二）愛奇藝後來居上的經營模式

　　愛奇藝的母公司百度是中國大陸最大的搜尋網站，2010 年宣布進軍線上影視平台，本來為旗下的新公司取名「奇藝」，2011 年更名「愛奇藝」；2012 年 7 月，愛奇藝為了符合集成牌照的規定，與中央人民廣播電臺旗下的央廣新媒體公司等機構合作，合資成立了銀河互聯網電視有限公司，形同間接持有了集成牌照。2013 年百度併購了另一家重量級的中國大陸線上影視平台 PPS，將之併入愛奇藝，並且結合百度搜尋網站所掌握的網路使用行為等大數據，當成愛奇藝開發內容與行銷推廣的參考（尤騰逸、曾家宏，2016 年 4 月 11 日）。

　　愛奇藝能夠在競爭中後來居上，自然有其優勢，母公司百度擁有雄厚的資金實力，一開始就整併重量級業者，加上百度又有搜尋引擎帶來的大數據分析優勢，都有助於愛奇藝發展。愛奇藝為求提高競爭力，積極開發獨家內容，除了透過收購，也加強自製。愛奇藝採行的經營模式，就是前述 Netflix 以 PGC 吸引用戶訂閱費的經營模式，這翻轉了舊的 OTT 視訊媒體經營模式，與傳統視頻主要購買內容最大的不同之處在於，愛奇藝不再只是支付版權費給製作公司，而是透過分成的方式共享廣告等收入。愛奇藝 PGC 計畫取名為「分甘同味」，2014 年通過此計畫在愛奇藝播出的視訊作品就多達 200 多部，分出去的金額超過兩千萬人民幣。

　　愛奇藝為增加自有內容的獨特性，除了購買具有潛力的影視節目版權，更以高價爭取獨家，2013 年愛奇藝買下《爸爸去哪兒》、《愛情公寓 4》等中國大陸的熱門電視節目，就是以高價買下獨播權，這改變了過去各家 OTT 視訊媒體內容都大同小異的傳統，提升了產品差異性與消費者認同度。除此之外，愛奇藝在 2012 年推

出「分甘同味」分潤計畫，擴大跟各家製作團隊的合作與產製獨特內容；從 2015 年開始，愛奇藝投入了內容的自製與合作生產，透過網路文學等智慧財產（IP），發掘熱門小說改編成戲劇，最知名的影視作品包括了《盜墓筆記》與《鬼吹燈》等；其中，《盜墓筆記》每集預算約 500 萬人民幣（當時換算新臺幣約 2,500 萬元），12 集一共投入人民幣六千萬元（當時換算新臺幣約 3 億）。結合購買、自製與合製的「三條腿走路」內容策略，對於愛奇藝的成長發揮了不少幫助（尤騰逸、曾家宏，2016 年 4 月 11 日）。除了獨家，愛奇藝也會採取首播等不同的方式，爭取更多網民支持。以往網民多半是「逐水草而居」，遊走各個 OTT 視訊媒體尋找免費內容，但是愛奇藝透過獨家、自製的內容策略，試圖改變網民習慣。

當多數的中國大陸網站還在採取 UGC 的用戶上傳免費內容模式時，愛奇藝仿效美國 Netflix 的經驗，花大錢購買「高清正版」內容的獨播權，成功吸引用戶成為付費會員。知名案例之一是愛奇藝以單集 23 萬美元的價格買下了熱門韓劇《太陽的後裔》，而且是韓國播出一小時之後就可以在愛奇藝看到，這次的手筆讓愛奇藝的付費會員在短時間內增加 50%，收入增加人民幣 1.9 億元。在此一策略之下，付費會員人數在 2015 年 6 月突破五百萬，2016 年 12 月超過一千萬，2016 年 6 月又翻了一翻，超過了兩千萬。

付費模式已經成為中國大陸 OTT 視訊媒體業者目前看重的主要模式，獨特內容、觀看便利、價格水平等是閱聽眾最注重的重點。根據估計，在 2015 年的 2200 萬付費人數之中，愛奇藝就占了 45%，後發先至的成果相當突出。愛奇藝在 2016 年的年初，每天線上觀看人次就已經達到 1.5 億，其在 2011 年推出了 VIP 付費會員服務，到 2015 年 12 月 1 日已經獲得了超過 1000 萬的付費會員，此一成果被認為是愛奇藝推出的戲劇《盜墓筆記》引發了一股付費狂潮，其後推出的《蜀山戰紀》，又開啟了先在網路影音平台播出後才到電視臺播出的「先網後臺」模式之先河，這也有助於吸引更多潛在付費會員的加入（徐晶卉，2016 年 2 月 15 日）。

愛奇藝成為中國大陸最大的 OTT 視訊媒體業者，主要被認為是因為招攬了可觀的付費會員，改變中國大陸 OTT 視訊媒體原有的「廣告收益模式」，改為兼顧「廣告收益模式」與「訂閱模式」（曾俐穎、陳人傑，2015），這也符合了先前研究指出的：OTT 視訊媒體等新媒體要想獲得青睞，必須針對觀眾特性去找出有別

於傳統電視的互動服務與節目內容（賴祥蔚，2014）。

　　儘管會費收入成長快速，但是愛奇藝對於其他收入依然積極開發，包括傳統的廣告收入與新興的電子商務，2015 年 4 月 23 日，愛奇藝正式宣布「愛奇藝商城」上線。據估計，愛奇藝 2015 年全年的廣告收入大概在 66～90 億元人民幣之間（郝俊慧，2016 年 2 月 22 日）。由於會費等其他收入的激增，愛奇藝 CEO 龔宇 2016 年 12 月 8 日在「第四屆中國網絡視聽大會」指出，愛奇藝 2016 年一共有 100 多億元人民幣的收入，其中，廣告收入只占了一半，另外的一半是用戶付費以及其他的收入。

（三）優酷土豆與騰訊視頻的經營模式

　　優酷成立於 2006 年，早先是中國大陸視頻網站的第一品牌，一度被稱為「中國 YouTube」，在 2013 年跟另一家重量級視訊媒體網站土豆網合併成為「優酷土豆」，由優酷創辦人古永鏘擔任優酷土豆網 CEO。2014 年阿里巴巴以 12 億美元入股優酷土豆，2015 年又以 36 億美元收購優酷土豆剩下的股權，因此優酷土豆現在也透過大數據分析觀眾需求，還與阿里巴巴影業合作開發電影的周邊商品。在此之前，優酷土豆的收入幾乎都來自於廣告，例如 2014 年的 42 億元人民幣收入就是如此，當時優酷土豆的上帝就是廣告主；根據估計，到了 2015 年優酷土豆的全年廣告收入大概增加至 66～70 億元人民幣之間（郝俊慧，2016 年 2 月 22 日），2015 年非廣告收入從 3% 上升到 12%；到了 2016 年 4 月，非廣告收入已經達到 25%。

　　優酷土豆為了符合集成牌照的規定，陸續跟多家集成牌照的持有者合作，包括跟 CIBN 環球影視合作推出 OTT 通用 APP，另外還跟華數合作，把視訊媒體的內容集成在阿里巴巴旗下的 yunOS。優酷土豆更宣稱將從單純的視訊媒體平台轉型，打造「娛樂文化的淘寶天貓」，以支持網路原創，展現轉型為文化娛樂產業創業平台的企圖心（呂映諭，2015 年 2 月 25 日；吳姍、張意軒，2015 年 11 月 12 日）。

　　騰訊創辦人馬化騰在 1998 年模仿以色列的即時通訊軟件 ICQ，發展出了中文版的 OICQ，並且創立騰訊。2001 年，因為和 ICQ 之間的智慧財產權訴訟而改名為 QQ，然後透過電信加值、用戶收費、虛擬商品銷售等方式創造利潤，並且在 2004 年上市。騰訊 2001 年成立官網，原本位址為 www.tencent.com，到了 2003 年

改為 www.qq.com，瀏覽人數開始快速增長，如今在中國大陸網站僅次於百度（王偉、魏煒、華欣，2014 年 1 月）。

「騰訊視頻」是騰訊旗下的視訊媒體平台，2011 年才推出，但是靠著 QQ 的原有用戶，購買正版內容，加上結合原本影視產業的克頓等製作團隊，共同合作開發出吸引觀眾的原創內容；為了符合集成牌照的法規要求，騰訊早在 2011 年就入股 CNTV 的子公司「未來電視」，然後又陸續與多家集成牌照的持有者合作，包括：南方傳媒 SMC、CIBN 等，藉此間接持有集成牌照。「海量正版，精品原創」的策略，使得騰訊視頻的用戶數目也一下子就名列前茅，2015 年 3 月宣布推動「驚蟄計畫」，重點支持 100 個優質 PGC 項目；同年稍晚又宣布成立「企鵝影業」，核心業務為影視投資以及藝人經紀等。騰訊視頻在 2016 年 11 月宣布付費會員人數超過兩千萬，比起 2015 年增長三倍；演唱會的付費轉播也有突破，2015 年 10 月 25 日，韓國樂團 BIGBANG 在澳門舉辦演唱會，騰訊視頻作為視訊媒體的獨家合作夥伴，首次啟動付費模式，在演唱會前三天，付費預約的人數已超過六萬，創下紀錄。根據估計，騰訊視頻 2015 年的全年廣告收入大概在 50～70 億元人民幣之間（王偉、魏煒、華欣，2014 年 1 月；林庭瑤，2016 年 4 月 3 日；郝俊慧，2016 年 2 月 22 日）。

第二節　納管 OTT TV 的政策法規

中國大陸的媒體制度相當特殊，跟美國的資本主義市場制度大不相同，至今為止其媒體的所有權都維持在黨國機構的手中，在廣電媒體的部分，更是只限於政府機構才能開辦，而且還有相當強烈的階層制度色彩。除了控制媒體的所有權之外，在內容的部分也有嚴密控管，新聞固不待言，即便是影視節目，也都必須經過嚴格的申請與審批程序，才能獲得拍攝與播出的批文。中國大陸當局嚴格管控媒體的用意，正是要確保輿論永遠發揮作為黨國「喉舌」的功效，以免動搖了中共建立政權以來的一黨專政意識形態合法性。

一、以做大做強政策迎接全球競爭

在全球市場時代，儘管中國大陸市場還沒開放，但是為了提早因應 WTO 架構

下的國際競爭，以及數位匯流時代的網路挑戰，中國大陸官方很早就透過各項政策與法令大力推動境內媒體的整合與發展，一來做大做強，二來方便控管。原有媒體在集團化政策的思維之下陸續整併。

在網際網路普及之後，新媒體興起之初，一度百花齊放、萬家爭鳴，但是中國大陸當局很快就透過各種政策法規，逐漸把 OTT 視訊媒體等新興媒體都納入了原本的廣電媒體體制之下。

廣義來講，可以透過網際網路觀看影音內容的都可以稱為 Web TV；不過狹義而論，必須是透過網際網路直播影音內容的服務才能稱為 Web TV，其他則是網路影音服務。在各種新媒體形式之中，目前以 OTT TV 最受矚目，這泛指所有可以透過網際網路取得影音內容的視訊服務。相較於 OTT TV 這種開放式的傳輸通路，另一種透過網路寬頻協定此一封閉式通路來傳輸影音網路內容的服務則是 IPTV。

包括 OTT 視訊媒體在內的中國大陸媒體，發展都深受政府政策影響，這是因為中國大陸政府體制在實際運作上側重行政權，因此廣電媒體有關的法令規章幾乎都不是由「全國人民代表大會」通過，而是由行政部門直接制訂，主要有國務院發布的《廣播電視管理條例》等，有些甚至只是由廣電總局等主管部門發布，例如《有線電視管理暫行辦法》等，以及許多影響產業發展的重大政策，例如針對數位化與三網融合的推動，是由國務院在 2008 年轉發〈關於鼓勵數位電視產業發展若干政策〉；其他多數是廣電總局發布的通知文件，例如廣電總局在 2004 年發布〈互聯網等信息網絡傳播視聽節目管理辦法〉、在 2007 年發布的〈互聯網視聽節目服務管理規定〉、在 2011 年發布的〈關於持有互聯網電視牌照機構運營管理要求的通知〉。

二、以牌照政策納管 OTT 視訊媒體

中國大陸 OTT 視訊媒體的商機，一開始來自於違法的機上盒（STB），這些設備可以幫助網民下載盜版或是盜錄的電影內容，讓網民在電視機等終端上面免費觀看，電視機的生產廠商發現這當中有利可圖，於是開始製造並銷售「網際網路電視一體機」，同時也提供相關的影音服務，隨後視訊媒體平台也紛紛比照辦理，想要

透過 OTT 視訊媒體機上盒進入電視產業的商機。不過這兩種模式在市場一出現，就因為涉及了大量未經官方審查與許可之境外節目的引入，很快就引起中國大陸官方的注意與警惕，廣電總局隨即透過牌照政策強力禁止。

跟 OTT 視訊媒體比較有關的牌照有三種，一是集成牌照，二是內容服務牌照，三是視聽牌照。

在集成牌照的部分，廣電總局在 2011 年 7 月先發出〈關於嚴禁通過互聯網經機頂盒向電視機終端提供視聽節目服務的通知〉，10 月又發出〈關於持有互聯網電視牌照機構運營管理要求的通知〉（181 號文件），重申網路電視要有集成牌照，正式名稱為「互聯網電視集成服務牌照」，而且網路電視內容服務平台只能接入廣電總局批准設立的網路電視集成平台。廣電總局這幾年以來都一再宣示所有網路視訊媒體內容的服務平台與 OTT STB 系統的業者，都必須要與持有廣電總局核發之網路電視營運牌照的業者合作，因此原先不屬於既有廣電機構系統、但是已經開始運作的 OTT 視頻網站，在這個政策發布之後，都只能積極與上述的牌照持有者合作。

廣電總局核發網路電視營運執照的業者，主要就是現行廣電媒體中比較具有代表性的業者，可見中國大陸官方企圖把 OTT 視訊媒體納入原有的廣電媒體控管制度之中，以此來維護媒體秩序。廣電總局從 2010 年開始核發 OTT 視訊媒體的集成牌照，只給了七家廣電機構，包括 CNTV、BesTV、Wasu、SMC、CIBN、MangoTV、CNR 等，只有牌照持有者可以合法經營 OTT 視訊媒體。上述機構各有背景，CNTV（中國網路電視臺）是中央電視臺成立、BesTV（百視通）是上海廣播電視臺與上海東方傳媒集團共同控股、Wasu（華數）是浙江廣電集團與杭州文廣集團一起投資、SMC（南方廣播影視集團網）是南方廣播影視集團成立、CIBN（中國國際廣播電視網絡臺）則是中國國際廣播電臺開辦、MangoTV（芒果電視）隸屬於湖南衛視旗下的網路電視臺、CNR（央廣網）是中央人民廣播電臺開辦。牌照一出，其他業者只能跟前述七家業者合作。儘管外界期望會有新一波的集成牌照開放，廣電總局始終沒有同意，並且在 2014 年「第三屆中國互聯網電視產業論壇」公開重申，集成牌照不會再發放。中國大陸現有的 OTT 視訊平台業者，其實都是透過與前述七家牌照持有機構合作才得以符合規定。

在內容牌照的部分，根據〈互聯網電視內容服務管理規範〉，正式名稱為「互

聯網電視內容服務牌照」。前了前述七家業者都持有，另有江蘇廣播電視臺、電影衛星頻道節目制作中心（電影網），湖北廣播電視臺、城市聯合電視臺、北京電視臺、雲南電視臺、山東電視臺、湖北電視臺等七家業者獲得，目前仍然開放申請，鼓勵省級以上的廣電機構提出。過去一般認為中國大陸官方在內容管理上針對不同平台會有不同的標準，而網路平台的內容標準會比電視來得寬鬆，因此許多在電視上無法播出的節目，就改道在網路上播出，但是廣電總局已經宣示包括 OTT 視訊媒體等網路平台上的內容，必須與電視臺的內容審核標準一致。

在視聽牌照的部分，正式名稱為「信息網絡傳播視聽許可證」，主要是針對網路直播。廣電總局在 2016 年 9 月 9 日下發〈關於加強網絡視聽節目直播服務管理有關問題的通知〉，重申網路業者必須持有視聽牌照，才能夠進行網路直播業務。相關規定，廣電總局與信息產業部早在 2007 年公布、2008 年實施，這就是通稱第 56 號令的《互聯網視聽節目服務管理規定》，2016 年只是重申並且嚴格執行，初步只規範重大時事直播、演唱會與體育賽事轉播，沒有把個人直播內容納入限制。針對未來的新申請機構，廣電總局也提高標準，限定只有國有獨資或是國有控股單位才能提出申請，這是過去所沒有的限制。除此之外，該通知還規定任何機構或個人如果沒有經過批准，都不能在網路上使用電視臺、TV 等廣播電視名稱（孫妍，2016 年 9 月 18 日）。

廣電總局每隔一段時間就會三令五申，希望把 OTT 視訊媒體的播放內容都局限在經過政府核可的範圍之內：2015 年發出〈關於依法嚴厲打擊非法電視網絡接收設備違法犯罪活動的通知〉（229 號通知），這份通知被看成是「最嚴監管」的「機上盒禁令」，明文規定所有通過 USB 等方式安裝程式後就可以收看非官方許可之內容的設備都是非法設備，此一禁令頒布之後已經有效控制了某些機上盒的販售與流通，網路上也廣為流傳將被封鎖的 81 個程式名單，影響將近七成的機上盒市場（林曦、陳澤秀，2015 年 11 月 20 日）。在此同時，官方則大力發展 TVOS 網路電視的操作程式，想藉此排除非官方的 OTT 視訊媒體程式。

中國大陸官方的政策雖然成功將 OTT 視訊媒體納入控管，但是也造成產業發展的瓶頸，因為原本的政策是將所有新興媒體都納入既有的廣電體制，造成產製模式的僵化，限制了影視內容創新與生產的可能性（賴祥蔚，2016a）。傳統的廣電體

制一方面是寡占架構，另一方面已經有穩定的廣告收入，因相對欠缺內容創新的動力，而且如果廣電媒體太過本位主義，往往會不太願意在新媒體平台播出首播，於是可能造成新媒體平台的內容，不但與免費收看的廣電媒體大同小異，而且還可能只是重播而已，這麼一來，必然難以吸引用戶，更遑論付費用戶。後來是因為 OTT 視訊媒體業者在市場的競爭中，自行摸索出了新的經營模式，才能走出後來的蓬勃發展局面。目前 OTT 視訊媒體在中國大陸已經成為最流行的影視平台，也是傳統電視的最大競爭對手。

結　語：下一代經營模式有待摸索

一、既有經營模式的歸納與貢獻

歸納來看，中國大陸 OTT 視訊媒體目前的成功經營模式，都是以獨特的影視內容來吸引網路閱聽眾，進而創造出廣告與會費等收入，這樣的經營模式主要是以內容策略與結盟策略為基礎（賴祥蔚，2016a）。

在內容策略的部分，過去的發展經驗是先以免費體驗的策略，進行平台的行銷推廣，建立了觀眾的使用習慣之後，透過更具有付費吸引力的節目內容，將免費觀眾轉化為付費顧客。為了達成這個目的，先前 OTT 視訊媒體的業者往往在第一階段都先設法找到大量的廉價或免費內容，甚至包括盜版等版權有問題的內容，以創造平台的品牌知名度並且吸引大量的使用者，在此時期，也可以藉著流量來獲得廣告收入；現在也還有不少 OTT 視訊媒體業者會以免費體驗策略，吸引新的潛在觀眾。第二階段是透過更具有獨特性與吸引力的內容，吸引觀眾轉為付費顧客，進而將收入來源從原本的廣告，擴大到消費者的訂閱費用，以此提升整體的營收。

業者的結盟策略包括了資金、內容、通路以及其他競爭武器方面的結盟，這也是 OTT 視訊媒體業者從前述內容策略的第一階段，要進一步跨到第二階段時的必要策略，因為資金是開發內容的必要資源，但是多數的早期業者都欠缺充裕的資金，因此必須找到擁有充裕資金的夥伴進行結盟，以補強劣勢，從而強化競爭武器，使內容獨特性變成吸引付費顧客的優勢；而充實內容的方式，除了購買獨家版權的內容，還有投入自製或是進行分潤合製，以及與價值鏈上游的電視製作公司進

行策略結盟；除了資金及製作公司的結盟，還有通路結盟，如同本文前面所述，包括與傳統的電視頻道業者結盟，或是與製造 3C 用品的設備生產廠商進行跨業結盟，以獲得接觸潛在閱聽眾與消費者的更佳機會；最後則是與擁有其他競爭武器的業者結盟，例如找具有大數據分析能力或是廣告推播機制的業者結盟等。

中國大陸 OTT 視訊媒體業者的內容策略與結盟策略等成功經驗，有助於將經營模式從原本的免費觀看、依賴廣告收入，轉化為新的經營模式，也就是逐步增加付費觀看的會員人數，讓會費收入與廣告收入都成為重要收入。這樣的經驗值得包括臺灣在內的業者參考。除此之外，中國大陸當局加強取締盜版內容的政策，則可供政府參考，否則在盜版盛行的環境之下，就算臺灣的 OTT 視訊媒體真的透過內容策略與結盟策略發展出具有付費吸引力的精緻內容，只怕仍難以面對盜版的衝擊。

二、對傳統電視業者的衝擊

目前中國大陸的 OTT 視訊媒體雖然蓬勃發展，但是對於傳統電視產業的衝擊仍然有待觀察，還沒有像美國那樣出現有線電視用戶大量的「剪線」（cord-cutting）情況，但是也已經出現了一些徵兆。

根據 Rovi 機構在 2015 年的調查，中國大陸的有線電視用戶只有 2% 已經剪線，儘管如此，很想剪線的比例高達了 21%，有點想剪線的也有 41%，不太想剪線的則有 23%，完全沒有想過要剪線的只有 13%（eMarketer，2015 年 11 月 4 日）。有線電視的用戶在 2016 年第二季，相比 2015 年底還小幅增長 1.1%，預計全年可以保持 2% 以內的成長；不過有線電視的繳費率則下滑至 80%，繳費用戶累計已經流失了超過 700 萬戶（中國廣播電視網絡有限公司，2016）。

儘管 OTT 視訊媒體已經蓬勃發展，而且也以生產高於傳統電視水平之節目的付費模式，走出了不同於傳統電視的道路。儘管 OTT 視訊媒體快速興起，但是因為中國大陸的幅員廣大、城鄉差距明顯等特點，因此傳統電視靠著不習慣付費模式以及仍然習慣傳統電視觀看模式的龐大觀眾，在未來一段時間之內，應該還可以承受觀眾與廣告流失的壓力。由於媒體對於中共政權的意義相當重要，一旦 OTT 視

訊媒體的觀眾數目接近甚至超越傳統電視，中國大陸當局會不會依循過去的廣電集團化政策，把現有的 OTT 視訊媒體納入既有的廣電集團，這是一個攸關 OTT 視訊媒體發展的關鍵因素，也是未來必須繼續觀察的重要課題。

三、未來經營模式的思考與探索

中國大陸的 OTT 視訊媒體因為付費會員爆增，經營模式已經從只依賴廣告轉為也重視會費。雖然付費會員增長頗快，目前廣告收入的比例仍然過半，即便未來也還會是不可或缺的收入來源。儘管新增的會費收入可觀，但是隨之增加的成本也很可觀，主要的 OTT 視訊媒體業者在收支相抵之後，都還沒能真正獲利。以愛奇藝為例，如果以兩千萬付費會員來估計，假設每一個會員一年都繳了 180 元人民幣的會費，那麼一整年的會員收入可以達到 36 億元人民幣，但是愛奇藝 2015 年的成本卻高達 76.7 億元人民幣。

愛奇藝尚未公布正式財務報表，不過根據母公司百度的財報可以看出，愛奇藝雖然營收增加，但是虧損額度也隨之擴大，2013 年的營收為 13.45 億元人民幣，虧損 7.34 億元人民幣，2014 年營收 28.73 億元人民幣，虧損 11.1 億元人民幣，2015 年營收 52.97 億元人民幣，虧損 23.8 億元人民幣。從這些數據可以知道，由於愛奇藝的會費收入不到總收入的一半，因此 2015 年的會費收入應該少於前述估算的 36 億元人民幣。

不只愛奇藝，優酷土豆與騰訊視頻也都還處在虧損階段，必須繼續開發付費會員、最好還能提高付費額度、或是增加其他收入。根據《2016 中國網際網路電視生態鏈發展白皮書》的分析指出，當前 OTT 視訊媒體的生態鏈已經步上軌道，未來會呈現牌照方、內容提供方和終端設備方合作的鐵三角，至於產業的價值實現方式包括三種，包括廣告變現、內容變現以及平台變現（愛奇藝，2016）。如果說先前 OTT 視訊媒體已經做到了廣告變現與內容變現，那麼怎麼透過平台發發出更多收入，顯然是 OTT 視訊媒體在思考下一階段經營模式的方向。

📖 參考書目

中投顧問產業中心（2016）。《2016-2020 年中國網路視頻行業投資分析及前景預測報告》。

中國市場調查網（2016）。《2016-2020 年中國視頻網站行業市場調查及投資前景研究報告》。

中國新聞網（2017 年 2 月 13 日）。〈視頻市場三足鼎立愛奇藝 51% 市場份額突圍〉。取自 http://www.chinanews.com/m/it/2017/02-13/8148037.shtml

中國網路視聽節目服務協會（2016）。《2016 年中國網路視聽發展研究報告》。取自 http://otv.lmtw.com/vp/201612/139249.html

中國廣播電視網絡有限公司（2016）。《中國廣電 2016 第二季度有限電視行業發展公報》。取自 https://read01.com/GRe5BD.html

中國調研報告網（2016）。《2016 年中國數位電視行業發展調研與發展趨勢分析報告》。

元智大學「大數據與數位匯流」頂尖中心（2015 年 12 月）。〈數位匯流新創服務：本土 OTT 影音服務〉，取自 http://innobic.blogspot.tw/2015/12/201512011.html

尤騰逸、曾家宏（2016 年 4 月 11 日）。〈線上影音平台愛奇藝發展現況與進軍臺灣市場之分析〉，MIC 研究報告。

王偉、魏煒、華欣（2014 年 1 月）。〈「帝」企鵝的頂層設計〉，《新財富》。

司徒達賢（1996）。《策略管理》。臺北：遠流出版社。

石佳相（2014）。〈國際數位電視與新媒體平台發展趨勢〉，劉幼琍（主編），《數位電視與新媒體平台之政策與發展策略》，頁 1～33。臺北：揚智出版社。

艾瑞網（2016）。《2015 年中國在線視頻用戶付費市場研究報告》。

吳姍、張意軒（2015 年 11 月 12 日）。〈網路視頻走出免費時代〉，《人民網》。

呂映諭（2015 年 2 月 25 日）。〈大陸線上視頻大廠優酷土豆發展現況剖析，MIC 研究報告。

易凱資本（2017）。《更換新引擎 —— 中國娛樂產業 2016～2017 年度報告》。

林庭瑤（2016 年 4 月 3 日）。〈不只愛奇藝 騰訊也想進軍臺灣啦！臺灣啦！〉，《聯合報》。

林淑惠、何英煒（2016 年 1 月 11 日）。〈跨境 OTT 登臺 電信電視業反攻〉，《工商時報》。

孫妍（2016 年 9 月 18 日）。〈廣電監管讓直播平台站上生死線 網絡視聽許可證市價 2000 萬〉，《IT 時報》。取自 http://xw.qq.com/tech/20160918033194/TEC2016091803319400

徐晶卉（2016 年 2 月 15 日）。〈付費觀劇漸成習慣 愛奇藝付費會員數行業第一〉，《文匯報》。

郝俊慧（2016 年 2 月 22 日）。〈28 億美元的愛奇藝，李彥宏龔宇買虧了還是賺了？〉，《IT 時報》。

許文宜、劉幼琍（2014）。《新興視訊平台發展對有線電視產業衝擊之研究》。國家通訊傳播委員會委託研究計劃。取自 http://www.tcs-org.tw/admin/download/file/2015-11-17/564a90d06706f.pdf

彭芸（2015）。《「後」電視時代：串流、競合、政策》。臺北：風雲論壇。

曾俐穎、陳人傑（2015）。〈眼球經濟新藍海：影音 OTT 平台產業發展模式之研究〉，取自 http://www.ttc.org.tw/userfiles/file/20150903/20150903055744_88013.pdf

愛奇藝（2016）。《2016 中國網際網路電視生態鏈發展白皮書》。取自 http://www.ichiyi.com.tw/archives/72586

賴祥蔚（2010）。〈媒介經濟學的特性與政策回應〉，《中華傳播學刊》，18：267-278。

賴祥蔚（2011）。〈日本移動影音的商業模式探析〉，《武漢理工大學學報（社會科學版）》，24（2）：190-196。

賴祥蔚（2014）。〈中國大陸數位電視與新媒體平台〉，劉幼琍（主編），《數位電視與新媒體平台之政策與發展策略》，頁 207～236。臺北：揚智。

賴祥蔚（2016a）。〈中國大陸影視平台政策與法規之研究〉，《通訊傳播法研究》，2：331-358。

賴祥蔚（2016b）。〈臺灣 OTT 業者經營策略的檢視與創新〉，彭芸（主編）。《數位匯流時代：創新、創意、創世紀論文集》，頁 117-138。臺北：風雲論壇出版社。

藝恩網（2016）。《2015 中國視頻行業付費研究報告》。取自 http://www.imxdata.com/archives/542。

Afuah, A., & Tucci, C. L. (2001). *Internet business models and strategies*. New York: McGraw-Hill.

Applegate, L. M. (2001). *Emerging e-business models: Lessons from the field*. Harvard Business School.

Chandler, A. D. (1962). *Strategy and Structure*. Cambridge, MA: MIT Press.

European Parliament (2015). *Over-the-Top players: market dynamics and policy challenges*. Retrieved from http://www.europarl.europa.eu/RegData/etudes/STUD/2015/569979/IPOL_STU(2015)569979_EN.pdf.

Koontz. K & Weihrich. H. (1992). *Management*. New York: McGraw Hill.

Porter, M. (1979). *How competitive forces shape strategy*. Harvard Business Review.

Porter, M. (1985). *Competitive Advantage*. New York: Free Press.

Steiner, G. A. (1979). *Strategic planning: What every manager must know*. New York: The Free Press.

Timmers, P. (1998). Bussines model for electronic markets. *EM- Electronic Markets*, *8*(2), pp.3-8.

Zenith Optimedia (2016). *Top Thirty Global Media Owners 2016*. Retrieved from http://www.zenithoptimedia.dk/wp-content/uploads/2016/05/Top-30-Media-Owners-2016.pdf。

第九章　臺灣OTT TV的創新服務與經營模式

國立政治大學特聘教授暨研發長　劉幼琍
世新大學傳播博士學位學程博士候選人　徐也翔

前　言

　　近年來，世界各國不論是無線電視、有線電視、頻道業者或電信業者，都開始經營 OTT 視訊服務，因為既有業者普遍認為如果不經營 OTT 服務，其他業者也會進入電視市場（Walop & Webb, 2015; Pennington, February 28, 2017）。OTT 的發展首先是技術可行，不需自己建設寬頻，就可提供服務，其次是因為很多國家都沒有將 OTT 業者納入管制，讓其發揮的空間較大。電視業者咸認為傳統媒體的管制較為嚴格，而 OTT 視訊服務不是管制較鬆就是無法可管（Polashuk, 2015; BEREC, October 5, 2015）。尤其是臺灣的中華電信公司因交通部持股而不得經營媒體，就認為經營 OTT 視訊服務是一個突破現狀的機會。有線電視業者如凱擘在觀察市場趨勢之後，也決定提供 OTT 服務，無線電視業者只有民視經營，頻道業者則有三立，另外還有從機上盒起家的 Li TV 等，都相繼加入運營的行列。

　　就整體環境而言，2016 年臺灣家戶連網普及率為 87.9%，家戶寬頻普及率為 87.3%，行動電話普及率為 122.9%（MIC, 2017）。此外，4G 普及率也已超過五成，達 55.45%（黃晶琳，2016 年 8 月 15 日）。顯見臺灣寬頻以及行動上網的環境都已成熟。在法規環境，NCC 尚未對 OTT 視訊服務設定規範。臺灣民眾收視的 OTT TV 多半以 YouTube 為主，其次就是收視大陸的優酷土豆、愛奇藝等視頻網站。此外，美國 Netflix 與法國 Dailymotion 也進入臺灣市場，讓臺灣既有業者更覺得備受威脅。國外的 OTT 視訊服務多半是無國界、全球性的，兩岸的 OTT TV 因為語言因素，先以華人市場為主。臺灣的 OTT 視訊服務業者因為版權或經濟規模諸多因素，剛開始以本土市場為主，未來的目標也希望能進軍國際。

　　在臺灣，經營 OTT 視訊服務所需具備的關鍵成功因素為頻寬、內容、服務、技術、平台以及裝置等。除了目前外在的法規環境、寬頻環境以及上網環境之外，服務也必須完善，例如節目充足、使用方便且提供個人化服務，都對 OTT 視訊業者的發展會有所助益。

第一節　OTT TV 進入臺灣市場後的電視生態及價值鏈

　　臺灣電視產業生態若以 OTT 視訊服務為核心，與無線電視、有線電視、IPTV 等他平台分別形成競合關係。隨著年輕觀眾上網收視的時間已逐漸高於傳統媒體的**趨勢**，傳統電視如無線電視業者民視、有線電視業者凱擘皆以開放的 OTT 模式增加收視者觀看其節目的便利性。提供寬頻上網的電信業者中華電信本來只有 IPTV 服務，因為擔心 OTT 視訊服務帶來的威脅，所以也推出自己的 OTT 服務。內容產製業者三立則希望能讓其內容在更多的平台上曝光，同時希冀從不同平台收取更多的版權費，至於終端製造商三星則欲藉由整合更多樣的服務內容，進一步提升其設備如 Smart TV 的價值，以增加觀眾購買的意願，因此紛紛跨足經營 OTT 視訊服務（圖 9-1）。

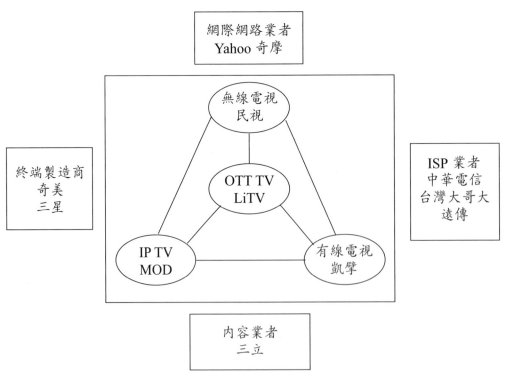

圖 9-1　臺灣 OTT TV 之生態圖

　　臺灣 OTT TV 的價值鏈（圖 9-2）主要包含了內容、整合者、傳送者及設備製造商。內容產製者例如三立與民視。整合者包括頻道營運商及平台整合者（如 LiTV）。傳送者包括網路營運者（如中華電信、遠傳、台灣大哥大、凱擘）及 ISP。設備製造商例如鴻海與奇美。臺灣 OTT 視訊服務的傳送模式具有以下幾種情形：經由其自身所擁有的機上盒、經由其他業者的機上盒、經由連網電視（Connected TV）如奇美電視機的智慧型電視、與其他網路營運商合作或使用 Apps。

圖 9-2　臺灣 OTT 視訊服務價值鏈

資料來源：改繪自 Venturini（2011）。

　　回顧臺灣 OTT TV 發展的歷程，此一服務並非突然出現。網際網路使用者習慣免費內容，發展初期大陸視頻網站為吸引用戶使用，提供一些沒有版權影音內容，逐漸形成觀眾收視群。部分業者也開始提供相關服務，毋需布建基礎建設，繞過 ISP 業者經由網際網路即可提供服務。在政策法規方面，既沒有法律也不受規管。至於在廣告的部分，形式非常多樣，內容與時間長度都沒限制，且製作快速具即時性，觀眾可以在收看廣告播放幾秒鐘之後就略去畫面，對於消費者而言有更多選擇，讓 OTT 業者開始分食其他既有媒體的廣告。

　　此外，OTT 視訊服務的出現，部分觀眾選擇退訂較貴的有線電視，轉而收視網路上較便宜或免費的影音內容，形成剪線現象（cord cutting），此一現象最早出現在 2011 年，美國的付費電視市場開始有逐漸流失訂戶的情形發生（Richmond, August 15, 2012）。以臺灣而言，資策會（MIC）於 2015 年所做的調查結果，有

16% 受訪者表示不會續訂第四臺，將預算轉移至數位影視如 OTT 視訊服務；15.8%
消費者則表示近半年內沒有訂閱第四臺，但仍有 67.9% 受訪者表示會續訂第四臺
（彭慧明，2016 年 2 月 29 日）。顯示剪線運動的現象在臺灣已經開始出現，目前
雖不明顯，其未來發展及影響仍值得持續關注。

　　臺灣廣告市場也由於網際網路的快速發展，呈現極大的變化。2015 年的整體
的廣告量，有線電視為 205.5 億元，占整體市場 33.67%，相較於 2014 年微幅下跌
1.7%。至於無線電視部分，廣告總營收自 2001 年起開始走下坡，至 2015 年僅剩
下 36 億元，市占率為 5.92%。網路部分成長的幅度最高，2015 年已達到 193.5 億
元，占整體市場 31.7%，相較 2014 年的 161.7 億元，成長 19.6%（表 9-1）。2016

表 9-1　臺灣整體廣告量

單位：千元

	無線電視	有線電視	報紙	雜誌	廣播	戶外	網路
2010	5,060,629	19,861,782	11,955,662	5,549,827	4,482,972	3,288,964	8,551,000
占有率 %	8.61%	33.81%	20.35%	9.45%	7.63%	5.60%	14.55%
2011	4,899,729	21,175,082	10,674,408	5,677,641	4,139,539	3,680,282	10,215,000
占有率 %	8.10%	35.02%	17.65%	9.39%	6.85%	6.09%	16.89%
2012	3,999,707	20,059,287	9,522,068	5,340,950	3,555,348	3,591,644	11,601,000
占有率 %	6.94%	34.78%	16.51%	9.26%	6.16%	6.23%	20.12%
2013	3,817,132	20,992,491	8,679,067	5,293,617	3,120,841	4,168,427	13,680,000
占有率 %	6.39%	35.13%	14.53%	8.86%	5.22%	6.98%	22.89%
2014	3,681,093	20,906,497	7,906,026	4,844,362	3,122,120	4,287,798	16,177,000
占有率 %	6.04%	34.32%	12.98%	7.95%	5.12%	7.04%	26.55%
2015	3,610,981	20,553,840	6,426,602	4,122,971	2,731,078	4,245,083	19,352,000
占有率 %	5.92%	33.67%	10.53%	6.75%	4.47%	6.95%	31.70%

資料來源：臺北市媒體服務代理商協會（2016）。

年上半年臺灣網路廣告量就達到 111 億元，正式超越有線電視加無線電視 110 億元的廣告量，反映出網路媒體已成爲接觸消費者主要的管道（科技新報，2016 年 9月 27 日）。

　　至於臺灣民眾使用媒體的情形，根據尼爾森媒體研究 2015 年媒體大調查（圖9-3）的結果顯示，電視仍是五大媒體（電視、報紙、雜誌、廣播與網路）中接觸比例最高的，有 88% 民眾會選擇收看電視，平均花費在電視的時間爲 2 小時又 42分鐘，較 2014 年相比，每天觀看的時間微幅減少 8 分鐘。網路爲第二大媒體，接觸比例較 2014 年增加 10 個百分點達到 79%，有將近八成的民眾固定會上網。

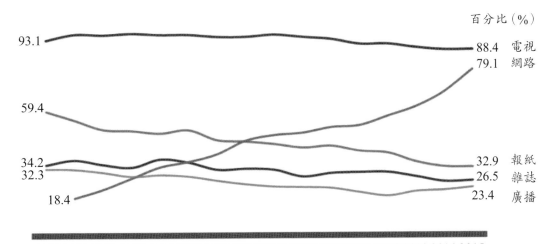

圖 9-3　2010～2015 五大媒體接觸率

資料來源：尼爾森（2016）。

　　民眾使用 OTT TV 的行爲方面，透過個人電腦收看的線上影音平台主要是Youtube，有九成以上（93.2%），其次爲 Facebook，有近五成（49.2%）。其他平台依高低排序爲土豆網（16%）、Yahoo 奇摩影音（14%）、PPS 影音（11.4%）、LINE TV（10.8%）、優酷（9.4%）、愛奇藝（7.4%）、隨意窩 Xuite 影音（6.8%）以及 Dailymotion（6.5%）（MIC, 2016）。此外，就付費行爲方面，資策會於 2016 年第四季公布國內消費者進行線上影音平台的使用狀況調查，發現有 23% 的人願意付費收看線上影片，相較於 2014 年的 10% 和 2015 年的 17%，呈現逐年增加的趨勢，

顯示臺灣的線上影音平台的市場近期持續成長，因此吸引各方業者的積極投入。

第二節　臺灣 OTT TV 之使用情形

一、臺灣 OTT TV 使用者之調查

為了探討臺灣 OTT 視訊服務使用者的使用行為與其對於不同經營模式的接受程度，作者委由網路調查公司，於 2014 年 4 月 1 日至 2014 年 4 月 7 日期間，進行問卷調查，調查樣本數為 827 人。訪問內容包括了 OTT 視訊服務的使用情形；OTT 視訊服務對於既有媒體的取代／互補效果，以及 OTT 視訊服務的使用滿意度。

首先針對受訪者可接受的 OTT TV 付費、免費模式方面（表 9-2），有 68.7% 的受訪者「只願意看免費內容，有廣告沒關係」，有 21.4% 的受訪者「只願意看免費內容，不要有廣告」。至於「多半看免費的內容，有廣告沒關係，但有時也會付費或買點數」的受訪者則占 7.1%。顯示觀眾仍習慣收視免費的 OTT TV，僅約一成左右的人願意付費收視。

表 9-2　受訪者可接受的 OTT TV 付費、免費模式

項目	人數	百分比
只願意看免費內容，有廣告沒關係	568	68.7%
只願意看免費內容，不要有廣告	177	21.4%
多半看免費的內容，有廣告沒關係，但有時也會付費或買點數	59	7.1%
多半看免費的內容，不要有廣告，但有時也會付費或買點數	18	2.2%
通常會付費，但不要有廣告	5	0.6%

其次在可接受的廣告播放形式方面（表 9-3），高達 60.3% 的受訪者可接受「節目播放前需觀看廣告」，可接受「跑馬燈形式在銀幕的左右或下方跑廣告」以及「螢幕下方顯示廣告」的受訪者均為 15.5%，可接受「彈出式廣告」的受訪者占 5.4%。顯示多數觀眾較習慣收視 OTT TV 節目播放前，先觀看廣告。

表 9-3　受訪者可接受的廣告播放形式

項目	人數	百分比
節目播放前需觀看廣告	378	60.3%
節目中間播放廣告	21	3.3%
跑馬燈形式在銀幕的左右或下方跑廣告	97	15.5%
螢幕下方顯示廣告	97	15.5%
彈出式廣告	34	5.4%

　　在願意付費的 85 人當中，可接受的付費模式以「計次付費」為最多共 32 人（39%），另外有 28 位（34.1%）受訪者接受「固定月收視費（吃到飽）」，21 位（25.6%）受訪者能接受「固定月收視費（分組合或套裝）」。（註：以下分項調查受訪者付費之意願，儘管回答的數量低，但仍顯現當時之情形）。其中在固定月收視費（吃到飽）的付費金額方面（表 9-4），有 28.6% 的受訪者願意付出的金額為「150 元至 199 元」，14.3% 的受訪者接受「100 元至 149 元」，至於「49 元（含）以內」、「200 元至 249 元」以及「500 元（含）以上」均占了 10.7%。

表 9-4　受訪者願意在「固定月收視費」（吃到飽）付費金額

項目	人數	百分比
500 元（含）以上	3	10.7%
200 元至 249 元	3	10.7%
150 元至 199 元	8	28.6%
100 元至 149 元	4	14.3%
49 元（含）以內	3	10.7%

　　在固定月收視費（分組合或套裝）的付費金額方面（表 9-5），有 28.6% 的受訪者願意付出的金額為「150 元至 199 元」，23.8% 的受訪者接受「100 元至 149 元」，至於「49 元（含）以內」、「50 元至 99 元」均占了 14.3%。

表 9-5　受訪者願意在「固定月收視費（分組合或套裝）」付費金額

項目	人數	百分比
150 元至 199 元	6	28.6%
100 元至 149 元	5	23.8%
50 元至 99 元	3	14.3%
49 元（含）以內	3	14.3%

在計次付費的付費金額方面（表 9-6），有 25% 的受訪者願意付出的金額爲「20 元至 29 元」，另外有 21.9% 的受訪者願意付出「9 元（含）以內」或「10 元至 19 元」，15.6% 的受訪者接受「30 元至 39 元」。

表 9-6　受訪者願意在「計次付費」付費收視節目金額

項目	人數	百分比
30 元至 39 元	5	15.6%
20 元至 29 元	8	25%
10 元至 19 元	7	21.9%
9 元（含）以內	7	21.9%

在受訪者使用計次付費 OTT TV 的情形，關於付費收視電影新片金額方面（表 9-7），有 31.3% 的受訪者願意付「30 元至 39 元」收視電影新片，25% 願意付出「10 元至 19 元」，15.6% 願意付「20 元至 29 元」。「50 元至 59 元」、「9 元（含）以內」均有 9.4% 的受訪者願意付費收視。

表 9-7　受訪者使用「計次付費」付費收視電影新片金額

項目	人數	百分比
50 元至 59 元	3	9.4%
30 元至 39 元	10	31.3%
20 元至 29 元	5	15.6%
10 元至 19 元	8	25%
9 元（含）以內	3	9.4%

關於付費收視電影舊片金額方面（表 9-8），有 37.5% 的受訪者願意付「10元至 19 元」收視電影舊片，其次為 31.3% 的受訪者願意付「9 元（含）以內」，21.9% 願意付「20 元至 29 元」，6.3% 的受訪者願意付「30 元至 39 元」。在受訪者使用「計次付費」收視節目類型方面，「電影」是最主要的節目類型，占了 75%，其次則為「電視劇」的 9.4%，「動漫」及「音樂」都占了 6.3%。

表 9-8　受訪者使用「計次付費」付費收視電影舊片金額

項目	人數	百分比
40 元至 49 元	1	3.1%
30 元至 39 元	2	6.3%
20 元至 29 元	7	21.9%
10 元至 19 元	12	37.5%
9 元（含）以內	10	31.3%

受訪者收視 OTT TV 之情形（表 9-9），關於收視 OTT TV 情境方面，有 86.3%的受訪者在「家中自己收視」，33.6% 的受訪者「在家中與家人一起收視」，19.5%則是在「等候時」，「乘車時」以及「在外用餐時」分別各占了 8.6%、6.4%。

表 9-9　受訪者收視 OTT TV 之情境（複選，至多三項）

項目	人數	百分比
在家中自己收視	714	86.3%
在家中與家人一起收視	278	33.6%
等候時	161	19.5%
乘車時	71	8.6%
在外用餐時	53	6.4%
上班時	44	5.3%

至於在收看 OTT TV 節目類型上（表 9-10），有 61.3% 的受訪者收看「電影」，57.8% 的受訪者收看「電視劇」，收看「動漫」的受訪者占 19.3%，18.6% 的受訪者

收看「音樂」，16.9%的受訪者收看「綜藝節目」，還有11.6%的受訪者收看「新聞」。至於受訪者最常在 OTT 上做的事情，最多的為「看節目」，占全部的94.3%，其次為「搜尋資訊」占4.7%，最後分別為「討論節目內容」的0.7%，以及「上傳自製內容」的0.2%。

表 9-10　受訪者收視 OTT TV 節目類型（複選，至多三項）

項目	人數	百分比
電影	507	61.3%
電視劇	478	57.8%
動漫	160	19.3%
音樂	154	18.6%
綜藝	140	16.9%
新聞	96	11.6%
搞笑	76	9.2%

受訪者對於 OTT TV 節目類型滿意情形（表 9-11），在最滿意部分，有34.2%的受訪者選擇「電影」，以及33.5%的受訪者選擇「電視劇」。

表 9-11　受訪者對於 OTT TV 節目類型滿意情形

項目	最滿意
電影	283（34.2%）
電視劇	277（33.5%）
動漫	69（8.3%）
音樂	62（7.5%）
綜藝	33（4%）
新聞	18（2.2%）
搞笑	13（1.6%）
體育	13（1.6%）
使用者自製內容	13（1.6%）
微電影	9（1.1%）

受訪者對於 OTT TV 節目類型最不滿意情形（表 9-12），在最不滿意部分，有 12.6% 的受訪者選擇「使用者自製內容」，有 10.2% 的受訪者選擇「OTT 業者自製內容」及「傳統戲曲」。

表 9-12　受訪者對於 OTT TV 節目類型不滿意情形

項目	最不滿意
使用者自製內容	104（12.6%）
OTT 業者自製內容	84（10.2%）
傳統戲曲（如布袋戲、歌仔戲）	84（10.2%）
直播節目	70（8.5%）
財經	64（7.7%）
新聞	56（6.8%）
兒童	38（4.6%）
時尚	32（3.9%）
體育	29（3.5%）
汽車	29（3.5%）

二、臺灣 OTT TV 使用者的深度剖析

　　為進一步了解臺灣目前消費者於 OTT 視訊媒體使用之情形，作者於 2014 年 2 月 21 日起，將 OTT 視訊媒體焦點團體徵求資訊和報名表單刊登至 BBS 的打工版和問卷版。截至 2014 年 2 月 26 日止，除去重複報名者，共計 304 位。因考量嚴謹性，依據需求條件進行篩選，並密切聯繫符合資格者，第一階段選定 55 位受訪者，再根據其人口結構（性別、年齡、職業、學歷），第二階段確定 10 位受訪者，參與 2014 年 4 月 20 日的焦點團體訪談。

（一）最受歡迎的收視平台以 YouTube、PPS 和風行影視為主

　　多數受訪者因使用習慣和安全考量，較常於固定收視的 OTT 平台上，以「關鍵字」進行初步搜尋，除非 OTT 平台封鎖部分影音內容，以致無法觀看時，才會

退而求其次，透過 Google 等搜尋引擎尋找他人提供的收視連結。

　　10 位受訪者皆表示，通常以收視的影音內容類型作爲選擇 OTT 平台的關鍵因素，最常收視的 OTT 平台以 YouTube 爲首，其次爲 PPS，風行影視則排名第三。若爲時下最新、最流行的影音內容，例如：MV、廣告、新聞片段和體育賽事，YouTube 爲受訪者最常使用的收視平台；若爲影視相關節目，例如：戲劇、電影和日本動漫，則以 PPS 平台爲主；除此之外，風行影視亦爲受訪者的選擇之一，多以收視美國戲劇、電影爲主。

　　不過近年來，因爲智慧財產權的保護意識高漲，YouTube 和 PPS 開始針對侵權的影音內容進行管制甚至逐一清除，而風行影視自從被併購後，亦因版權因素，封鎖部分影音內容。其他 OTT 平台，例如：Hichannel、Dailymotion 和 Vigor 亦有受訪者涉獵，作爲互補平台之間影音內容類型之不足。

（二）收視高峰時段以通勤時間以及就寢前為主

　　多數受訪者表示會利用上、下班通勤時間（早上 8 點至 9 點）、早餐時段及午餐時段（中午 12 點至下午 1 點）收看 OTT 影音內容。6 位受訪者表示晚餐時段會與家人一同收看有線電視的新聞節目；晚間 8 點過後至睡前，再利用個人電腦或行動裝置收看 OTT 影音內容，因此，OTT 視訊服務的跨裝置整合便相形重要，讓使用者可透過各種電子裝置接收視訊服務。另外，有受訪者表示因個人習慣爲早上收看新聞，晚間新聞時間收看 OTT 影音內容，晚間 8 點新聞播畢後才轉至有線電視。

（三）偏好免費收視影音內容且不介意播放前觀看廣告

　　多位受訪者表示選擇收看 OTT 影音內容的主要原因爲免費，除節省額外娛樂支出費用外，可透過現有裝置（如個人電腦、行動裝置等）接收 OTT，不須額外購買播放設備。另外，受訪者皆表示願意等待節目開始前播放廣告，但廣告內容長度僅限於 5 至 10 秒內。但有受訪者指出，未來 OTT 若提供高畫質的影音內容，且不含廣告，會考量付費收看。

（四）接受付費類型以體育賽事、連續劇和電影影集為主

　　若收看付費的影音內容，受訪者指出將依據個人喜好和需求，收看不同類型而有不同程度的付費上限。以體育賽事而言，以一個月 500 元爲限的吃到飽形式；以

一般節目內容而言，則以月費制度計算；以電影而言，以一部 100 元爲限；以連續劇而言，分爲單集 39 元爲限；一套 199 至 299 元爲限；以外國影集而言，則以一季 199 元或 299 元爲限。

（五）即使享受 OTT 服務，仍不考慮退訂家中既有電視系統

除了一位受訪者家中無有線電視或 MOD 收視系統，僅透過 OTT 觀看影視內容外，其餘 9 位受訪者皆表示即便使用 OTT 視訊服務，仍不會退訂家中既有電視服務，主要原因爲家庭其他成員的收視需求仍以有線電視或 MOD 爲主，無法全數轉至 OTT 平台。有 1 位受訪者提及既有電視與 OTT 視訊平台的操作需求不同，有線電視的線性操作不須花費挑選節目心力，因此放鬆時會選擇收看有線電視節目。

幾乎所有受訪者皆表示雖使用 OTT 視訊服務，但不會考慮退訂家中現有電視系統，足見目前 OTT 對於受訪者而言仍與既有電視互補，而非完全取代。主要原因除家庭其他成員的收視習慣難以改變外，有受訪者認爲現有電視系統的線性操作行爲更加簡易。

（六）滿意 OTT 視訊服務的多元內容、更新即時

OTT 平台所提供的節目多爲臺灣現有頻道尚未提供的內容，且 OTT 平台更新速度快，無論是在影音內容多元以及更新速度皆爲吸引受訪者收看 OTT 視訊節目的誘因。然而，於新聞類型方面，因 OTT 平台提供之新聞內容主要來源仍爲既有電視頻道，於內容上並無太大區隔且欠缺新聞即時性，因此受訪者較不滿意 OTT 提供的新聞類型節目。因此，內容差異化以及更新即時爲 OTT 平台區隔既有電視服務的最大優勢。

（七）希望能收視臺灣 OTT 業者自製的節目

有受訪者提及，由於既有電視所提供的臺灣自製節目較少，尤其又以教育性、知識性和紀錄片節目最爲缺乏，而現有的 OTT 平台所提供的相關影音內容品質參差不齊，更少見臺灣自製，故無法滿足家中孩童或其他成員的收視需求，希望臺灣 OTT 業者未來能自製更多相關節目，並且提供多元選擇。另外，OTT 業者可針對其行動收視以及整合多螢裝置的優勢，與既有電視服務進行市場區隔，提升臺灣使用者對於 OTT 視訊服務的採用意願。

第三節 臺灣 OTT TV 之創新服務與經營模式

綜觀臺灣本土的 OTT 視訊服務業者，以其原本提供服務的類型不同，可以概略分爲：(1) 提供寬頻上網業者，如電信業者中華電信、遠傳、台灣大哥大、亞太電信，以及有線電視業者凱擘；(2) 內容產製業者，如民視、三立；(3) 內容整合業者，如 LiTV、愛爾達、Yahoo 奇摩、CATCHPLAY、KKBox；(4) 其他業者，如 Line TV、酷瞧、歐酷。

一、提供寬頻上網業者經營之 OTT TV

（一）電信業者

1. 中華電信

• 提供多元數位匯流服務

中華電信是臺灣電信業者中最早提供匯流服務的業者，旗下 hichannel 是 HiNet 中華電信數據通信分公司架構的網路多媒體影視平台，於 2000 年 6 月正式上線。中華電信 hichannel 影視網主要是以服務在臺灣地區的 HiNet 寬頻用戶爲主，並引進內容供應商製作或版權商授權的影視節目，包括「直播頻道」（Live Channels）與「隨選影片」（Video On Demand），提供 HiNet 寬頻用戶線上影視內容服務。

• 整併旗下影音資源，提供完整服務

爲因應數位匯流的發展趨勢，中華電信於 2014 年整合 MOD、hichannel、Hami 等既有視訊服務內容爲「中華影視」服務（林淑惠，2014 年 11 月 20 日）。從平台的面向，中華電信擁有最大行動電話客群，客戶數超過千萬，以此爲基礎出發，乃是讓服務能夠推動的利基點。目前單獨購買中華影視服務的用戶較少，仍以與 Hami 加以綑綁爲居多，用戶可選擇一項手機資費方案與 Hami 搭配。2017 年 2 月付費客戶數約三十多萬。此外，傳統電視頻道所受的規範較多，也不符合現在消費者的收視習慣，目前主管機關對於 OTT TV 上的內容並未加以管制，中華電信經營 OTT TV 可以擺脫法規對其經營媒體的限制（因爲交通部持有中華電信三成多的股份，中華電信不可經營廣電媒體），同時 OTT TV 在呈現方式、終端設備的使用

均較符合現在使用者的喜好（張義豐，2017 年 2 月 14 日訪談）。

近年來由於大型 OTT 業者製作節目投入的成本愈來愈多，版權費水漲船高，購買韓劇的金額持續增加，且與本土內容製作水準的差距愈來愈大，中華電信認為其「中華影視」必須找尋具有臺灣專屬的特色，製作出具差異化的內容，未來再將內容加以擴大成具國際化水準的服務。所以中華電信集結臺灣優秀的創意人才及內容，進一步協助其製作完成，讓觀眾看到關於臺灣之美的內容，然後將其中的普世價值向國外推廣，在內容製作上以短片或是中長片為主，探 VOD 的方式呈現（張義豐，2017 年 2 月 14 日訪談）。

2. 台灣大哥大
• 整合上下游資源，提供加值服務吸引用戶

台灣大哥大跳脫電信營運商角色，上下串連既有網路基礎建設、雲端基礎設施、付費系統與行銷資源、門市通路，橫向整合 momo 親子臺，myMusic、myBook 等加值服務，於 2012 年推出「myVideo 影音隨看服務」，透過平台匯流讓用戶可透過不同載具觀看影音節目。myVideo 並與得利影視、福斯國際、momo 親子臺、隆華數位、Sundance、CATCHPLAY 等內容業者合作打造行動影音平台，主要訴求包括多螢一雲多平台、無間縫視聽、動態頻寬調整、專屬節目表、DVD 新片同步。

myVideo 提供行動通訊和 WiFi 收看，並支援所有具連網功能之載具（桌上型及筆記型電腦、智慧型行動電話、平板電腦、智慧電視），在桌上型電腦沒看完的影片可在智慧型行動電話上接續觀看（資策會，2013）。截至 2016 年 11 月為止，myVideo 已累計近 200 萬次 App 下載數、每月平均超過百萬人次活躍用戶（江明晏，2016 年 11 月 7 日）。

3. 遠傳電信
• 與電影發行業者合作，提供訂戶線上收視電影內容為主

遠傳影城（FET Video Store）是遠傳電信於 2011 年與 CatchPlay 共同合作所提供的線上影視服務，主要訴求為獨享、隨時、快速三大特性，並且支援多螢一雲的跨平台服務，使用者可以透過手機、平板電腦、筆記型電腦、桌上型電腦、智

慧電視等終端產品線上租看電影（資策會，2013）。2012 年遠傳影城服務升級，與過去 Web 介面有所不同，改用 App 的方式呈現，主要針對跨平台的使用特性，加入接續觀賞（Stop and Go）功能，並且可自動針對頻寬調整最佳播放流暢度（周永蓓，2013）。此外，遠傳影城也與三星 Smart TV 獨家合作，讓用戶使用智慧型電視 App，無須另外接 HDMI（High Definition Multimedia Interface，高畫質多媒體介面）即可直接觀看影片。

　　為了推廣給更多其他的用戶，遠傳在 2015 年 11 月將遠傳影城全新改版，推出 OTT 影音平台 friDay 影音，2016 年已經有 100 萬註冊會員，其中 25 萬用戶是月租付費的會員。friDay 影音由於其電信業者的背景，因此在頻寬的取得占有優勢，加上遠傳既有電信用戶的基礎，因此能讓平台一推出就迅速擴展。friDay 影音特別強調個人化，朝著分眾行銷的方式，依電影類型策畫推薦清單，並包裝成「粉多影展」，提供九大主題網路影片，供使用者挑選適合自己的電影。friDay 影音也致力於直播，可以看到七家新聞臺包括東森、東森財經、中天、TVBS、民視、BBC 以及 Bloomberg 直播，也能觀賞體育賽事和大型頒獎典禮如金鐘獎、金馬獎的直播（吳同凰，2016 年 12 月 1 日；娛樂重擊，2016 年 5 月 17 日）。

4. 亞太電信

　　亞太電信作為電信業者具備網路的優勢，經營 OTT TV 可運用既有的頻寬。其所提供的 OTT 服務，可分為以 Live 直播頻道為主的 Gt 行動電視及播放電影為主的 Gt 行動影城。前者包括新聞、綜藝、影劇內容、兒童節目等，後者包括臺港、日韓、歐美等各類型影片。Gt 行動電視並與福斯國際電視網合作，於平台上架「FOX Sports」on demand 服務，用戶可於手機、平板等行動設備上，即時同步收視各項運動賽事。Gt 行動影城的使用者透過各種行動裝置，就能隨選隨看，收費模式為不限觀看次數或單次付費觀賞。Gt 行動電視已經累積近 30 萬付費用戶，而行動影城的用戶數則約 3 萬戶（黃晶琳，2016 年 4 月 4 日）。

5. 台灣之星

　　台灣之星尚未有自己開發的 OTT TV，剛開始選擇與愛奇藝及 LiTV 合作。隨著愛奇藝臺灣站推出韓劇「太陽的後裔」，形成全臺追劇熱潮之後，因此台灣之星

與愛奇藝臺灣站合作為其用戶提供影音服務。此外，由於市面上的影音服務多以境外戲劇、電影為主，為了提供用戶在地化影音內容，台灣之星與 LiTV 合作，讓用戶能收視臺灣自製的偶像劇、本土戲劇及綜藝節目。台灣之星主要採取與各產業合作的策略，讓在消費價值鏈各端的業者能發揮所長，以提供用戶完整的內容服務（中央社，2016 年 6 月 29 日；王逸芯，2016 年 12 月 15 日）。

（二）有線電視業者 —— 凱擘

　　凱擘因為見到 OTT TV 的發展是世界趨勢，也推出 OTT 服務。不過其 OTT 定位是從既有的訂戶進一步向外延伸。由於有線電視的觀眾僅能固定在戶內收視，OTT 的特性為具備連結上網的環境即可使用，同時可以在開放的設備上觀看，而未來的使用趨勢都是在手機、平板、PC 上收視，因此凱擘決定納入 OTT 的特性。且凱擘也提供寬頻業務，所以在既有的一百多萬家戶內推廣，希望讓消費者能享受從家戶延伸至戶外的觀影方式（鄧儒宗，2017 年 2 月 15 日訪談）。

• 以現有家戶數為立基，提供用戶跨螢整合服務

　　截至 2017 年 2 月，凱擘有一百二十幾萬有線電視用戶，其中七十多萬臺雙向機上盒可以使用 OTT 平台，至於經由下載 App 的方式收視，完全不是凱擘用戶的使用者已累積到兩萬。凱擘 Super MOD（SMOD）的服務與一般 OTT 環境的差別在於，SMOD 在電視上的觀賞行為較為方便，不需要加裝任何其他設備如 chromecast 電視棒等。民眾出外前將行動裝置與機上盒連結綁定，即可隨時隨地收視。凱擘認為在既有的用戶推廣 OTT 視訊服務才有成功的機會，利基點在於配合國家的寬頻政策。凱擘認為提供 OTT 服務，對於寬頻業務的拓展將非常有幫助，他們不希望僅扮演笨水管的通道角色。

　　凱擘希望能提供全面性的服務，現階段 SMOD 的用戶數仍不足、使用人數尚未成規模，SMOD 包含了線性頻道及部分免費的內容。與其他 OTT TV 的差異化在於，目前絕大多數的業者都是從網路面著手，凱擘則是以現有的家戶數為基礎，百分之九十五以上為既有的有線電視用戶，讓 OTT 的便利服務配合至寬頻時代的使用行為，使用戶能同時擁有兩種服務。過去的 OTT 是從網路延伸出來，凱擘的 OTT TV 服務則是立基於有線電視服務再加以提升。OTT 只是 IoT（Internet of

Thing）領域的一部分，凱擘同時發展其他各種服務如健康照護、居家保全，希望能進一步衍伸出整體解決方案，提供用戶全方位服務，形成完整的服務平台（鄧儒宗，2017 年 2 月 15 日訪談）。

二、內容產製業者經營之 OTT TV

（一）無線電視業者 ── 民視

　　臺灣目前五家無線電視臺當中，民視為唯一跨足 OTT 視訊服務的無線電視業者。民視為取得自有的 OTT 平台，於 2015 年成立子公司鳳梨傳媒（Online Media Corporation），專責建置自有品牌「四季線上影視 4gTV」，7 月開始提供服務，用戶可以在手機、平板與電腦等各種載具收看一百個以上頻道，內容以直播為主，同時也提供 VOD 服務。民視成立四季線上影視 4gTV 的主要原因，乃基於自身為內容製作者的概念，同時集結大量頻道內容，與各電信業者如中華電信、遠傳、亞太等合作提供 B2B2C 服務。民視發展 OTT 之目的，是為了在新媒體領域能取得實質經驗，並以實際營收作為補償未來可能在傳統媒體廣告營收的流失。（游智森，2017 年 2 月 4 日訪談）。

　　• 從行動平台切入與電信業者共同合作

　　就商業模式部分，四季線上影視以訂費為主，同時也有廣告營收。在 B2B2C 方面，民視採取與各電信業者合作的方式，除了技術支援、成本支出、頻寬、CDN 後臺的合作之外，同時在收費方面，依據電信業者提供其手機門號用戶加值服務所收取的費用再加以拆分，目前在各電信公司共有五十萬戶的付費收視戶。在廣告營收部分，則是與 Yahoo、Google、臉書等平台拆分，或香蕉、鳳梨頻道播放自製直播串流節目時，向廠商取得廣告預算。

（二）電視頻道業者 ── 三立

　　由於三立電視臺以自製內容為主要活動，因此目標是將內容產值加以極大化，除了將節目授權給無線電視臺之外，同時也授權給有線臺，將戲劇版權賣給東森、臺視以及八大等。三立希望進一步能授權至非電視之平台如 OTT，認為 OTT 平台對於內容授權的需求有增加之趨勢。其次，三立在有線電視頻道的經營收入，

主要來自廣告，而廣告主對於廣告預算的分配，在網路的投放逐漸增加，顯示新媒體的影響力、點閱率、廣告營收慢慢對傳統業者產生影響（張正芬，2017 年 2 月 4 日訪談）。

- **掌握獨家內容強化營運優勢**

　　一般經營 OTT 視訊服務主要的成本考量為：內容版權費用、頻寬費用以及人事營運管銷成本，而三立擁有龐大的自製內容，因此經營成本相較於其他業者為低。三立將其 OTT TV「Vidol」定位為全球華人的影音平台，以臺灣自製節目為主，營運的優勢為臺灣獨家的節目，以及衍伸的、幕後的內容。三立評估未來的發展方向除了以自製內容為基本，將進一步與臺灣自製 OTT 內容的業者合作。

　　Vidol 的內容主要包括 VOD 影片、戲劇、綜藝，並未納入新聞影音內容。頻道的部分，則有臺灣臺、都會臺的直播。主要吸引的對象為喜好三立內容的觀眾，一種是無法固定在家收看電視，時常在外移動，方便用戶追劇，可以行動中收看內容；第二種是希望能收看幕後和獨家內容的觀眾。由於三立為臺灣收視率高的電視臺，相較其他電視平台擁有更廣大的收視群，因此希望能移轉部份收視群至新媒體平台。

　　三立認為經營 OTT 視訊媒體以獨家內容最重要。三立擁有其他平台所缺乏的自製和獨家內容，喜好收看三立節目的用戶會有意願使用 Vidol，且喜好其中的節目。三立從大數據分析追蹤客戶的使用行為，認為收視率、點擊數和會員增加具相關性。三立每日分析電視收視率，並比對昨日收視 Vidol 的用戶輪廓（user profile），例如何時登入使用、使用者特徵。由於充分掌握產品特性、社群分析以及行銷資源，因此可依據會員的收視行為來判斷採取何種行銷活動。三立每日都會提出獨家活動，在電視頻道如臺灣臺直播的同時，於 Vidol 推出明星聊天室，讓用戶與明星互動，如此可提升點閱率，增加會員數（張正芬，2017 年 2 月 4 日訪談）。

- **採混和型經營模式，專案及付費並行**

　　OTT 視訊服務的獲利模式，主要為會員收費、訂閱費、廣告以及專案。由於臺灣的影音盜版情形嚴重，且民眾對於付費收看影音內容的習慣短期內養成仍有困難，現階段盜版影音內容下載容易，培養民眾付費的習慣仍需要時間，依賴會員收費或訂閱費仍難以獲利。在廣告方面，臺灣網路廣告收入約六成都在 Google 及臉

書上，原因在於其他的平台流量不夠大，廣告投放機制及成效不夠好。至於專案的形式，則尋求與廣告客戶進行合作，例如 Vidol 與福特汽車合作，由福特汽車提供預算，合作量身製作 OTT 影音內容，除了在 Vidol 上映之外，並可在全國福特汽車門市播放，同時也可以於 YouTube 上播放，將福特新上市汽車的功能置入到影片當中（張正芬，2017 年 2 月 4 日訪談）。

　　另一種專案合作形式，為取得政府預算，包括輔導金、4G 推廣補助金。例如三立的首部自製劇「我的未來男友」獲得了文化部「105 年度行動寬頻影音節目製作補助」。三立的優勢在於擁有專職的業務部門，負責所有電視廣告，並承接 Vidol 的網路廣告，以專案廣告為主，可提供業務部的客戶全媒體服務，將廣告費用分配至雜誌、有線電視、新媒體。

三、內容整合業者經營之 OTT TV

（一）LiTV

　　LiTV 為臺灣早期成立的 OTT 業者。該公司表示其每個月不重複客戶達六百萬以上。LiTV 積極與各載具的 OTT 業者合作，包括在 PC 端與 Yahoo 奇摩合作，Yahoo 奇摩首頁上看片區的內容，以及 Yahoo TV 部分內容，均由 LiTV 提供。LiTV 同時也建立自有專屬網站。手機部分，提供 Android 與 IoS 的 App 版本。在電視上，大部分品牌的智慧型電視均嵌入 LiTV 的內容，如三星、鴻海、聲寶，同時市面上許多機上盒也已內建 LiTV（錢大衛，2017 年 2 月 6 日訪談）。

　　・經營模式多樣化，從前端到後臺均涉獵

　　LiTV 在提供的服務類型方面：1. AVOD（Advertising VOD）廣告模式：LiTV 提供觀眾在手機及 PC 上免費收視綜藝及戲劇的服務，必須先觀看廣告之後，才收視內容，至於在電視上觀看則必須付費。2. SVOD（Subscription VOD）訂閱模式：採取每個月向用戶收費的方式，類似有線電視業者和電信業者的經營模式，觀眾可跨載具收看所有的內容。3. TVOD（Transactional VOD）單點模式：以計次付費的方式，觀眾可以在一定時間內收看內容（Savio, 2013）。剛上映的電影大多採取此一方式收費，一部影片在 48 小時以內可不限次數觀看。至於頻道內容部分，為類

似 MOD 及有線電視的收費模式。LiTV 平台上有九十幾個頻道，其中八十幾個為基本頻道，用戶可以在手機、PC、電視機上觀看。內容包括新聞臺、體育臺、綜藝、戲劇、電影，沒有購物臺、賣藥頻道，均為合法正版上架，另有愛爾達家族頻道授權，民眾也可同時購買基本電視頻道以及兩萬多小時的 SVOD。

在經營差異化的部分，首先，LiTV 讓使用者可以直接在電視機上收視節目內容，其次，LiTV 提供各種多樣化的使用模式，可供消費者依據需求自行選擇；第三，跨載具多螢的收視方式；第四，臺灣 OTT 業者正積極爭取 VOD 內容，LiTV 內容相較於其他業者非常多樣，亦提供電視頻道；第五，LiTV 利用 OTT 技術提供用戶線上卡拉 OK、股市即時報價、遊戲等加值服務。

隨著電視廣告往數位方向發展，廣告的呈現出現差異，LiTV 不只是播放影音廣告，也包括冠名、電子商務、點選廣告直接連結至網站等多種形式。LiTV 以技術為本，結合各式內容，允許創新服務，不僅只是技術創新，同時包括商業模式創新，將硬體、內容或平台、頻寬等都整合在其中。由於網路經營應該跨國界，LiTV 未來目標將朝向國際化發展（錢大衛，2017 年 2 月 6 日訪談）。

- **利用巨量資料，提供個人化創新服務**

在購買節目版權方面，LiTV 主要以用戶使用行為資料作為依據，並設計不同的內容行銷模式。例如「武媚娘傳奇」在上映時，利用中午 12 點將影片上線，抓住了上班族中午吃飯上網看劇的風潮（何英煒，2016 年 03 月 21 日）。此外，LiTV 針對「零碎的時間」的使用者行為，推出「看點」服務，讓網友可以針對劇中的精彩場景開始，直接從想要看的片段進入，不需要再從片頭開始看、開始找，特別為網路收視習慣進行量身訂做。此一服務同時可提供給沒時間追劇的使用者，可以快速理解劇情重點，在生活中更方便與他人進行討論。「短時間的影片內容」讓影音內容更容易在社群網路上發酵、引用與討論（數位時代，2015 年 4 月 13 日）。

（二）愛爾達

愛爾達科技於 2016 年 1 月推出 ELTA OTT 影視平台，由於愛爾達取得了 2016 年里約奧運臺灣新媒體轉播權，在奧運期間積極推廣相關服務，共增加約 1 萬多名用戶，2016 年底 OTT 付費用戶達 2 萬。愛爾達電視並簽下 2018 年世界盃足球

賽轉播權，預估轉播世足賽可望帶動用戶成長（黃晶琳，2016 年 10 月 22 日）。ELTA OTT 影視的競爭利基點為，市場上競爭者主要以 VOD 隨選視訊為主，ELTA OTT 採取頻道直播與 VOD 隨選的影音形式並行，同時提供體育賽事直播服務（林淑惠、邱莉玲，2016 年 01 月 12 日）。

愛爾達認為，透過網路收看影音內容已經形成一股風潮，網路發達加上智慧手機與行動裝置的普及，愈來愈多人使用電腦或是手機觀賞影音節目，愛爾達推出 OTT 影音服務，讓觀眾能夠利用手機、平板或是網路，體驗多螢一雲、無縫接軌的收視服務。OTT 讓媒體可以直接面對觀眾，再配合大數據分析，讓媒體能更清楚地了解消費者的收視喜好。愛爾達同時與無線電視業者民視旗下的鳳梨傳媒攜手合作，互相在雙方的平台上架內容（MoneyDJ，2016 年 1 月 11 日；林淑惠、邱莉玲，2016 年 01 月 12 日）。

（三）Yahoo 奇摩

Yahoo 奇摩所採取的內容策略以「原創自製節目」、「熱門授權影片」、「流行即時直播」做為市場區隔。Yahoo 奇摩經由策略聯盟建立影視聯播網，與多家影視平台，包括線上影視平台 LiTV、酷瞧、音樂展演空間 Legacy 以及民視等攜手合作。Yahoo 奇摩影音頻道完全以免費使用模式，透過不同形式廣告內容作為營收來源，廣告形式可區分為欄位式廣告、插入式廣告，或是針對特定需求打造的廣告版面，並以 Yahoo 奇摩的巧數據（Smart Data），提供品牌經營者更精準的廣告投放依據。至於營收部分則會按比例與內容廠商拆分（邱品瑜，2015 年 10 月 13 日；聯合新聞網，2016 年 1 月 29 日）。

隨著網路影音發展日趨興盛的趨勢，Yahoo 奇摩發現臺灣行動裝置上的流量有 70% 來自影音，因此決定加強發展，於 2016 年 7 月成立 Yahoo TV。Yahoo 奇摩在經營 OTT 服務的三大策略方向為：第一，創造差異化，和現今市場上的 OTT 服務不同。第二，吸引多元族群，包括與年輕使用者的互動。第三，形成「經濟共享平台」，幫助廣告主創造價值（顏理謙，2016 年 8 月 9 日）。Yahoo TV 有別於過往的 Yahoo 奇摩影音頻道，將重心放在直播和社群，提供使用者跨螢直播和社群互動，其中以由 Yahoo 奇摩自行企劃並執行的自製直播節目為主要特色。包括由素人、網

紅主持的節目，以合作的方式和廣告主及代理商共同製播節目等；Yahoo TV 的獲利模式以節目贊助形式為主（INSIDE，2016 年 8 月 9 日）。

（四）CATCHPLAY

　　由宏達電董事長王雪紅投資的 CATCHPLAY 是臺灣最大獨立電影發行商，主要營收來自電影院線片發行，長期在電影內容產業布局，從投資製作、院線發行、電影頻道經營、到數位內容版權進行垂直整合。由於 CATCHPLAY 在數位授權的業務量快速增加，授權給三大電信公司與其他 OTT 影音平台的獲利數字不斷攀升，基於內容價值最大化的考量，便開始規劃 OTT 數位影音平台的建置（娛樂重擊，2016 年 5 月 11 日）。2016 年 3 月正式推出 CATCHPLAY On Demand，透過產業上下游結合的資源運用，進一步彙整內容產業。CATCHPLAY 的利基在於累積豐富的電影資料庫內容，且與國際片商關係良好，擁有豐富的片源。此外，CATCHPLAY 於 2014 年起開始投資國片、華語片，2015 年創下臺灣投資好萊塢六大片商電影首例，投資福斯集團影片，深耕電影產業，有利其取得版權與議價空間（林韋伶，2016 年 3 月 23 日）。

　　CATCHPLAY 從電影切入，和其他影音平台多以電視劇、綜藝節目為主不同，以深度服務電影迷作為發展策略，推出的使用者介面，不僅將電影類型細分成八大類型、三百二十個子分類，同時完整提供導演、演員等相關資料庫，提供一站式電影資訊，並串聯 Facebook Messenger，開發社群功能（馬岳琳，2016 年 3 月 29 日）。CATCHPLAY 的商業模式是專注於提供優質的付費電影，避免干擾消費者觀看電影，因此不提供廣告。由於臺灣市場太小，國際化是必經之路，開拓亞洲市場對於電影產業及平台本身的推展都有必要，CATCHPLAY 積極布局東南亞 OTT 數位影音平台，進軍新加坡、印尼市場，與印尼最大電信商 Telkom 及新加坡通信公司 StarHub 合作，成為第一家進軍國際 OTT 市場的業者（INSIDE，2016 年 3 月 22 日）。

（五）KKBOX

　　KKBOX 於 2004 年推出，是臺灣第一個付費音樂服務。KKBOX 集團作為網路公司，經營目的是為了協助用戶解決生活上的需求。除了音樂以外，KKBOX 認為數位影音領域還需要有更好的產品。KKBOX 希望以長久累積的音樂會員為基

礎，進一步移轉帶動新服務 KKTV 的成長。KKTV 的商業模式乃延續 KKBOX，提供使用者完整的影音資料庫，主要採取訂閱的方式（顏理謙，2016 年 6 月 27 日；顏理謙，2016 年 7 月 6 日）。

KKTV 的內容以韓劇、日劇和臺劇為主，致力於「臺灣觀眾喜歡追的內容」，持續提供更新、更多正版影音。KKTV 首先與南韓娛樂集團 CJ E&M 合作，可取得其旗下 tvN 和 OCN 兩個頻道播映的韓劇；另外由於日本電信業者 KDDI 入股 KKBOX，讓 KKTV 得以和日本多家電視臺獨家內容合作，包括東京電視臺、朝日電視臺、富士電視臺、TBS 等（顏理謙，2016 年 7 月 6 日）。KKTV 已同步開拍自製劇，希望藉此達到差異化目的，並打造品牌特性（何佩珊，2016 年 8 月 3 日）。KKTV 同時整合了 KKBOX 豐富的音樂資料庫，當使用者點選收視戲劇後，如果 KKBOX 曲庫內有與該劇相關的影音，也會推薦給使用者（顏理謙，2016 年 6 月 27 日）。

四、其他業者經營之 OTT TV

（一）Line

韓國搜尋引擎服務 Naver 旗下子公司 Line 的目標是成為使用者的「行動生活入口」，同時並以生活和娛樂為兩大發展主軸。Line 挾著社群平台用戶眾多的優勢，推出行動影音串流平台 Line TV，民眾可以免費在電腦、平板和手機上收看影音內容，並加上廣告模式，擴大服務範圍，將社群結合影音服務，提升用戶的黏著度（鐘曉君，2016）。Line TV 主打高畫質繁體中文字幕韓劇在網路平台獨家首播，而且只和韓國播映時間差一天。Line TV 也和三立、客家電視臺、公共電視臺傳遞娛樂合作，播放臺灣的電視劇和網路劇。Line TV 採取「購買」及「利潤共享」模式，和電視臺或節目製作公司合作，提供給內容製作者分潤（許文貞，2015 年 6 月 18 日）。

由於 Line 擁有 1,700 萬用戶，對於每天、每檔戲、每個時段做什麼行銷活動都進行分析，再用這個分析結果引導下一步策略，從用戶回饋做相對應改變（何佩珊，2015 年 6 月 11 日）。Line TV 的目標是把平台做好，讓好的內容得到發揮空

間，進而創造更多的利潤。Line 的用戶可以透過 Line 將影片分享給 Line 的好友，或把影片轉貼到 Line 的動態消息上和好友交流討論，並將提供更多即時互動的功能，創造整合的社群影音體驗（余曉涵，2015 年 4 月 1 日）。

（二）酷瞧

　　臺灣數位內容產業遊戲橘子跨足網路影音，與製作公司野火娛樂合作，於 2014 年推出原創影音娛樂平台「酷瞧」。酷瞧主打自製及聯合製作的節目，與一般電視黃金時段、長度、規格不同，配合行動裝置的使用特性，規劃出輕薄短小的節目內容，並籌備製播高規格的網路戲劇，與臺灣電視製作團隊及網路影音紅人合作，希望以多元娛樂內容進軍中國及海外市場（郭芝榕，2014 年 11 月 19 日）。酷瞧積極嘗試製作適合網路世代的原創節目，並進一步串聯遊戲橘子集團旗下電商與支付業務，發展影音電商，打造邊看邊買的收視經濟，直接導購商品（蕭文康，2015 年 3 月 13 日）。

　　酷瞧初期的獲利模式以廣告為主，而自製節目的版權與衍生商品的販售也成為重要獲利來源，可將在酷瞧播放的戲劇或綜藝節目如《星光大道》版權賣給電視臺，或在海外播出。由於酷瞧節目為全自製，因此能夠在內容作置入性行銷並在平台上露出。另外則是藝人經濟，成立經紀部門，開發網路紅人，培育自家藝人，旗下藝人不僅可在酷瞧平台上曝光，也能透過製作團隊野火娛樂的資源，參與各類型演出，且招募各種幕前幕後的人才加入（TechNews，2015 年 3 月 16 日；娛樂重擊，2015 年 4 月 29 日）。

　　酷瞧同時也與各界積極合作，以策略聯盟提升平台內容品質，進而擴大用戶涵蓋範圍，2016 年 3 月，酷瞧與 Discovery 亞太電視網展開策略合作，取得 Discovery 旗下節目精華版與及獨家幕後花絮的內容授權，滿足目前雙方收視群眾對於跨屏的收視需求（科技報橘，2016 年 8 月 10 日）。酷瞧並與華視合作製作節目，形成雙方共生共存的關係，對華視而言，節目播出時間可以賺取一半的廣告費，對酷瞧來說，則是對外展示除了製作短視頻外，也可以做大型節目的能力（曹以斌，2016 年 01 月 12 日）。

（三）歐酷

　　歐酷網路（CHOCOLABS）推出臺灣原生行動串流影音平台 CHOCO TV，其中七成內容來自採購，2015 年起與海內外各大電視臺與製作公司合作，並投入資金拍攝自製戲劇內容，以創造差異化，突顯平台的特色；且 CHOCO TV 會將內容再授權給其他 OTT 平台或是電視臺播放以回收成本，一方面能突顯其自製內容的品質，也可以補貼前期製作的費用。CHOCO TV 首部合製劇《我們是歐爸》除了在自家平台上架，同時也在蘋果日報的「蘋果影視集」中播出（顏理謙，2016 年 10 月 14 日）。CHOCO TV 上的服務完全免費，將廣告內容融合置入進影片，讓用戶自然而然接收廣告訊息，形成情境式的行銷（科技新報，2016 年 3 月 28 日）。

　　CHOCO TV 與國內外多家電視臺直接合作，包括 KBS、東森、公視、龍華、愛爾達、UDN 等，針對內容衍伸不同的合作策略，其策略都是立基在數據分析後再動作，強調精準掌握目標客群，以數據挑選最符合設定觀眾群偏好的內容，讓每部戲劇都能精確地滿足用戶需求，才能最大程度地把使用者留下。為了關心用戶的想法，CHOCO TV 透過網路社群和實體活動與他們保持緊密互動，實際展現在地優勢，以了解及貼近用戶。規劃自製劇的時候，CHOCO TV 也是藉用數據，掌握臺灣本地議題的熱度，在題材上做出與外來平台的差異化（娛樂重擊，2017 年 2 月 24 日）。

表 9-13　臺灣 OTT TV 收入來源與經營策略

服務	業別	推出時間	內容服務	收入來源	經營策略
中華影視	電信業者	2014 年 11 月	・電視頻道 ・電影 ・戲劇 ・動漫	・廣告 ・訂戶月費 ・單點付費	・多螢策略 ・整合集團資源 ・數據分析 ・電信加值服務
myVideo	電信業者	2012 年 11 月	・免費內容 ・電影 ・戲劇 ・直播頻道 ・動漫 ・幼兒	・廣告 ・訂戶月費 ・單點付費	・整合集團資源 ・多螢策略
friDay 影音	電信業者	2015 年 11 月	・電影 ・戲劇 ・直播頻道	・訂戶月費 ・單點付費	・多螢策略 ・集團資源 ・數據分析

服務	業別	推出時間	內容服務	收入來源	經營策略
Gt 行動電視 Gt 行動影城	電信業者	2014 年 12 月	・直播頻道 ・電影	・訂戶月費 ・單點付費	・電信加值服務
SMOD	有線電視業者	2016 年 10 月	・電影 ・戲劇 ・直播頻道 ・動漫	・訂戶月費 ・單點付費	・多螢策略 ・整合服務 ・數據分析
4gTV	無線電視業者	2015 年 7 月	・戲劇 ・綜藝 ・直播頻道	・訂戶月費 ・廣告	・自製內容 ・策略聯盟
Vidol	電視頻道業者	2016 年 4 月	・獨家 ・戲劇 ・綜藝 ・直播頻道	・會員收費 ・廣告 ・專案	・自製內容 ・專案 ・數據分析
LiTV	內容整合業者	2011 年	・直播頻道 ・電影 ・戲劇 ・綜藝 ・動漫 ・兒童	・廣告 ・訂戶月費 ・單點付費	・多螢策略 ・策略聯盟 ・採購本土化內容
愛爾達	內容整合業者	2016 年 1 月	・直播頻道 ・運動 ・戲劇	・廣告 ・訂戶月費	・多螢策略 ・策略聯盟 ・數據分析
Yahoo TV	內容整合業者	2016 年 8 月	・自製節目	・廣告	・自製內容 ・數據分析
CATCHPLAY on Demand	內容整合業者	2016 年 3 月	・電影	・訂戶月費 ・單點付費	・整合電影產業 ・跨國經營
KKTV	內容整合業者	2016 年 8 月	・音樂 ・戲劇	・訂戶月費	・自製內容 ・內容採購 ・整合集團資源
LINE TV	其他	2015 年 3 月	・戲劇	・廣告	・整合集團資源 ・策略聯盟 ・社群互動
酷瞧	其他	2015 年 3 月	・自製節目	・廣告 ・藝人經紀	・自製內容 ・整合集團資源
CHOCO TV	其他	2015 年 9 月	・戲劇	・廣告	・自製內容 ・數據分析 ・策略聯盟

第四節　臺灣 OTT TV 與既有媒體之競合關係

　　由於網路寬頻、行動 4G 以及智慧裝置的普及，各種新媒體平台與線上影音出現，使得消費者的收視開始從既有媒體轉移到新媒體平台，業者之間也開始跨界競爭與合作，OTT TV 儼然成為目前影視產業的趨勢。

一、OTT TV 對於既有媒體業者的影響尚不明顯，預計未來將產生衝擊

　　近年來有線電視全國總訂戶數不僅沒有減少，反而呈現成長的趨勢，從 2014 年的 500 萬用戶到 2015 年的 507 萬用戶，2016 年達到 520 萬戶，持續逐步增加當中。主要原因是，政府為了鼓勵有線電視數位化及刺激既有業者，開放幾家有線電視系統進入市場，而新進業者為了吸引消費者訂閱採低價策略，且 OTT TV 多半以提供 VOD 隨選服務為主，較少提供受歡迎的線性頻道。

　　有線電視業者凱擘也認為，剪線現象目前影響沒有想像中大，臺灣的 OTT TV 各自經營難以形成產業規模，業者若能共組策略聯盟合作，比較有機會有好的發展，例如凱擘就在努力推廣將 SMOD 服務延伸到其他有線電視業者的數位機上盒。電信業者中華電信則表示，OTT TV 與 MOD 兩者的客群不同，現階段兩邊彼此互相影響的情形還不明顯，但是未來傳統影視與 OTT TV 之間的替代性關係會愈來愈明顯。因此儘管 OTT TV 對於 MOD 的影響目前還不大，但只是時間早晚的問題。由於年輕人的收視習慣跟偏好度持續在改變，收視內容的載具以小螢幕居多，因此預期勢必要加以轉型，否則未來仍會被 OTT 所取代。

二、OTT TV 業者為了能在更多平台上呈現，積極與電信業者合作

　　OTT TV 與電信業者之間的合作，透過多螢一雲的方式，提供用戶影音服務，共同經營市場。LiTV 在策略合作部分，不僅提供技術部分，協助民視設計營運 4gTV 的平台；和中華電信除了固網 CDN 合作之外，亦協助將 MOD 的內容內建至聲寶 Smart TV，消費者不需要機上盒，即可直接用遙控器收視內容。此外，LiTV

亦與台灣之星合作，讓台灣之星也能提供 OTT TV 給其用戶作為加值服務。至於競爭對手方面，LiTV 認為任何同業均為合作夥伴的關係，經營最主要目的乃是讓 LiTV 的內容能夠在更多平台上呈現，業者彼此之間可以互相合作（錢大衛，2017年 2 月 6 日訪談）。

三、頻道業者不僅投入經營 OTT，且嘗試與各業者合作

有些頻道業者擁有版權優勢，因此跨足經營 OTT TV，進一步與各業者合作以擴大市場。民視表示，OTT 平台在經營方面有各自的定位，且市場區隔不同，並非一定是競爭關係，因此可積極尋求合作模式，進而達到互補關係。例如民視在中華影視、亞太電信的平台上屬於內容整合者，而非平台所有者的角色。三立也持相同的看法，目前 OTT TV 的營運模式仍待創新，業者之間的合作模式可以進行各種嘗試，從行銷的角度將產值加以極大化。

第五節　臺灣 OTT TV 之關鍵成功因素

關於 OTT TV 的成功經營模式，由於 OTT TV 在各方面都還在發展中，因此各業者之間對於 OTT TV 都還在尋求一個合適的商業模式。

一、獨特的內容

對於內容業者而言，內容的獨特性是重要因素。由於三立以自製內容為主，能夠掌握獨家的內容，成為其經營 OTT TV 的優勢。LiTV 也認為，OTT TV 要取得成功就必須要有足夠的內容，如果內容不足將無法滿足觀眾的需求，後續將難以繼續營運，因此要持續更新，同時做好內容管理與推薦。中華電信表示，OTT TV 的關鍵成功因素在於內容差異化，由於市場上可選擇的 OTT 數量眾多，如果與其他 OTT 不具備差異，將很難形成客群。

二、足夠的頻寬

OTT TV 需要足夠的頻寬,才足以應付線上串流的高流量需求,將影音內容快速且順暢的傳送給用戶。中華電信是臺灣最主要的固網及行動寬頻業者,因此本身即具有高度頻寬的先天優勢。LiTV 表示,OTT TV 要有足夠的頻寬,各種網路狀態要維持順暢,在各種載具上運作要穩定,平台必須能容納幾十萬人上線都不會發生問題。

三、多元的載具

由於 OTT TV 的特性乃是在網路的環境即可使用,並可以在開放的設備上觀看,有線電視業者凱擘注意到傳統電視的收視局限於室內,且未來在手機、用戶、平板、PC 上收視已成為趨勢,因此希冀以 OTT 服務滿足用戶不同的需求。LiTV 強調載具的重要性,分析臺灣大部分的 OTT 業者現階段以手機和 PC 提供觀眾收視服務為主,將內容在電視機上投放則較為困難,需要靠技術支援。筆者 2015 年曾經在美國訪問過 Netflix,該公司的工程人員表示,為了用戶觀看的便利性,該公司投入很大的人力在解決用戶以多元載具收視的問題。

四、創新的技術

新興 OTT 視訊服務發展出許多創新的應用,包括廣告模式、互動模式、電子商務等。民視表示,政府應鼓勵相關產業發展,進一步扶持產業鏈所需要的產品,例如電視汰舊換新的時程,逐漸邁入 Smart TV,以及鼓勵新技術的應用。LiTV 認為,OTT 是數位電視結合網路,因此可以將網路創新服務加入,集結技術能量讓所有內容都能加入,包括廣告、電商、創新技術與商業模式。

五、社群的累積

OTT 的經營走向個人化,用戶是重要的資產,而社群扮演了傳播的關鍵角色。中華電信認為,OTT TV 的經營應該應用社群的概念,累積分眾成為大眾,目前已

無法僅以一種內容適用於所有的客群，所以必須針對觀眾不同的喜好，提供不同的內容，進而集結出大量的客群。採取社群經營的方式管理內容，善用社群媒體，將社群力量導流回平台。

　　綜合受訪的 OTT 業者之意見，可以歸納，欲在臺灣電視市場上獲得成功，各層面的關鍵成功因素可參見圖 9-4。

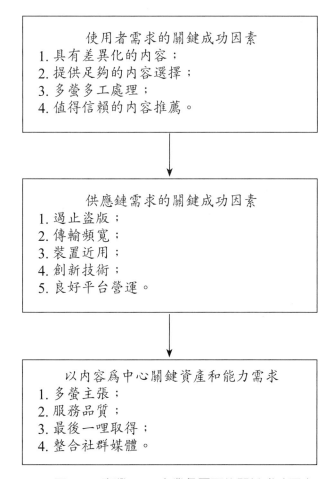

圖 9-4　臺灣 OTT 產業各層面的關鍵成功因素

資料來源：改繪自 Accenture（2012）。

第六節　臺灣 OTT TV 之機會與挑戰

一、新收視行為的崛起，OTT TV 市場變化大

　　關於 OTT TV 在臺灣的挑戰，業者首先面臨的是觀眾市場的變化。近年來電視收視率下滑，尤以年輕族群的收視率最嚴重。目前業者對於新興媒體的收視行為還難以掌握，導致無法創造新的商業機制。整體 OTT 使用者的付費意願偏低，目前大部分還是以通路作為行銷，如何取得符合客戶需求的內容，同時又能具備商業模式，仍是一大挑戰（張義豐，2017 年 2 月 14 日訪談）。

二、放眼海外市場

　　臺灣目前的 OTT TV 業者多半基於現實考量，尚無能力放眼國際市場。舉例而言，LiTV 也認為網路應該是跨國界的服務，營運目標應朝向國際化發展。然而該公司現階段所有版權乃依據地區分別取得，目前僅擁有臺灣的版權，但已開始布局海外。有線電視業者凱擘同樣希望未來能有機會將服務延伸至國外，其內容產製主要將針對華人市場。

　　臺灣的影音市場經濟規模較小，民視亦認為應該放眼國際，經由政府的協助，以新南向政策，向東南亞推廣。民視希望借鏡韓國包裝影視內容的方式，由政府幫助產業發展，提供補助或優惠以便將產品銷往海外，增加促進外銷的相關鼓勵政策。目前民視尚未正式對海外的觀眾提供服務，因涉及版權問題，先以臺灣為主要市場，國外侵權的情形嚴重，在情勢未明朗前，不願意貿然進軍海外，因為擔心非法機上盒侵犯版權，難以收取費用。

三、版權是最大挑戰

　　臺灣 OTT TV 市場規模較小，且用戶大多習慣連上中國大陸的視頻網站收看其內容，因此對於臺灣用戶或業者而言，大陸 OTT TV 的影響甚深。民視表示目前在經營方面受到中國盜版影音內容的影響最大，儘管愛奇藝等業者積極推廣正版內容，但是大陸仍有層出不窮的盜版業者。目前只能針對臺灣或手機上的違法

App 要求下架，民視建議各業者應共同成立協會或共同討論相關議題。LiTV 也認同盜版是最大的問題，過去串流音樂與影音有很多非法下載，如今盜版的情形依舊猖獗。LiTV 已和多家 OTT 業者及頻道商合作處理盜版事宜，包括盜版網站、盜版 App 上的盜版影音內容等。

結　語

隨著國際 OTT 視訊業者 Netflix 於 2016 年正式宣布進軍臺灣以來，臺灣影音市場呈現百家爭鳴的狀態，除了既有的業者如電信業者中華電信、台灣大哥大、遠傳、亞太電信，有線電視業者凱擘、頻道業者民視、三立，以及平台整合業者 LiTV、酷瞧和 CHOCO TV 所提供的 OTT 服務，還包括大陸視頻網站愛奇藝臺灣站、法國 Dailymotion、電影發行商 CATCHPLAY 的 CATCHPLAY On Demand、KKBOX 旗下的 KKTV、入口網站 Yahoo 奇摩的 Yahoo TV、通訊軟體 Line 的 Line TV 等，顯示 OTT 視訊產業的競爭較過去更為激烈。

綜觀業者經營 OTT 視訊服務的方式各自不同，例如頻道業者民視與三立由於面臨傳統電視廣告營收減少的趨勢，因此充分利用掌握獨家影音內容的差異化，希望能增加內容的產值，藉由 OTT TV 開拓新的營收來源。提供寬頻服務的業者如電信業者及有線電視業者則善用其具備頻寬網路的優勢，提供原有的客戶群延伸性的服務，滿足使用者需求。平台整合業者集結了豐富的影音內容，跨螢的收視方式，選擇多樣化的使用模式，以此吸引對於現有影音服務不滿的觀眾轉而使用其服務。總之，經由網際網路提供 OTT TV 服務，已成為另一種全新的經營模式，讓業者能吸引不同的客群。

OTT 視訊服務本來就具有跨國的特性，然而臺灣的 OTT TV 業者因為受限於市場規模，目前很難放眼海外市場。未來業者勢必要朝國際化的方向營運，將臺灣的戲劇、綜藝節目推廣至海外，以擴大營運規模。OTT TV 業者當前經營上面臨的最大問題仍以盜版問題最為嚴重，不僅影響業者的營收，同時會降低臺灣業者投資此平台的意願。業者應共同成立聯盟，研擬具體的行動方案，以降低盜版的負面影響。

目前，在臺灣經營 OTT TV 要成功，需要掌握大量的內容，藉由高速的頻寬傳輸內容，在多元的載具上供使用者收視，採納創新的技術，並結合社群加以經營。就整體產業發展而言，臺灣的剪線現象尚不明顯，OTT 視訊服務尚未對傳統媒體業者的營收產生明顯的影響，現階段仍以競合關係為主。但由於創新技術的出現，以及民眾收視行為的轉變，業者大多預料未來仍可能有被取代的威脅。由於臺灣的市場規模太小，面臨跨國業者的衝擊恐難以因應，業者之間應積極建立合作關係，才能突破現今各自單打獨鬥的困境。本書在第四章及第五章有分別介紹美國的 Hulu 及英國的 YouView 模式，前者主要由四家電視業者共同投資，後者係由四家電視業者及兩家電信業者及一家傳輸公司共同投資。這些合作的模式或許有我國業者可以借鏡的地方。

📖 參考書目

INSIDE（2016 年 3 月 22 日）。〈本土影音平台 CATCHPLAY 在臺推出 250 元隨選電影，還要前進印尼、新加坡！〉。取自 https://www.inside.com.tw/2016/03/22/catchplay-on-starts-demand-movie-in-taiwan-and-singapore-indonesia-soon

INSIDE（2016 年 8 月 9 日）。〈Yahoo TV 開臺！王興：不管未來如何，深耕影音都是不變的道路〉。取自 https://www.inside.com.tw/2016/08/09/yahoo-tv

MIC（2016）。〈2016 上半年線上影視收視行為分析〉。取自 MIC AISP 情報顧問服務網站 http://mic.iii.org.tw/aisp/

MIC（2017）。〈臺灣資訊產業發展現況〉。取自 MIC AISP 情報顧問服務網站 http://mic.iii.org.tw/aisp/

MoneyDJ（2016 年 1 月 11 日）。〈愛爾達推 OTT 影視服務，體育賽事直播扮最大競爭利基〉。取自 https://www.moneydj.com/KMDJ/News/NewsViewer.aspx?a=6a737467-3141-43f4-9ca6-32c56e5e6db2

NCC（2016）。〈2015 年通訊傳播市場消費者使用概況〉。取自 http://www.ncc.gov.tw/chinese/files/16041/3734_35413_160414_1.pdf

中央社（2016 年 6 月 29 日）。〈OTT 影音打月費戰 愛奇藝台灣之星出擊〉。取自 http://www.chinatimes.com/realtimenews/20160629005163-260410

王逸芯（2016 年 12 月 15 日）。〈《科技》瞄準 OTT 市場，台灣之星攜手 LiTV 線上影視〉。

取自 http://www.chinatimes.com/realtimenews/20161215004672-260410

臺北市媒體服務代理商協會（2016）。《2016 年臺灣媒體白皮書》。取自 http://www.maataipei. org/

尼爾森（2016）。〈2015 年尼爾森媒體使用行為研究報告〉。取自 http://www.nielsen.com/ content/dam/nielsenglobal/tw/docs/The-Dawn-of-the%20-Extended-Screen-in-Taiwan%20 2016ch.pdf

江明晏（2016 年 11 月 7 日）。〈臺灣大 myVideo 祭優惠衝用戶數〉。取自 http://cnabcbeta.cna. com.tw/news/aall/201611071571.aspx

何佩珊（2015 年 6 月 11 日）。〈一上線就砸重金 Line TV 背後盤算〉。取自 http://www. businesstoday.com.tw/article-content-80394-116642- 一上線就砸重金 %20LINE%20TV 背後 盤算？

何佩珊（2016 年 8 月 3 日）。〈[解密 KK 軍團系列四] KKTV：一定要比當年的 KKBOX 走 得更快〉。取自 https://www.bnext.com.tw/article/40465/BN-2016-08-03-213710-223

何英煒（2016 年 03 月 21 日）。〈LiTV 董事長 錢大衛 率先掌握 OTT 趨勢〉。取自 http:// www.chinatimes.com/newspapers/20160321000116-260207

余曉涵（2015 年 4 月 1 日）。〈搶影音市場 LINE TV 用戶免費看〉。取自 https://tw.news. yahoo.com/%E6%90%B6%E5%BD%B1%E9%9F%B3%E5%B8%82%E5%A0%B4-line-tv%E 7%94%A8%E6%88%B6%E5%85%8D%E8%B2%BB%E7%9C%8B-090457295--finance.html

吳同凰（2016 年 12 月 1 日）。〈影音型態千變萬化 重點仍是「內容為王」〉。取自 http:// www.brain.com.tw/news/articlecontent?ID=44157&sort=

周永蓓（2013）。〈遠傳電信以行動應用挺進虛擬新世界〉。取自 http://www.fenc.com/ magazine/show_faq_new.aspx?SN=7004

林韋伶（2016 年 3 月 23 日）。〈CatchPlay 要當臺版 Netflix〉。取自 http://www.appledaily.com. tw/appledaily/article/finance/20160323/37123361/

林淑惠（2014 年 11 月 20 日）。〈中華影視扮演中華電 OTT 平台入口〉。取自 http://www. chinatimes.com/newspapers/20141120000156-260204

林淑惠、邱莉玲（2016 年 1 月 12 日）。〈愛爾達 OTT 上線 為轉播奧運熱身〉。取自 http:// www.chinatimes.com/newspapers/20160112000131-260204

邱品瑜（2015 年 10 月 13 日）。〈OTT 時代來臨！Yahoo 如何打造優質影視生態圈？〉。取 自 http://www.brain.com.tw/news/articlecontent?ID=22447&sort=

科技報橘（2016 年 8 月 10 日）。〈【改版再上路】自己的節目自己做！酷瞧新媒體打造跨螢 幕原創內容王國〉。取自 https://buzzorange.com/techorange/2016/08/10/ott-coture/

科技新報（2015 年 3 月 16 日）。〈遊戲橘子攜手野火娛樂，影音平台「酷瞧」打造重磅節目〉。

取自 http://3c.technews.tw/2015/03/16/gamania-with-wildfire-launched-coture-video-platform/

科技新報（2016 年 3 月 28 日）。〈CHOCOLABS 深耕本土戲劇，推出「CHOCO TV 追劇瘋」〉。取自 http://technews.tw/2016/03/28/chocolabs-choco-tv/

科技新報（2016 年 9 月 27 日）。〈2016 年上半年數位媒體廣告量已超越電視廣告量〉。取自 http://technews.tw/2016/09/27/digital-media-ad/

娛樂重擊（2015 年 4 月 29 日）。〈「我們願意給不成熟的想法一千次、一萬次機會」：專訪酷瞧執行長蔡嘉駿〉。取自 http://punchline.asia/archives/11258

娛樂重擊（2016 年 5 月 11 日）。〈【OTT 系列】專訪 CatchPlay 執行長楊麗貞 / 整合產業上中下游 專為電影而生的平台〉。取自 http://punchline.asia/archives/25602

娛樂重擊（2016 年 5 月 17 日）。〈【OTT 系列】專訪遠傳網路暨電子商務事業群副總劉漢菁 / 個人化行銷如何讓 friDay 突圍〉。取自 http://punchline.asia/archives/25770

娛樂重擊（2017 年 2 月 24 日）。〈專訪 CHOCO TV 執行長劉于遜：試圖以自製劇殺出一條血路的本土 OTT〉。取自 http://punchline.asia/archives/40224

馬岳琳（2016 年 3 月 29 日）。〈Catchplay 的服務 讓臺灣走出去〉。取自 http://www.cw.com.tw/article/article.action?id=5075441#

曹以斌（2016 年 01 月 12 日）。〈拼出 2 億瀏覽數 酷瞧找女神衝遊戲節目〉。取自 http://www.nextmag.com.tw/realtimenews/news/33107246

許文貞（2015 年 6 月 18 日）。〈Line TV 大打韓劇，切入影音內容市場〉。取自 https://www.bnext.com.tw/article/36508/BN-2015-06-12-132947-36

郭芝榕（2014 年 11 月 19 日）。〈顛覆臺灣影視業，遊戲橘子與詹仁雄成立網路影音平台「酷瞧」〉。取自 https://www.bnext.com.tw/article/34455/BN-ARTICLE-34455

彭慧明（2016 年 2 月 29 日）。〈OTT 來臺 / 有線 TV 訂戶 恐掀剪線潮〉。取自 https://udn.com/news/story/7240/1530990-OTT%E4%BE%86%E5%8F%B0%EF%BC%8F%E6%9C%89%E7%B7%9ATV%E8%A8%82%E6%88%B6-%E6%81%90%E6%8E%80%E5%89%AA%E7%B7%9A%E6%BD%AE

黃晶琳（2016 年 4 月 4 日）。〈電信攻 OTT 找到獲利方程式〉。取自 https://udn.com/news/story/7240/1607054

黃晶琳（2016 年 8 月 15 日）。〈我 4G 普及率 年底拚全球十強〉。取自 https://udn.com/news/story/7240/1895414

黃晶琳（2016 年 10 月 22 日）。〈愛爾達要衝高 OTT 用戶〉。取自 https://money.udn.com/money/story/5710/2039902

數位時代（2015 年 4 月 13 日）。〈線上影音「武媚娘傳奇」免費看，LiTV 的行銷策略與營收方式〉。取自 http://www.bnext.com.tw/marketinfo/view/id/48037

蕭文康（2015 年 3 月 13 日）。〈酷瞧明開臺 橘子估首年挑戰 2 億元〉。取自 http://www.appledaily.com.tw/realtimenews/article/new/20150313/573694/

聯合新聞網（2016 年 1 月 29 日）。〈Yahoo 影音頻道擴大合作 三大特色搶目光〉。取自 https://udn.com/news/story/7087/1475250

顏理謙（2016 年 10 月 14 日）。〈內容決勝負！臺灣 OTT 百家爭鳴〉。取自 https://www.bnext.com.tw/article/41346/taiwan-ott

顏理謙（2016 年 6 月 27 日）。〈追劇迷的新選擇！KKTV 七月初上線，要搶日韓劇人潮〉。取自 https://www.bnext.com.tw/article/40041/BN-2016-06-27-142834-42

顏理謙（2016 年 7 月 6 日）。〈KKTV 今上線加入 OTT 戰局，一萬名 KKBOX 白金會員搶先體驗〉。取自 https://www.bnext.com.tw/article/40141/BN-2016-07-06-173341-42

顏理謙（2016 年 8 月 9 日）。〈Yahoo TV 正式開臺！強打自製網路直播節目〉。取自 https://www.bnext.com.tw/article/40548/BN-2016-08-09-182652-42

Accenture (2012). *Bringing TV to life, issue III: TV is all around you*. Retrieved from http://www.accenture.com/SiteCollectionDocuments/PDF/Accenture-Bringing-TV-to-Life-III-TV-is-All-Around-You.pdf

BEREC (2015, October 5). *Public Consultation on the draft BEREC Report on OTT services*. Retrieved from http://berec.europa.eu/eng/news_consultations/ongoing_public_consultations/3320-public-consultation-on-the-draft-berec-report-on-ott-services

eMarketer (2016, December 16). *Mobile Taiwan: A look at a highly mobile market*. Retrieved from https://www.emarketer.com/Article/Mobile-Taiwan-Look-Highly-Mobile-Market/1014877?ecid=NL1007

Pennington, A. (2017, February 28). *Streaming forum keynote: BT brings OTT and broadcast together*. Retrieved from http://www.streamingmediaglobal.com/Articles/Editorial/Featured-Articles/Streaming-Forum-Keynote-BT-Brings-OTT-and-Broadcast-Together-116642.aspx

Polashuk, R. (2015). *Inside FCC Proposal To Regulate Online Video Distributors*. Retrieved from http://www.cov.com/files/Publication/aa7dd63b-fe08-4090-879d-1a81711acea8/Presentation/PublicationAttachment/bcaabbc2-7c6f-494c-826e-24e58a6a8415/Inside_FCC_Proposal_to_Regulate_Online_Video_Distributors.pdf

Richmond, W. (2012, August 15). Why Has the Definition of "Cord-Cutting" Become So Squishy? *Videonuze*. Retrieved from http://www.videonuze.com/article/why-has-the-definition-of-cord-cutting-become-so-squishy-

Savio, D. C. (2013). *VoD pricing in Latam: A business perspective*. Retrieved from https://www.econstor.eu/bitstream/10419/88491/1/77312716X.pdf

Venturini, F. (2011). *Bringing TV to Life, Issue II: The Race to Dominate the Future of TV*. Retrieved from http://www.accenture.com/SiteCollectionDocuments/PDF/Accenture_Communications_Media-Entertainment_OTTV_Future_of_TV.pdf

Walop, P & Webb, M. (2015). *ITU report on interactive multimedia services in Asia-Pacific 2015*. Retrieved from http://www.itu.int/en/ITU-D/Regional-Presence/AsiaPacific/Documents/Publications-Reports/Interactive_MM_service_EBAT3-376880.pdf

附錄一　訪談名單

訪談人：劉幼琍教授

姓名	職稱	訪談時間
張正芬	三立資深副總經理	2017 年 2 月 4 日
張義豐	中華電信北區分公司副總經理張義豐	2017 年 2 月 14 日
游智森	民視新媒體行銷部副理	2017 年 2 月 4 日
鄧儒宗	凱擘副總經理	2017 年 2 月 15 日
錢大衛	LiTV 董事長	2017 年 2 月 6 日

註：姓名按筆畫順序排列

附錄二　消費者焦點團體座談

時間：2014 年 4 月 20 日 14:00-16:00
地點：國立臺灣大學校友會館
主持人：劉幼琍教授

出席名單	性別	年齡	學歷	職業
A	女	20～29	大學	法務
B	女	20～29	大學	法務
C	女	30～39	研究	醫療
D	女	40～49	大學	家管
E	女	40～49	大學	家管
F	女	50～59	大學	行政
G	男	20～29	大學	學生
H	男	30～39	大學	出納
I	男	30～39	大學	客服
J	男	30～39	大學	客服

第十章　OTT TV之監理與境外侵權網站管制

國家通訊傳播委員會委員　何吉森[*]

[*] 作者感謝 2 位評審所提出的寶貴修改意，本文內容不代表國家通訊傳播委員會之立場。

前　言：無信不立的網際網路機會與挑戰

　　面對 2016 年國族主義（nationalist）與反全球化運動（de-globalization）等地緣政治事務的發展趨勢[1]，2017 年 G20 會議已決定將針對數位化轉型的關鍵問題，及如何塑造互連的世界進行討論（De Leusse, 2017），顯見各國正在思慮，隨著技術與互連發展持續不斷形塑的網路世界，及其所出現的挑戰與機會。OTT（over the top）視訊服務係架構在網網互連的 IP 網絡上，隨著臺灣寬頻上網之普及[2]，其創新應用已衝擊到傳統媒體產業，是否要有等效的監管框架（equivalent media regulatory frameworks）發照納管；及對境外侵權網站之管制，是否得在邊境執行封鎖管制等，均涉及網路之傳輸自由，監理機關之決策，與網路之發展息息相關，亦常引起網路資訊社會關切。

　　網際網路之去中心化、非政府性、開放性、全球性、無國界性、虛擬化、多媒體性、匿名性、隱私性及持續發展性（李唯楨，2013，頁 6～9），讓如何規範虛擬世界發生之行為，已成為當代通訊傳播產業之重要公共政策與法律問題，論者認為此有賴現實世界建立完善體制或調節現有之規範來解決紛爭（賴來焜，2001，頁 692）。

　　政府面對網際網路問題，在許多情況下積極表達關切，試圖保護其公民的安全、福利，和確保經濟的發展，無論是主動或被動採取相關措施或行動，均屬正常。以 OTT 視訊服務為例，為適切保護視聽眾權益，各國對 OTT 等新媒體之監理，主要仍以推動業界自律、研發過濾機制為主，並以管制之核心價值（例如兒少、著作權、個資及隱私保護）為基礎，考量新興媒體特性，思考介入管理的契機。少部分國家（如中國）則實施執照管理制度，並強勢介入內容產製。

　　網際網路之前述特性，讓「信任」成為網際網路持續發展的關鍵因素，沒有它，一個互連的網路將崩潰，並失去創新與發展機會。就此，網際網路社會組織（ISOC）在關於「開放與可信的網際網路政策框架」（ISOC's policy framework for an open and trusted Internet）中，認為維持開放的網際網路關鍵因素之一，即是促進一個可信的網路生態系統治理。一個取決於讓網路社會所有利益者間意見，透過共識、協力而作成的解決方案，方能有效的處理如網路安全、隱私、著作權侵害等

問題，否則單方面權威式的解決方案，不但缺乏效能，其產生的後遺症，可能造成比解決表象問題更大的後果。

以網路資訊安全及隱私風險的管理策略觀察，相關研究顯示，消費者信任與市場增長及電子商務間有密切的正向關係，例如臺灣在行動支付領域的推展因素中，資安與隱私管理是否受到消費者信賴，即是關鍵。又在著作財產權之境外網站侵權議題上，權利人該面對的是使用人為何不願付費收視？政府的介入，如以行政管制模式，常引發言論自由管控的質疑；如從司法管制模式介入，其效率及程序是否明確或完備，亦將面臨挑戰。

網際網路社會的參與者，以 OTT 視訊產業為例，視訊網站經營者、網際網路服務提供者（Internet Service Provider, ISP）、著作權利人及政府行政、司法部門，經過多年的互動經驗，各方已認識到對於網際網路共同問題，應基於多方利益相關意見，以共識決互動來形成解決策略，再據此輔以多方協力合作，方能有效達成目標。簡言之，網際網路社會，應以從下而上、多方參與、共識決定的模式來維持其信任關係，而此即為「網際網路治理」之核心概念。

本章針對 OTT 視訊網站發展所出現的規範議題，以網路治理核心精神切入，先提出解決策略之方法論，再以 OTT 視訊網站是否納管及境外侵權網站管制（俗稱邊境管制）為探討重點，回顧以往之監理經驗，並提出未來之處理模式。

第一節 OTT TV 發展與規範議題

2010 年，在香港 CASBAA 付費電視產業論壇中，產業代表及監理機關已針對 OTT 此種藉由網際網路向用戶提供各種應用服務的傳輸模式進行討論（何吉森，2010），當時與會者之預測意見，如今，已逐一實現：

- 電視將無所不在，現在大家想的是如何將內容於任何時間、地點提供給你的訂戶及更多的人，即 TV365（TVE）。
- 有線電視業者出現剪線潮，業者正思考如何利用與 OTT 之技術合作，讓其訂戶隨時可收視其所訂之內容，增加其服務與訂戶之黏著度。
- 觀念將會改變，在任何地方與時間，平板電腦將對下一代有極大之影響，

讓消費者有更多之選擇（此時，Smart phone 尚未成氣候[3]）。

- 成功的關鍵是將各種頻幕整合成一種單一的體驗，內容提供者於此能更容易獲利，而內容之本地化將是每個媒體集團要面對的問題。

- 政府規管行業之行為規矩，其政策將影響外來之投資者，未來之內容提供者將從為電視生產內容，轉成為所有終端生產內容。

同時，與會之線性產業代表亦不忘自我壯膽與互勉：

- 推動電視革命之三大元素為：網路 ── 無所不在之寬頻網路，講求便利性；設備 ── 多螢之數位生活型態，訴求互相擁抱（embrace）；使用者經驗 ── 情境（context）將是新王，訴求簡化（simplify）。

- 網路雖然發展快速，但電視機仍是最重要的，應將電視推往各種終端上，成為每個人都需要的共同經驗。

現在，OTT 創新服務在寬頻網路、雲端儲存及行動裝置普及的趨勢下，均可在 IP 平台實現，對於既有之電信與傳播業者，儼然形成不對稱的競爭，既有業者要求依據通訊傳播基本法第 7 條，應避免因不同傳輸技術而為差別管理的呼籲，即相同服務應有相同的規範架構（equivalent regulatory frameworks）。

OTT 服務平台類型，主要有通訊語音服務類型及視訊影音服務類型（彭正文，2016，頁 7～8），另依據歐盟「電子通訊管制機構」於探討 OTT 服務與電子通訊服務（electronic communications service, ECS）關係之研究報告（BEREC,2016），其先將歐盟電子通訊框架規範之電子通訊傳播網路（electronic communications network, ECN）或電子通訊傳播服務（ECS）市場架構重新檢視，再將 OTT 服務以是否連結公眾電信服務（publicly available telephone services, PATS）網路及是否與電信業者有競爭關係，做分類定義，即對利用開放式網際網路，提供終端使用者視訊內容或相關應用之服務方式，分為 OTT-0、OTT-1 及 OTT-2 三種類型。其服務分類並非指特定的服務種類，而是一種服務提供方式。（呂理翔，2016）OTT-0、OTT-1 服務部分仍在既有的通訊（電信法）管制體制中，或與電子通訊服務（ECS）有潛在競爭關係。本章探討之重心，OTT-2 指於開放網路提供視訊或音樂串流服務等，既非 ECS 亦不提供與 ECS 有競爭，屬破壞式創新的 OTT 視訊影音服務。其服務提供方式，不受既有通訊（如 IPTV）或傳播（如有線電視系統服務）規範約

束，所涉及之規範問題，亦爲既有或擬跨入之通訊傳播業者共同關切之問題（葉志良，2015，頁 104）。

OTT 服務爲數位經濟之一環，eBay、Amazon、Google（YouTube）及 Facebook 等美國電子商務平台在歐洲攻城掠地，應用歐盟的稅務協定，將公司主體設在稅率低的地方，但實體業務卻依舊在歐盟各國進行。另一方面歐洲的新興電子商務公司想要進行跨境業務仍因爲跨境交易所產生的手續費以及法律成本而被阻擋。結果使歐盟會員國內的電子商務，除一半來自美國外，其餘多爲來自各國境內，只有少數才是歐盟內的跨境交易[4]。爲此歐盟委員會於 2015 年 5 月，宣布數位單一市場（Digital Single Market，DSM）政策，開啓數位經濟，創造開放、公平和無縫的網絡環境，拆除市場壁壘，以期消費者可以在網上購物時能從歐盟 28 國家所提供的產品和服務做出自由選擇，DSM 策略有三項主軸：1. 讓數位產品與服務更容易被接取近用（Access），2. 爲數位網路與創新服務創造發展的環境（Environment），及 3. 以數位帶動經濟和社會的成長潛力（Economy & Society）。爲此，歐盟自 2016 年採取一系列措施，包括於 2016 年 5 月修正視聽媒體服務指令（AVMSD，如提振歐洲文化多樣性）、同年 9 月提出電子通訊傳播規則（ECC）調整原 ECS 管制架構（如審視當前歐洲電信和媒體法規，細緻化 ECS 服務類別）、2017 年則針對著作權指令做鬆綁（如放寬會員國間跨境線上服務之使用）。其中與 OTT 視訊影音服務有關者，如促進跨境數位電子商務、化解地緣阻礙（geo-blocking，如價格歧視）、支持文化的多樣性（平衡著作權利人權益與消費者間之利用）、增加跨境經濟活動（簡化增值稅）、鼓勵基礎建設投資、確保非法內容的迅速移除、執行個人資料保護、培養歐洲人的數位技能素養、及提高就業機會等[5]。

面臨 OTT 視訊服務的發展，相關業者期盼政府在輔導與規範上提出解決策略的共同意見，經彙整略以[6]：

1. 著作權取得或銷售制度

政府應設法將本國內容推銷出去，尤其是東南亞及大陸。另在取得國外著作內容（尤其電影）之授權成本過高，或過程繁雜異動性高，致使無法於網路上架。且國內音樂授權機制亦混亂不一，缺乏明確標準，容易讓使用者不愼侵權。

2. 侵權問題

國內著作權侵害固有一定規範機制，但對境外視頻網站之侵權，影響合法業者權益嚴重，使民眾付費收視意願低落，建議政府應採取邊境管制，直接將連接到境外之網路做封鎖。如採法院令狀管理模式，現有司法救濟及程序規範亦尚不完備，應予檢討。

3. 本國自製能力

在付費收視上，民眾於網路上習慣（付費）收視（西洋）電影，壓縮本國自製內容在網路上的露出機會。市場現狀使自製節目成本高於回收，投資風險高，加上人才外流，長期將對影視製作環境有不利影響。面對自製能力或意願上持續低落，建議政府給予製播補助與輔導，否則國內 OTT 平台業者，考量成本效益，可能忍痛放棄購買國內影視內容。

4. OTT 收益來源問題

國內民眾大部分仍以訂閱有線電視為主，付費收視 OTT 習慣尚待養成，單靠廣告無法長期存活，且國內市場過小，無法支撐大型 OTT 平台。另網路缺乏客觀、整合性的點擊率分析，廣告主未必願意下單，或者直接到中國、美國之大流量視頻網站下單，以確保其曝光率，此將對國內文創產業產生重大戕害。

5. 競爭合作關係

國內 OTT 視訊產業商業模式尚待整合，目前民眾習慣使用 Youtube、大陸視頻網站，使流量大者恆大，加上國外大型 OTT 業者進入後將造成產業衝擊。國內 OTT 視訊平台間之競爭模式，及影音視訊內容製播之上下游供應鏈之合作關係，有賴政府之輔導。

6. 政府的產業政策模糊

OTT 視訊服務是否納管？是否發照？如何鼓勵境外 OTT 視訊服務業者落地？境外智慧財產權使用之稅制及境外 OTT 視訊服務營收之稅率課徵如何落實？均是應即早面對的政策議題。

7. 兒少上網安全問題

在兒少保護問題上，對於 OTT 視訊服務涉及兒童色情、線上博弈等，如何透過業者自律、共管機制與國際合作模式，積極面對。

8. 網路流量控管問題

非法網頁內容占用電信業大量頻寬流量，讓傳輸成本大幅增加，影響基層網路建設之投資意願。

臺灣面對 OTT 視訊影音服務之監理問題，與歐盟同樣受到來自美國、甚或中國大陸視頻網之入侵，歐盟 DSM 策略，雖係從維持其經濟單一市場之利益考量出發，但相關措施，仍值得參考。政府如何提供誘因，鼓勵基礎建設，並提供一個多方利害關係人（Multi-stakeholder，含產業、學術、公民團體、NGO 組織）共同合作，以平等、公開、透明的方式共同參與討論，建立共識與信任，亦即採用網路治理之精神來面對，正是外界所殷殷期待的。

第二節　從網路治理談 OTT TV 之監理

面對前述 OTT 業者面臨的問題，各國相關監理機關的因應態度大致為（葉志良，2015，頁 110）：

1. **持續開放**：依網際網路之特性，對 OTT 視訊服務尚未規劃發照納管，對其提供服務採開放及觀察的態度。

2. **審慎介入**：依現有散布在民事、刑事及相關行政作用法規作低度規範，如侵權行為、假處分、兒少保護機制，採審慎適度的低介入（Light Touch）模式規管。惟低度管制，並非將 OTT 產業秩序推入「叢林法則」中，通傳會公布之數位通訊傳播法（草案），對 OTT 服務之監理有進一步之法規適用說明，其運作即蘊含著程序公開、尋求共識、自律共管等網路治理精神。

3. **順勢而為**：審度 OTT 視訊發展趨勢，研發相關解決方案或策略，例如我國財政部對電子商務研擬修正營業稅法；文化部編列預算補助新媒體內容產製、委託研究新視訊媒體收視之評量機制；通傳會則持續推動 I-WIN 網路觀察機制，以保護兒少上網安全，並於 2017 年 1 月提出數位通訊傳播法（草案）對外諮詢意見，

面對下世代以網際網路及全面數位化作為推動驅力的通訊傳播發展，在政策及規範上進行優化及導入網際網路治理、創新應用的理念，以積極回應時代的需要[7]。

通傳會在前述因應數位匯流趨勢，所提出的數位通訊傳播法（草案）總說明中，首次揭示將以網路治理（Internet Governance, IG）機制來調適現有實體規範，以因應虛擬社會之發展：

鑑於網際網路的無國界特性，世界主要國家均已體認不宜以公權力的行政管制手段，直接介入網際網路的運作及管理，取而代之以多方利害關係人參與進行相互溝通與協調，尋求符合多數利益並尊重少數的治理模式。聯合國資訊社會高峰會（World Summit on the Information Society, WSIS）即揭櫫對於網際網路演進與使用所需之原則、規範、規則及決定程序，應由政府、民間及社群共同參與其制訂，此即為國際上普遍使用的「網際網路治理」（Internet governance）內涵。

所謂治理，早期認為是管理之意，應由政府擔任重要角色。其後（2005 年），WSIS 認為網路社會須透過多方利益關係人共同管理，沒有人有特權，也無法由任一特定族群來治理。即政府、私部門、公民社會站在同等位階來討論網際網路發展及使用階段的共同原則及方案，而網路治理運作機制的三大核心，即為互相合作（cooperative）、共識基礎（Consensus-based）及決策程序（decision-making process），強調以由下而上、過程透明作為政策制定過程。

「網際網路治理」強調多方利害關係人的多元、自由及平等，以自律為主的自我約束機制。因此在規範上應有必要納入網際網路治理的機制，賦予其基本框架及使用原則，同時也基於與既有規範的調適，強調跨境、跨產業、跨政府部門的共同參與、以及既有實體規範的有效適用。[8]

網際網路治理概念於 WSIS 發展多年[9]（申雅君，2016，頁 2），其重要性在於：

1. **因應網際網路無國界特性**：行政權不宜直接涉入網際網路，宜重視國際參與及合作。

2. **政府職能角色轉變**：政府角色從給付國家到擔保國家，宜採取民間自律及公私協力，作為治理手段。並引入公民參與機制，確保數位通訊傳播服務的普及與近用。

3. **涉及多方利害關係人權益**：面對多方利益，宜建立公眾諮詢及參與機制，

促進溝通對話。

　4. **科學技術發展日新月異**：法規跟不上科技發展，需建立調適機制。

　5. **支持創新應用服務發展**：避免扼殺新興服務，提供對話機制。

　　網際網路治理之目的在促使任何可在網際網路上運作的應用內容所得以遵循的一種共通的原則、規範、法則或程序（葉志良，2016，頁 66）。其探討的議題範圍，有認為包括網路結構以外其他關於法律、經濟及社會文化之議題（Jovan Kurbalija, 2012）。亦有認為包括網路霸凌、著作權侵害、個資維護等（Lucchi, 2014）。通傳會認為網路治理之範圍包括網路技術平台共通標準、數位包容與人權、網路安全（含兒少上網安全、隱私保護）、網路中立性、社群媒體、網域名稱分配、網路經濟、資訊素養等，故於數位通訊傳播法（草案）中對相關問題予以回應。

　　臺灣網際網路治理之進展與問題何在？多年參與此論壇的 NII 產業發展協進會吳國維執行長認為 [10]：在網路治理五大議題，如基礎建設與標準化、法律、經濟、發展、及社會文化，臺灣之網路政策何在？國內網路交換點（IX）如何治理？現行電信一、二類執照是否合宜？跨域智財權管制問題？域名法規是否合理？開放資料政策是否落實？物聯網（IOT）頻率標準？及光纖到戶建設政策等，均有待逐一克服。

　　通傳會於數位通訊傳播法（草案）中，強調在網際網路治理的精神下，以公民參與、資訊公開、權利救濟與多元價值為重要核心理念，其立法性質係針對網際網路設定基本法規範，採低度規範及治理，法律定性為民事責任關係。其主要關係涉及 ISP、政府（含行政及司法部門）、及網路使用者，如圖 10-1，以下簡要分析。

一、網際網路治理之共識基礎

　　網際網路無遠弗屆，其運作並非由單一個人或組織獨立執行，其管理亦是由全球的多利益相關方共同協議出治理原則或規範。數位通訊傳播法（草案）第 3 條第一項明定之項目如下：

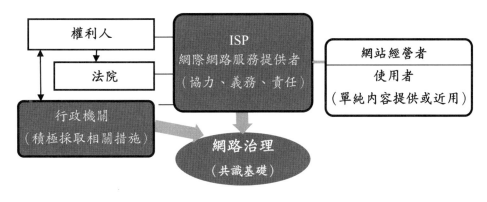

圖 10-1　網路治理關係圖

資料來源：本文整理。

1. 具有基礎建設性質之數位通訊傳播網路，應確保其技術之互通應用，並鼓勵新建設及新技術，促進市場之效能競爭。

2. 具有公用性質之數位通訊傳播服務，應防止具有顯著市場地位者濫用市場地位，維護公平競爭及消費者利益。

3. 專以表現個人意見為目的之內容應用服務，應充分保障其創作自由及流通。

4. 內含個人資料之數位通訊傳播服務，應確保個人生活私密領域免於他人侵擾及維護個人資料之自主控制。

5. 數位通訊傳播素養、尊重人性尊嚴及保障弱勢權益之意識，應予提升。

6. 促進多元文化均衡發展。

7. 提供數位通訊傳播服務者、使用人、公民團體及社群等多方利害關係人，進行數位通訊傳播發展及治理之溝通對話。

8. 數位通訊傳播發展所需之科學及技術、與相關創新應用，應予支持；並建立交易安全及消費信賴環境。

二、政府應積極採取之措施

政府面對網際網路模式之數位通訊傳播發展，以 OTT 視訊服務為例，應積極採取之措施如下：

1. 建立公眾意見諮詢及參與機制，如現行 V.Taiwan 平台。

2. 鑒於數位經濟所涉之層面相當廣泛，宜由行政院統籌規劃相關事項，並充實執行所需之經費。

3. 維護技術中立，非依法律不能限制傳輸技術或規格。

4. 落實共管機制（Co-Regulation），要求業者自律，建立訴訟外爭議處理機制[11]。

5. 鼓勵境外服務落地，另配合「加值型及非加值型營業稅法」有關跨境電商需在國內設立稅籍之修正，政府亦應重新檢視其他相關稅法。

6. 積極參與國際交流及合作。

三、網路服務提供者（ISP）之協力、義務與責任

對於 OTT 視訊服務中扮演中介服務角色之 ISP 業者，其應有之作為，可分為協力、義務與責任三部分述明。

（一）協力

1. 網路環境之安全、秩序與使用者利益維護

OTT 視訊服務雖超越國界，然維護及健全數位通訊傳播服務之安全及良善秩序，仍為普世遵循之原則。ISP 需擔負一定之社會責任，且就特定事項應配合政府措施。

2. 維護數位通訊傳播流通

為確保使用者平等近用數位通訊傳播服務，ISP 在促進服務及技術可操作性之前提下，應以最佳方式提供之，避免於通訊協定或流量管制為不合理之差別待遇[12]。另為因應電信、資訊及傳播科技匯流之趨勢，並保障使用者近用資源之權利，ISP 應合理使用網路資源，非依法律不得干擾消費者之選擇。又為使使用者得於選擇服務前，知悉服務提供者的網路流量管理措施，以作為是否選擇使用之依據，應要求 ISP 揭露網路流量。

（二）義務

1. 揭露營業主體之基本資訊及通訊方式，以維護消費者權益，保障交易安全[13]。

2. 公告服務使用條款：如隱私政策、資安政策、檢舉通報管道、兒少保護、

智財權維護等，以預防紛爭，保護消費者權益。

3. 不得刻意規避（irregularly bypass）境內通傳設施之處理、儲存與使用，以保障我國境內使用者於權利遭受侵害時得有效蒐集相關數位證據，且得依涉外民事法律適用法定其應適用之法律。

4. 確保使用者選擇服務及其設備之自由，讓使用者得立於資訊對稱之地位做出適當選擇。

5. 遵守商業電子訊息發送規範行為準則，以保障個人資訊自主選擇與不受他人干擾之權利，兼顧數位經濟之發展。

6. 維護數位人權、平等近用，尊重多元文化，要求 ISP 不得歧視性別、族群、身心障礙者或弱勢團體，並維護其平等近用數位通訊傳播服務之權益，以建構更富涵人文關懷之社會。

（三）責任

ISP 作為網路虛擬世界之資訊中介者，扮演資訊流通或匯集之角色，不論其服務型態為何 [14]，當其所提供之服務或使用者之利用行為涉及不法時，往往發生作為中介角色之 ISP 應否對使用者不法行為負責之爭議，是故明確規範 ISP 責任，以釐清現行法律爭議，已有迫切之必要性。

數位通訊傳播法（草案）第三章第 13 條至第 17 條明定 ISP 之責任歸屬，但草案第 18 條，鑒於著作權法第六章之一 ISP 之民事免責事由相關規定，其程序較為嚴謹，為釐清 ISP 於著作權事項免責事由之競合，涉及著作權事項時，應優先適用著作權法，始得免除著作權法之民事責任。至於其他事項，如提供不妥之內容，衍生出兒少保護問題，除兒少保護法有特別規定外，其責任依數位通訊傳播法（草案）前述規定定其歸屬。

1. 自己責任（直接責任）及不負審查義務原則

參考德國電子媒體法第 7 條第 1 項規定，ISP 對於自己提供使用之資訊，均應回歸民事、刑事或行政法律規範，依法負其民事、刑事及行政責任。此外，為維護言論自由、促進資訊暢通，應避免課予 ISP 業者過重之負擔，或迫使服務提供者對使用者進行內容審查，參考馬尼拉中介者責任原則（Manila Principles On

Intermediary Liability）之原則一及德國電子媒體法第 7 條第 2 項規定，明定 ISP 不須事前監看或查證其所傳輸或儲存之資訊是否有違法情事。

2. 間接責任之免責要件

對於僅提供中介服務之 ISP 業者，其間接責任範圍應如何釐訂，方符合比例原則，涉及數位通訊傳播服務之自由流通與正常發展。參見數位通訊傳播法（草案）第三章第 14 條至第 17 條規定立法說明，條列如下：

(1) 接取服務免責要件

參考馬尼拉中介者責任原則之精神、德國電子媒體法第 8 條規定及著作權法第 90 條之 5 規定，ISP 就其提供接取服務之過程中，如其傳輸之資訊非由其主動提供，或資訊之處理係經由自動化技術予以執行，且其未就傳輸之資訊為任何篩選或修改時應得免責。

(2) 儲存資訊服務免責要件

參考馬尼拉中介者責任原則之精神及德國電子媒體法第 10 條規定，明定 ISP 對於第三人儲存之資訊，倘其主觀上不知有違法行為或資訊，且於被害人請求損害賠償時，依顯示之事實或情況亦不能辨別該行為或資訊是否違法；或於知悉該行為或資訊為違法（如：經通知該行為或資訊已經行政機關以行政處分或法院以判決確認違法）後，即採取適當措施防免損害繼續擴大，不負賠償責任。但第三人如係受 ISP 之指揮監督，即不適用此項規定。

(3) 接取以外服務免責要件

參考著作權法第 90 條之 6、第 90 條之 8、第 90 條之 10 規定及美國數位千禧年著作權法案（DMCA）第 512 條 b 項「System Caching」之立法例，明定未提供接取服務之 ISP 有下列情形者，對其使用者之侵權行為，不負賠償責任：a. 所傳輸之資訊係由使用者所發動或請求。b. 未改變使用者存取之資訊。c. 經權利人通知或知悉其使用者涉有侵權行為後，在合理期間內，移除或使他人無法接取涉有侵權之內容或相關資訊，或為其他適當之處置者。

前述 c 款之「通知及取下」程序規定，ISP 僅須確認通知文件內容形式上齊備即可，為考量通知之成本及期待可能性，僅於雙方約定有聯繫方式或使用者留存聯

繫資訊，始負有相當之通知義務。

又是否涉及侵權行為或有相當爭議，允宜有一定程序衡平雙方權益，使 ISP 得以依循，避免過度負擔實體判斷責任，妨礙數位通訊傳播之流通。另參考著作權法第 90 條之 9 規定，被指涉侵權之使用者亦得檢具文件通知 ISP 回復；此時，ISP 應立即轉知原通知權利人，該權利人於通知後則應提出本案訴訟，若怠於提起訴訟或遭駁回，ISP 即應回復系爭內容。

第三節　從技術中立及比例原則談 OTT TV 之納管

OTT 視訊服務係基於既有通訊傳播網路上所附加或補充的服務，但其跨國、開放、去中心化的開放式網際網路傳輸型態，讓現行法制體系面臨衝擊，立法進程趕不上科技發展，使管制規範呈現非對稱性發展（呂理翔，2016），對於相同或類似之服務，規範者究應將其納入通訊傳播管制體系中、或為 OTT 服務建置一套特別規範、甚或檢討傳統通訊傳播服務之規範（即不訂新規範，而係引用現行規範逐步作調整）？

採用相同管制規則的理由，不外乎傳統內容服務與網際網路服務有相似的服務原因（similar reasons）及避免監管套利（regulatory arbitrage），反對網路服務的競爭優勢純粹是來自於比傳統服務更少的監管成本，但如維持傳統監管架構，將之擴大適用於網際網路服務，多數國家均不能接受。觀察現況，各國監理機關傾向在邊調節傳統媒體監管規範時，亦試圖創建一個可以根據不同類型的服務及其存在的風險做區分，以跨傳統媒體和基於網際網路服務之技術中立方式，具等效但有比例區別的監管框架（equivalent media regulatory frameworks）（Webb, 2017）。

如前述，通傳會於 2017 年對外諮詢匯流五法中之「電信管理法」已將原電信事業之類型及參進制度鬆綁，由現行特許及許可制，改採登記制，俾使業者因應科技發展及市場動態變化，快速進入市場提供創新服務。而在網際網路服務（含部分 OTT 視訊服務）方面，另提出數位通訊傳播法（草案），針對網際網路設定基本法規範，採低度規範及網路治理原則，OTT 視訊服務之行為目前並無專法，但期望於此法中找到規範原則。

　　目前各國政府，面對被定位為開放式網路之 OTT 視訊服務監理，多採持續觀察、審慎介入之態度，除中國和新加坡發放執照外，其餘多不依現行通訊傳播規範發照納管。雖不納管，但對 OTT 視訊服務所衍生之內容及 ISP 免責規定，則依據民、刑法及其他相關行政法規範（例如著作權法、消費者保護法、兒少保護法令等）。另亦有國家制訂數位資通訊傳播規範，如韓國之促進資訊流通與通訊網路資訊使用暨資訊保護法、英國之數位經濟法及我國之數位通訊傳播法（草案）。

　　處理新媒體服務，在設計監管架構時，應考量諸多因素，以建立一個具等效但有比例區別的監管框架（Webb, 2017）：

　　（一）適應風險水平：考慮不同類型的內容服務所帶來的不同風險級別，當在不同類型的內容服務之間存在明顯的實質性區別時，可以應用差異化規則，例如：

　　1. 一個以全國受眾覆蓋廣泛為目標群的內容提供商，和以有限受眾群體設計的內容提供商之許可制度區別。

　　2. 線性內容遞送機制由於消費者對內容的選擇較少，可能受到更大程度的規範；反之，對於非線性機制（例如視頻需求），相對的可受到較輕度的規範。

　　3. 公眾對內容及其編輯屬被動接受，與對內容可主動控制或區隔近用（如限制級鎖碼或親子鎖技術）的區別。

　　（二）合比例調節：在有可識別的危害風險情況下，才應使用監管，及所有限制應有公共利益之存在，避免過度憶測，要求監管水平應與風險水平成比例；此外，如監管對消費者的潛在利益超過業者承受的直接和間接成本時，亦可使用監管。

　　（三）平衡競爭：為避免監管套利，阻礙和扭曲未來服務的投資，在傳統媒體經營者和新興媒體服務提供商間提供平衡競爭環境，確保新興服務提供商的發展和創新不被扼殺。

　　（四）監管明確性：面對新興網際網路服務，如透過現有法規解釋，將出現不明確或不一致情形，可考量重寫清晰的規則，以便所有利益相關者釐清其相互的權利義務關係，亦符合行政法學依法行政之準則。

　　針對前述監管變數，以美國為例，美國聯邦通訊傳播委員會（FCC）於 2015 年將提供預定排程（線性）之網路串流節目服務提供者（OTT），納入其「多頻道

視訊節目傳播者」（MVPDs）範疇，亦即將線性 OTT 節目提供者與 Cable 業者做相同管制，但如為隨選視訊或免費服務則仍不納管。其目的在符應「技術中立」原則，認為其與有線電視業者之服務具高度的類似，且認如取得法律地位，方能有助其在節目授權之取得上獲得保護。此項規定，似與歐盟 2010 年公布之「視聽媒體服務指令」（AVMSD）相符合，該指令將媒體區分為「線性服務」及「非線性服務」。且對「非線性」隨選服務，鑑於其非以傳播技術播放，尚未構成公眾普遍收視，及尊重個人的選擇自由，建議採取低管制密度，並鼓勵產業自治與共管機制。

但美國此項納管亦引起業界質疑，認為此舉有阻礙創新之嫌，且將增加業者須負擔原屬 Cable 業者才有之規範。以我國有線廣播電視法為例，有費率管制、黨政軍退出媒體、水平或垂直市場管制及公用頻道等特殊限制或義務規定（黃銘輝，2016，頁 146～149），如要求 OTT 線性服務亦要承擔此義務，管制手段似有過當問題。

依我國現行通訊傳播法治體系，對屬於封閉性網路之多頻道內容服務平台，例如有線電視節目系統、IPTV 等線性節目服務均予以納管；對屬於開放性網路平台上之 OTT 視訊服務，基於管制成本與實效、非線性之傳輸模式、及仍屬創新期之產業，傾向採低度管制精神不予納管。此項原則符合我國通訊傳播基本法第 7 條：「應避免因不同傳輸技術而為差別管理」規定及「技術中立」精神。

傳統媒體業者認為 OTT 視訊服務與其現有之傳輸技術因匯流而趨同，要求對其納管，並作相同管制。然縱屬相同服務，是否即應課予相同義務做管制，從歐盟 BEREC Report 中，認為義務之課予，可能是基於該義務的特殊目的，不一定規範所有近似或競爭之服務，如因此而造成履行該義務者，須付出昂貴成本或技術上有困難，是否符合手段與目的相符之比例原則，即應審慎為之。我國通訊傳播基本法第 7 條所規定之：「相同服務，相同管制」原則，也僅要求政府「應避免」，似也給予監理機關擴大或限縮之裁量空間（BEREC, 2016, p.23）。

如前述，對 OTT 訊訊服務所衍生之內容與權利義務關係，我國現行仍採不納管之低度管制原則，即以網路治理之原則因應此項議題，並提出適用於 OTT 視訊服務之數位通訊傳播法（草案）。惟面對技術及應用的發展，監管機構仍應不斷回到監管設計的核心原則，例如比例性、合理性、平等待遇、技術中立及實用主

義等,並針對相關的問題,調節促進最終用戶和其他利益相關者利益的解決方案
(Webb, 2017)。

第四節　網際網路著作權侵害之規範

一、網際網路特性對著作權侵權所引發之問題

　　網際網路環境下,基於網路利用技術之快速擴散性、無國界性、及隱密性,讓
網際網路著作權侵害有其特殊性(逢甲大學,2007,頁 139),例如 1. 大量快速重
製散布:盜版網站利用封閉、加密及無線上網技術之普及,進行侵權行為,造成損
害擴大,著作權人對其著作財產之控制權已轉至使用人,傳統由權利人逐一訴訟之
效能,已無法遏止侵權之擴散。2. 網路使用習慣與心態:對網路視訊音樂著作付費
收視之習慣,及近用合法網站之心態,仍有待教育宣導及養成。3. 境外網路侵權之
訴訟或執法成本:網路無國界特性,讓網路著作權侵害,涉及國際私法之管轄權判
斷 [15],與境外訴訟之成本擴大問題,且境外網站侵權之執法不易,有待國際合作與
溝通對話。

　　網際網路有關著作權侵害之責任在於:1. 使用者責任,可能涉及下載時之重製
權侵害,及下載後另行上傳分享之公開傳輸權之侵害;2. 侵權網站經營者之責任,
可能構成單獨或與使用者成立共同侵害重製權或公開傳輸權;3. ISP 業者責任,可
能與使用者負擔共同侵權人責任,參見我國著作權法第 87 條第 1 項第 7 款及第 2
項規定 [16]。法律上為平衡 ISP 之責任,參考馬尼拉中介者責任原則,乃設有前述之
免責規定。

　　侵權網站如設於國內,依法行使侵權或刑事訴訟,尚無問題。但對於設在境外
之侵權網站,因有管轄權、送達或求償執行之難度,迫使權利人向法院取得令狀,
要求境內 ISP 封鎖境外侵權網站,甚或要求行政機關積極介入,採取措施保護著作
權利人(邵瓊慧,2016,頁 202)。

　　面對 OTT 視訊被 P2P 大量下載侵權的猖獗無法有效被遏止,權利人防不勝
防,業界不斷呼籲政府應有邊境管制作為,但當政府欲以公權力介入時,亦產生管
制網路內容的爭議,例如過度課 ISP 業者審查責任、侵害言論自由、及有礙網路與

世界接軌的發展，讓政府陷於兩難之境（李唯楨，2013，頁 92）。

二、各國對網路著作權侵權規範之嘗試

（一）避風港原則（Safe Harbor）

在 web 1.0 時代，著作使用人利用網路上傳、分享未經授權的他人著作內容，雖人數多、侵權人資料不明，但並非不能處理。實務上，權利人亦常對非法使用者與 ISP 一併訴訟，ISP 雖主張技術中立作為免責的抗辯，但依美國間接侵權之法理（含輔助侵權、代位侵權或誘導侵權等）[17]，或我國著作權法第 87 條第 1 項第 7 款：「未經著作財產權人同意或授權，意圖供公眾透過網路公開傳輸或重製他人著作，侵害著作財產權，對公眾提供可公開傳輸或重製著作之電腦程式或其他技術，而受有利益者。」，ISP 仍可能被視為侵害著作權或製版權，立法者將網路服務者之該等行為視為侵權，引發網路業者之反彈，認為有礙網路之流通與發展（賴文智、王文君，2012，頁 27）。

美國 ISP 擔心隨時要負擔爭訟風險，乃推動 1998 數位千禧年著作權法案（The Digital Millennium Copyright Act 0f 1998，DMCA），該法案明定 ISP 在收到權利人依法所發送有關侵害著作權的通知（Notice）後，即應先採取移除（Take down）或封鎖措施，並通知被指為侵權的使用者。使用人如認為自己是合法使用，可發送反通知（Counter Notice）予 ISP，再由服務提供者通知權利人，若權利人於 10 日內未向法院提起訴訟，服務提供者應將被移除的內容予以回復，如圖 10-2DMCA 關係圖（賴文智、王文君，2012，頁 9～10）。

DMCA 於美國著作權法第 512 條款規定，ISP 在符合一定條件下，得免除對於其用戶侵權行為所應負之責任，此即「避風港」（或稱安全港）原則。服務提供者於程序中，無需實質判斷個案是否實際侵害著作權。另依據 DMCA 第 512 條 (j)(1)(B)(ii) 規定，法院亦有權核發禁制令，要求 ISP 業者採取措施，防止連結至美國境外網站位置。

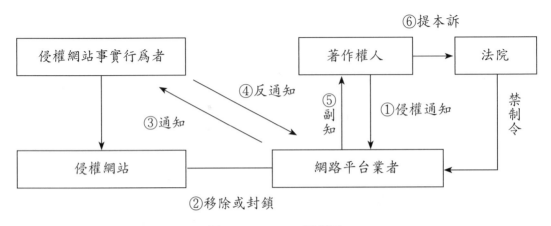

圖 10-2　DMCA 關係圖

資料來源：本文整理自賴文智、王文君（2012）。

　　DMCA 避風港機制，讓權利人在 ISP 業者自願協力下，得以低廉的成本，達到排除著作侵害的結果。ISP 業者責任亦因此明確化，有利網路創新與服務發展。且讓使用人得有機會調整或檢視其被指控為侵權之行為，自有一定之成效。此項法案，後來也成為各國仿效的範本，如歐盟於 2000 年訂定「電子商務指令」（Directive of Electronic Commerce）第 12 條至第 14 條；日本於 2001 年訂定「特定電信服務提供者損害賠償責任限制及發信者資訊提供相關法律」；中國大陸於 2006 年訂定「信息網路傳播權保護條例」；韓國於 2008 年修正通過「著作權法第 6 章」；我國於 2009 年修正著作權法第 3 條第 19 款將 ISP 分為 4 類，又在第 6 章之 1 增訂 ISP 民事免責事由。

　　但在 Web 2.0 時代，因 P2P 下載技術之發展，權利人對大量、重複侵權內容已難以逐一通知處理，加上移除程序的繁瑣，且侵權之防範僅能仰賴 ISP 業者的自律。而對境外侵權網站防範之執行成本的增加，與對境外網站侵權防止效力的不彰[18]，讓境外著作權侵害，尤其是 OTT 視訊產業方面，一再蒙受重大損失。

（二）邊境管制機制

1. 美國

　　面對 DMCA 未能有效、積極處理境外網路侵權問題，由美國電影、音樂產業向美國國會遊說，經美國眾議院以 1998 年之「保護智慧財產權法案」（Protect IP

Act，PIPA）為基礎，於 2011 年提出「停止網路盜版法案」（Stop Online Piracy Act, SOPA；亦稱 H.R.3261），賦予著作權人、執法部門及 ISP 業者權力，可以更迅速便捷地申請法院禁制令，例如課予 ISP 業者監控義務，並進行封鎖網站，以保護著作權利。

SOPA 法案規範的層面較廣，尤其在封鎖境外網站之作法部分，引起各方關切。該法針對涉及侵權且可連結至美國境內的境外網站[19]，分三種程序分別進行相關保護措施（洪爾謙，2014，頁 40～43），如圖 10-3 所示。

(1) 檢察總長（The Attorney General, SOPA Sec 102）

檢察總長可先對境外侵權網站所有人或經營者提起對人訴訟（圖 10-3 A1），如無從得知所有人或經營者時，得對境外侵權網站之網域名稱提起對物訴訟（圖 10-3 A2）。

其後，檢察總長再依美國民事訴訟程序向法院聲請核發禁制令（圖 10-3 A3-1），法院核發禁制令後，應將副本送達予四類網路中介者（圖 10-3 A3-2），由渠等於改正期限內採取技術上可行且妥適之措施（圖 10-3 A3-3），例如要求 ISP 業者利用其 DNS 系統封鎖其在美國的使用者連上境外侵權網站。要求美國搜尋引擎業者防止侵權網站或網頁內容之超連結出現在搜尋結果上。要求美國網路金流業者防止、禁止或終止美國使用者與侵權網站的線上交易。及要求網路廣告商防止向侵權網站或網頁內容提供廣告服務（李唯楨，2013，頁 92）。

(2) 著作權人（SOPA Sec 103）

得對意圖竊取美國財產之網站主動提起訴訟（圖 10-3 B1-1、B1-2），被控為意圖竊取美國財產之網站於收到通知後，如認為未有侵害事實，得對權利人發送反通知（Counter Notification）（圖 10-3 B1-3）。

權利人另得對網路金流業者及網路廣告商發送侵權通知（圖 10-3 B2-1、B2-2），網路金流業者及網路廣告商除及時向該侵權網站轉達外，並應於期限內採取技術上可行且妥適之措施，終止與境外侵權網站之業務往來（同前述）。

(3) 網路中介者（SOPA Sec 104）

不待權利人通知或法院核發禁制令，網路中介者得自行發動前述程序，即可免除民事責任（圖 10-3 C1）。

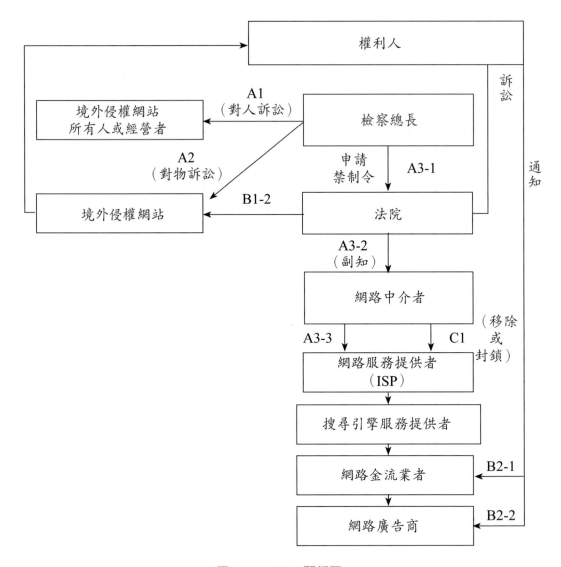

圖 10-3　SOPA 關係圖

資料來源：本文整理自洪爾謙（2014）。

　　由於 SOPA 法案涉及境外封鎖網站及要求 ISP 業者實質審查網頁內容，有擴大管轄權、侵害言論自由與隱私、及提高營運成本等重大爭議，引發 ISP 業者及網路社會反彈。歐巴馬政府亦表明反對，希望透過共同合作來建立完備的法律，最後遭國會無限期擱置。

2. 歐盟、英國及義大利

歐盟依據其「2000 年電子商務指令」、「2001 年歐盟著作權指令」第 8.3 條，要求會員國立法規定封鎖境外侵權網站。另外，如挪威、俄羅斯、冰島、列支敦斯登等 4 個歐洲國家，亦單獨立法規定封鎖侵權網站，其中已出現若干獲法院支持之案例。

依據英國 2010 年「數位經濟法」第 17 條，著作權人於偵測侵權網站 IP 後，得要求 ISP 業者提供侵權用戶列表，使著作權人得以向法院起訴。如仍無法有效遏止侵權，則可向 ISP 要求採取相關技術，限制連結到侵權網站或相關阻斷措施（含阻斷 IP 位址及網域位址 URL）。此外法院亦得向網路位置發布阻斷禁制令，其執法模式為司法程序。其後英國於 2015 年刪除該條文，改依其「著作權、設計暨專利法」（CDPA, 1998）第 97A 條規定，惟仍採司法程序運作（洪爾謙，2014，頁46）。

英國於 2012 年 6 月曾針對「海盜灣」（The Pirate Bay）網站，對 ISP 業者發出阻斷其使用者進入該侵權網站之封鎖令，要求 ISP 業者於同年 7 月執行，事後英國做個案研究，從英國連結到侵權網站之網路流量與由全球其他各地連結到侵權網站之平均網路流量，發現從英國連結到其網站流量下降約 83.9%。[20]

目前有澳洲、紐西蘭、新加坡等國參採英國做法，立法採司法令狀方式封鎖網站。在歐盟其他會員國中，義大利原只採司法程序模式，2013 年 12 月該國電信主管機關（AGCOM）另公布一項有關網際網路與視聽媒體服務之著作權執法規則，在司法嚴謹程序外，另闢快速的行政程序，賦予 AGCOM 可認定並發出侵權通知，通知後，改正（封鎖及切斷連結）之程序即被啟動（洪爾謙，2014，頁 51），其方式為行政司法混合之模式。

3. 南韓、馬來西亞及印尼

韓國依據該國著作權法第 104 條及「促進資訊通訊網路利用暨資訊保護法」有關通訊法規定，賦予行政機關權力，例如韓國通訊傳播標準委員會（KCSC）透過行政程序行文給 IASP 業者，要求其終止連線至侵權網站，如 IASP 未改正，並得請求韓國廣電委員會（KCC）發出行政命令，採行包括封鎖侵權網站之措施，如仍

未改正，則可做出裁罰。

馬來西亞及印尼亦採取類似之作法，在通訊法中，依馬來西亞 1998 年「通信及多媒體法」263 條及印尼 2011 年「資訊科技規則」，採行政程序要求 ISP 配合主管機關要求移除或封鎖境外侵權網站。

4. 臺灣

我國於 2009 年增訂著作權法第 6 章之 1「網路服務提供者之民事免責事由」，賦予四類 ISP 業者（指連線服務提供者、快速存取服務提供者、資訊儲存服務提供者、及搜尋服務提供者）在一定之條件下得予免責，同法第 90 條之 10 規定，ISP 對涉有侵權之使用者，如依規定移除或使他人無法進入該涉有侵權之內容或相關資訊，或於知悉使用者所為涉有侵權情事後，善意移除或使他人無法進入該涉有侵權之內容或相關資訊時，不負賠償責任。有美國 DMCA 避風港之精神，且亦非課 ISP 業者監督其所控制之網路上之內容。

2013 年 5 月智慧財產局以新聞稿表明：對境外侵權網站應建置快速處置措施，境外網站如專門從事侵權行為，其內容重大明顯侵害著作權，智財局得令 ISP 業者予以封鎖，使國人無法連結至該等侵權網站。其後因各界反彈，乃於同年 6 月再發布新聞稿：決定不再推動由行政機關介入封鎖境外侵權網站之認定，回歸由司法機關認定之原則，即依智慧財產案件審理法第 22 條規定，向法院提起假處分或定暫時狀態處分之聲請。

三、OTT 視訊服務境外侵權網站之邊境管制模式

OTT 視訊規範議題中，被認為最迫切的即是大量境外盜版問題未能有效解決，現行維護權利程序及司法管制模式之時間與成本太高，多數 OTT 業者鑑於目前已有多數國家採行邊境管制，亦要求政府應跟進，以免成為盜版樂園（台灣通訊學會，2016，頁 95～130）。但民眾不信任政府，加上鄉民自主意識提高，認為邊境管制有管制言論、侵害隱私之問題，要求讓網路社會自理。

（一）行政模式

以 SOPA 草案或我國智慧財產局於 2013 年宣示研議封鎖境外網站之措施為例

之行政模式，均突顯政府對境外侵權網站，企圖繞過司法令狀程序，建置快速處置之措施。其以管制效率作考量的方案，固然獲得著作權人喝采，但卻也因其認定標準模糊（如是否有合理使用問題？何謂重大侵權網站？對只有部分侵權內容之網站，可否禁止連結？），且擴大 ISP 業者之監督線上內容責任、箝制言論自由及隱私權，封鎖技術亦易被規避且缺乏效益等，讓多數國家持保留態度。

事實上，隨著收視聽習慣轉變，民眾逐漸轉移至網路收視或分享個人製作之內容，這意味著網際網路傳播，已將昔日大眾傳播之著作流通控制權，轉移到終端設備使用者端，從集中到分散。主管機關於思考相關管制目的性、必要性與政策走向時，宜從著作權法之立法目的，在保障著作人著作權益、調和社會公益及促進國家文化發展上取得平衡點[21]，貿然依行政措施介入，不無壓縮著作權在網路上之合理使用空間、甚或阻礙網路之自由流通。且考量行政介入涉及境外管轄權之管制成本、與手段目的間相符之比例原則，更不宜為求快速打擊，而採取激烈的手段。

對於攸關數位經濟發展之著作權侵害問題，除前述手段外，如何建構一個對著作權人及利用人相對衡平的著作利用環境，降低過度依賴於 ISP 之責任與衝突，行政機關仍應積極的研擬相關對策，例如：

1. 成立智財權保護協調中心

美國在 SOPA 法案受挫後，依據其智慧財產資源與組織優先法（PRO-IP ACT）及總統行政命令成立智慧財產權行政辦公室，負責整合美國政府相關部會及白宮其他辦公室，設執法協調官，制定並執行有效的智財政策與執法策略，強化政府與非政府部門間的合作，加強通報與資訊分享，目標即在於宣示不能接受他人非法濫用服務或平台（Mattie, 2016）。

2. 提供誘因或尋求第三方參與監管

在提供誘因方面，指在建立一個簡化明確的監管框架，包括使境外經營者在行政上容易獲得許可／註冊的流程，又如以優惠稅率吸引在臺設稅籍、確保寬頻傳輸 Qos、境內視訊頻道或節目之合法授權、建構多元的視訊近用平台，開放有限電視市場之機上盒可連結到其他付費服務與公平上架機制等，藉以鼓勵境外 OTT 業者落地。另在行使懲罰性的強制措施之前，亦可尋求可能涉及協助侵權使用的第三方

（例如 ISP 或廣告客戶）參與監管，提高其等自願遵守的意願。

3. 加強通報與資訊分享

依據我國著作權法第 90 條之四，著作權人已提供為保護著作權之通用辨識或保護技術措施，經智慧財產局認定並核可者，ISP 業者應配合執行之。依此精神，以科技方法過濾網路侵權資訊，不失為一種策略，惟其執法要件仍待進一步研議。

4. 協助金流與廣告機制之合作

美國根據其 2006 年的「非法網際網路賭博法」，禁止其本國銀行和信用卡公司處理向網際網路賭博服務者支付或從網際網路賭博服務收到的付款。另參考英國倫敦警察署下轄之「智慧財產權犯罪查緝小組」（PIPCU）將蒐集之境外侵權網站的黑名單，提供給網路廣告商、代理商，俾其易於區分是否涉及不法之網站，鼓勵其拒絕於該等網站刊登廣告。此並非強制要求，因涉及對廣告商品形象之負面影響，且避免消費者對刊登廣告之侵權網站有錯誤認知，透過溝通合作來阻斷侵權網站之收入來源。

5. 國際間合作

同一區域的監管機構可以合作創建一種協調一致的媒體監管方法，採此區域協調的優點，在於 (1) 使國際網際網路服務提供商能夠通過一個地區的論壇與各別國家進行協商、(2) 降低提供者的整體規範遵守成本、(3) 及協助管理者利用該區域其他國家的學習和信息交流等方面，強化管理。

6. 整合產業資源

建構數位內容創作全力流通平台，提供一個開放、簡易的授權平台，如線上授權方式。

7. 爭議處理機制

研議適合國情的爭議處理替代機制（葉志良，2016，頁 66；Lee A. Bygrave & Terje Michaelsen, 2009, pp.92-125），通傳會公告之數位通訊傳播法（草案）第 28 條，強調可採行公私協力共管方式、訴訟外爭議處理機制，例如我國 TWNIC 對網域名稱爭議的處理機制、I-WIN 對有害兒少身心健康內容之網路內容防護機制等。

（二）司法模式

　　採取司法程序，透過法院的保全程序或提起本訴，封鎖侵權網站，已為世界各國主要採行之措施。美國歐巴馬政府在反對SOPA法案之行政模式後，表明希望透過多方利害關係人共同合作來建立完備的法律。我國智慧財產局在以新聞稿表明對境外侵權網站建置快速處置措施，遭各界反彈後，亦決定不再推動由行政機關介入封鎖境外侵權網站之認定，回歸由司法機關認定之原則。

　　國外已有相關案例，透過司法途徑要求ISP封鎖境外侵權網站。其依據如歐盟「2000年電子商務指令」、「2001年歐盟著作權指令」及「2004年智慧財產權執行指令」，以英國2011年第一件由法院核發對ISP（BT，英國電信）之具體禁制令為例，該案被告Newsbin2為英國之境外侵權網站，侵害美國福斯電影公司等六家電影公司著作權，法院要求英國電信透過侵權網站之IP位址，或是封鎖其所有URL等技術手段，阻斷其用戶與侵權網站之連線。法院認為本案BT之服務遭第三方（侵權網站）用以侵害著作權，至於BT電信抗辯之理由，例如不應主張封鎖侵權之整體網站、可能阻礙其自律封鎖系統之運作、禁制令會因用戶使用技術規避該封鎖而無效、及不符言論自由與比例原則等，法院均認為不可採，並認為封鎖係屬合理措施，且有助合法著作權益之保障（邵瓊慧，2016，頁201）。

　　依前述相關封鎖機制，檢視我國透過司法途徑封鎖境外侵權之法律依據及其可行性。按我國智慧財產案件審理法第22條規定，著作權人得向法院提起假處分或定暫時狀態處分之聲請，惟其條件依該條規定為：就爭執之法律關係，為防止發生重大之損害或避免急迫之危險或有其他相類之情形而有必要；該事實，應釋明之；其釋明有不足者，法院應駁回聲請。又聲請之原因雖經釋明，法院仍得命聲請人供擔保後為定暫時狀態之處分。

　　次依前述數位通訊傳播法（草案）第19條規定，亦明訂得申請定暫時狀態處分之情形，當利用數位通訊傳播服務時，如遇私權爭議，固不宜逕由公權力介入，然亦應有即時救濟管道，以避免網路不法行為之侵害，因無即時救濟遏止之途徑，致其損害不斷擴大甚或致生急迫危險，其主體為ISP與其使用者或第三人間，客體為通訊傳播服務之使用行為，如有即時遏止危險之必要，得依民事訴訟法之規定，向法院聲請定暫時狀態之處分，保護其權利。

　　本條規定，與著作權法第 90 條之 1 為對物之扣押有別。亦較民事訴訟法第 538 條得申請假處分事由之範圍更限縮，因屬 ISP 與其使用者或第三人間具體之實體互動規範，當數位通訊傳播服務之使用行為發生重大、急迫之爭執時（不限於本案訴訟所爭執之法律關係為限），即得申請，理論上包含境外之侵權網站，有助於處理民事訴訟法第 538 條第 2 項以本案訴訟能確定該爭執之法律關係者為限之認定。惟法院於斟酌是否發假處分時，除依循比例原則外，亦應考量技術之可行性，未來亦需徵詢司法院、法務部及經濟部等相關機關意見，進行實務法制之通盤檢討。

　　然無論係採智慧財產案件審理法第 22 條規定或數位通訊傳播法（草案）第 19 條規定，其情境仍設定在國內管轄之情形下，與境外侵權產生之情境存有極大之落差[22]。我國現行民事訴訟保全制度，權利人雖似可透過定暫時狀態處分請求封鎖境外侵權網站，但實務上，請求相對人為何？定暫時狀態要件之釋明，是否需供擔保或准予反擔保等，仍有諸多不確定性。據悉，我國頻道內容供應者，目前尚無針對侵權案聲請定暫時狀態假處分之案例。除市場小、蒐集證據不易、時間冗長外，認為侵權網站可規避管制，未能有效遏止侵權行為、及前述保全程序不明確因素亦是主因。論者建議可參酌歐盟指令及相關法令，於著作權法修法時，增訂請求封鎖域外侵權網站之請求權依據、及審酌因素，俾利法院審酌標準及執法之明確性（邵瓊慧，2016，頁 207）。

　　臺灣相關著作權人團體曾提出著作權法修正，建議新增第 84 條之 1，對伺服器非設置於中華民國管轄區域內之網站，其內容涉有重大明顯侵權行為並受有利益者，著作權人得請求法院命令 ISP，為使他人無法進入該網站之適當措施。在 OTT 視訊服務之相關研討會中，著作權人產業代表建議如欲採我國現行制度之司法模式進行邊境管制，可於著作權法中增訂對境外侵權網站假處分之程序[23]，例如：

　　1. 對境外侵權網站提起保全程序，如不知其所有人年籍資料者，得僅列該境外網站之 IP 位置或網域名稱。

　　2. 民事訴訟法第 525 條有關請求及其原因事實，及假處分（比照假扣押）原因，聲請人僅需釋明其為著作權人，且未授權給該侵權網站，即符合釋明之要件。

　　3. 除非必要，否則不要求以提供擔保代替釋明。又現行智慧財產案件審理法

第 22 條第 2 項規定「釋明有不足時，即駁回申請」，亦應調整，如改為釋明程度只要使法院信其主張為真實者即已足。

4. 對境外侵權網站經營地址不知時，可依民事訴訟法第 149 條聲請公示送達。

5. 有關定暫時狀態之處分，可包含令 ISP 業者封鎖侵權網站之 IP 位址或網域名稱。並得令網際網路註冊服務中心（如 TWNIC）不將 IP 位址與域名（Domain Name, DN）作配對（Mapping），藉此阻斷連結。

（三）網路社會之自我調節模式

無論採行政或司法模式，法律仍宜作為最後防線，網路社會自我監理措施才能有效遏止網路侵權行為，即從 ISP 自我監理之自律措施、商業經營模式、產業間合作規約、技術先著手，法律僅作為最後防線。

1. ISP 自律措施

ISP 業者為免於被訴之成本，且加強對使用者之服務，提升企業形象，多透過服務條款，如 Google YouTube 所揭露之著作權政策，對侵權累犯（被通知有超過二次以上之侵權行為），可終止用戶之網站使用權。事實上，大部分跨境網際網路服務提供商，特別是大型企業，通常都願意基於聲譽和商業原因自願遵守當地的監管框架。我國之中華電信公司及凱擘公司亦有類似之著作權保護措施。

2. 商業經營模式 —— 網路行銷手法之變革

為因應網路視訊消費者習慣，產業間為尋求安全而有效之商業模式，紛紛建構合理的訂閱模式，或將付費模式作翻轉。例如吸引使用者免費登入，提升網站之點擊流量，藉此換取廣告主或贊助商之金援，已成為未來網路行銷之重要策略之一。即改變付費收視經營模式，讓資訊流量轉化為主要收入。

3. 產業間合作規約

例如由著作權團體與 ISP 業者自律合作產出之 UGC 服務原則，及由電子前線基金會（EFF）據此修正推出之「使用者創作影片內容之合理使用原則」，即在解決合理使用被誤移除之情形（洪爾謙，2014，頁 78～83）。

Google YouTube 自 2006 年陸續與 Warner Music Group、Sony BMG、UMG、

CBS、EMI 等國際著作權團體建立合作關係，授權 YouTube 使用者創作並上傳至其網站的影音檔案，以免觸及侵權問題。

4. 金流與廣告商參與監管

如前所述，政府可鼓勵和支持許多成效良好由企業界利害關係人或第三人的自發性提案，這些提案主要包括：「追蹤金流」與「勸阻廣告」的機制，用意在減少不法活動的獲利。例如：(1) 由信用卡／支付管道業者建立一個通報機制，若某網站持續銷售侵權商品或進行商業盜版，則向該網站停止支付服務。(2) 要求線上廣告商承諾，透過減少仿冒和盜版網站上的廣告收益，從而減少網路侵權。

前述機制係由網路社會自我調節，例如美國「信賴責任集團」（TAG）的「品牌健全反盜版計畫」，讓線上和行動廣告業者使用有認證的工具和服務，避免在有盜版等不法風險的網站上登廣告。英國 PIPCU 與創意和廣告行業合作，於 2013 年發起了「創意操作和侵權網站列表」（IWL）機制，為數位廣告部門提供由創意產業識別的侵害著作權網站列表，經 PIPCU 驗證，以便廣告商、代理商和其他中介者可以停止對這些侵權網站刊登廣告，阻斷非法侵權網站的資金收入。

MasterCard 信用卡集團透過 MATCH 計畫，排除與有不法行為紀錄之業者簽約合作，切斷侵權網站之金融服務。我國之 OTT 業者，如 LiTV、KKTV、三立電視臺、歐銻梯娛樂等，於 2017 年積極串連成立「臺灣 OTT 協會」，希望結合業者力量，共同打擊盜版，呼籲政府取締非法內容的機上盒上架，並參考 IWL 模式，協助廣告主避免在非法網站上刊登廣告（何英煒，2017）。

5. 技術過濾機制

(1) Google YouTube 開發之 Content ID 技術

作為國內最大的開放性 UGC 平台，YouTube 為防範侵權內容出現，自 2007 年起提供符合特定條件的內容擁有者一套「Content ID」系統，能在 YouTube 上輕鬆地識別與管理自己的影片內容。Content ID 利用著作權人提交的影片檔案建立資料庫，而所有上傳 YouTube 的影片都將與資料庫進行掃描；發現有重複影片時，著作權人可針對該影片採取靜音、封鎖等方式（科技新報，2015 年 8 月 30 日）。此外，亦受理著作權人的申請，將侵權者所收到的廣告收入轉給著作權人。其措施成

效雖有待觀察，但符合網路治理，由下而上，且協力合作之精神。

(2) Facebook 透過聲紋辨識出未經創作者授權的影片內容

Facebook 為處理影片盜版上傳的問題，於 2015 年與自動內容辨識技術（Automatic Content Recognition, ACR）為服務核心的科技公司 Audible Magic 合作，透過聲紋（Audio Fingerprinting）辨識出未經創作者授權的影片內容。當發現盜版上傳時，創作者可以回報 Facebook，予以刪除（科技新報，2015 年 8 月 30 日）。

6. 其他自我調節機制

例如網路著作權之取得，可與權利管理訊息制度相結合。按傳統著作權採自動取得之原則，惟鑒於虛擬世界之特性，論者建議把網路著作權之取得方式與傳統著作權標示及網路著作的權利管理訊息制度相結合，此可避免傳播無標示網路著作權人之著作現象與風險不斷擴大，亦可加強著作合理使用之範圍（李唯楨，2013，頁48～60；林佳瑩，2006，頁 9）。

（四）小結：三種模式之評估

行政、司法及產業自我調整模式，各有其優缺點及成效，如表 10-1，雖成效與可行性各有高低，但仍不能獨尊某一種模式，三種模式應同時併行、共同合作，方能有效促成數位經濟與社會的成長。

表 10-1　OTT 視訊服務境外侵權處理模式之比較

模式	優劣評估	效力與可行性
行政模式	優點：透過政府政策與整體資源策略，引領產業及網路社會共同合作。 缺點：如何在保護著作權利人、資訊流通及社會公益間取得平衡，須不斷面對挑戰與質疑。	效力中等，可行性待評估。
司法模式	優點：有嚇阻作用，讓習慣免費使用者增加使用成本，進而提升合法使用比例，增加營收，及服務之品質。對重大侵權案有指標性之效力與引導。 缺點：假處分制度如未能及時調整，或未獲法院之支持，將無法發生功效。且需長期作戰，訴訟成本高。面對侵權者技術規避之挑戰，讓權利人可能另尋其他模式解決。	效力強，但可行性低。

模式	優劣評估	效力與可行性
自我調整模式	優點：透過產業間之溝通協調、問責與共識，能確保權益獲得即時。 缺點：如無主導者介入橫向溝通協調，或相關關係人之自願合作，將形成空談。	效力弱，但可行性高。

資料來源：本研究整理

結　語

　　本章認為面對目前欠缺有效規制的 OTT 服務，得依網路治理精神來調節規範，網際網路治理雖僅在宣示網路行為之規範原則、法則與程序，其概念或許模糊，亦無國際協約予以支持，但各國仍可本此精神，以由下而上、積極對話等開放態度，就現行國內之通訊傳播規範體系作討論，依多方共識作調整，或協力採行適當措施。並在個案累積對 OTT 之規範經驗，進而為長遠的立法方針做引導（呂理翔，2016）。

　　在是否將 OTT 視訊服務納管與監理之議題上，可從技術中立及比例原則切入 OTT 視訊服之納管爭議，目前主要國家的監理態度仍是低度管制，並採持續觀察、審慎介入，審勢而為之原則，一來鼓勵創新，並積極調整國內相關通訊傳播法制。

　　臺灣本土文創產業傳輸平台面對 OTT 競爭，不斷向通訊傳播監理機關通傳會（NCC）提出拉齊 OTT 與傳統影視平台管制密度之訴求，通傳會目前對 OTT 監理政策的看法，如前述仍傾向導入網路治理，要求各目的事業機關依權責自行訂定政策法令，建立多方參與機制，並介接數位通訊傳播法。例如在數位通訊傳播法（草案）中，明定政府應積極採取之措施，及數位通訊傳播服務者之協力與義務。亦釐清數位通訊傳播服務者之責任歸屬，含自己責任原則（直接責任）、間接責任之免責要件及通知取下程序規定等

　　在境外侵權網站之管制方面，是否採行邊境管制，除行政模式介入封鎖，各界仍認為不妥外，其餘如協助廣告主不要在侵權網站上刊登廣告、完備申請定暫時狀態處分之司法程序，或採取適合國情的爭議處理替代機制。

　　面對 OTT 基於網際網路傳播特性之破壞式創新服務，我們秉持的態度是：開放才是實現網際網路數位匯流全部潛力的關鍵，而政府的介入必須認識到基於多方利益相關合作的協作方法的重要性。

📖 註　釋

1. 如恐攻、英國脫歐、網路攻擊、川普的保護主義思潮（美國優先及退出 TPP）、網路假新聞等，顯見信息技術的發展機會也伴隨著挑戰。
2. 依據 TWNIC 公布「2016 年臺灣寬頻網路使用調查」報告顯示，全國上網人數推估約 1993 萬人，整體上網率高達 84.8%，主要上網方式為寬頻上網，比例高達 99.6%。從使用平台類型來看，以「娛樂」平台類型比例最高，占 47.7%，其中，以女性使用比例 49.1% 高於男性的 46.7%；其次是「新聞」平台類型，占 33.1%，再次是「FB 直播」占 30.0%。在重大議題網路安全部分，使用寬頻上網的民眾有 30.3% 擔心上網時「個人隱私外洩」；使用行動銀行的網民則有 53.3% 擔心「個人資訊外洩」，比例最高，其次有 38.2% 擔心「帳戶被盜用」。調查結果顯示，網路與個人生活連結越發緊密，但民眾對網路安全仍有疑慮。
3. 智慧型手機（smart phone）於當時方興未艾，具高傳輸速率之 4G 行動寬頻亦剛起步，相關應用仍未出現。
4. 參見 https://blog.alphacamp.co/2017/02/14/eu-digital-single-market/。
5. 參見維基百科 https://zh.wikipedia.org/wiki/ 數位單一市場。
6. 彙整自台灣通訊學會與元智大學大數據數位匯流創新中心，於 2015 年 10 月合辦之國際 OTT 視訊服務產業發展與政策論壇，OTT 平台經營及內容授權議題主題座談。
7. 參見「數位通訊傳播法草案」總說明，國家通訊傳播委員會網頁。
8. 同註 6。
9. 網際網路治理概念於 2005 年被提出後，自 2006 年即開始每年舉行 IGF 會議、同年 ICANN 被賦予權限管理 IP 位址。2007：討論 .xxx 色情網域名稱登記。

2008：討論網路中立議題、FB 隱私與個資問題。2009：確立 ICANN 之責任義務。2010：「阿拉伯之春」造成社群網站之發展。2011：ICANN 開放 GTLDs，打破 .com 壟斷世界。2012：SOPA、ACTA 兩法案遭否決，網路自由確保。2013：Snowden 事件突顯資訊隱私權的重要。2014：ICANN 被賦予網路號碼監督權，要求問責。2015：討論物聯網（IOT）之互通標準問題。

10. 參見申雅君記述，NII 產業發展協進會執行長吳國維於國家通訊傳播委員會 2015 年 12 月舉辦之「2015 網際網路治理研討會」中，以「全球網路治理發展」為主題之專題演講。

11. 參見歐盟電子商務指令第 16 條行為規範及第 17 條訴訟外爭議處理規定，如 TWNIC 所採行的網域名稱爭議處理機制，即已行之有年。

12. 有關促進網路流通政策，NCC 避開網路中立之詞，僅以在技術可操作性之前題下，要求 ISP 應以最佳方式提供之，避免於流通協定或流量管制為不合理之差別待遇。

13. 參考德國電子媒體法（Telemedia Act of 26 February 2007）第 5 條之立法例。

14. ISP 分類從電信傳輸架構區分，主要包含：提供使用者接取網際網路服務之「接取服務提供者」（Internet Access Service Provider, IASP）、提供儲存訊息供他人使用之「平台服務提供者」（Internet Platform Provider, IPP），以及提供網際網路內容應用服務之「內容服務提供者」（Internet Content Provider, ICP）等類型。如從著作權利使用態樣分，依據著作權法第 6 章之 1 規定，將 ISP 分為連線、快速存取、資訊儲存、及搜尋等四類服務提供者。

15. 涉外侵權行為之債，指當事人中有一方為外國人，或侵權行為的事實或結果發生在國外。在探討應由何國法院管轄於網際網路著作權侵權行為上，判斷上仍有爭議。如在準據法上，有侵權行為地法則、關係最切原則、或當事人意思自主原則。單在侵權行為地的確認上，因網路連結全世界，即存有很大的任意性與偶然性，亦有認為法院應考量網路空間的連結點，如電腦 IP 位址、伺服器架設地等。如採當事人意思自主原則，亦應注意可能產生規避行為發生地的行為，破壞國家強制法律規定與公共秩序。

16. 著作權法第 87 條第 1 項第 7 款規定，未經著作財產權人同意或授權，意圖供

公眾透過網路公開傳輸或重製他人著作，侵害著作財產權，對公眾提供可公開傳輸或重製著作之電腦程式或其他技術，而受有利益者，視為侵害著作權或製版權。同條第二項規定第 7 款之行為人，採取廣告或其他積極措施，教唆、誘使、煽惑、說服公眾利用電腦程式或其他技術侵害著作財產權者，為具備該款之意圖。

17. 美國著作權間接侵權責任，參見洪爾謙（2014，頁 14），其中輔助侵權之判別要件，含對於他人侵害行為知悉或可得而知，且有實質協助行為；代位侵權責任則係由僱用人責任衍生，只對於他人侵害行為有能力加以控制之情形；誘導侵權指在客觀上有散布行為，主觀上有引誘侵害之意圖。

18. 如要求通知取下，可能會因使用者將侵權內容原伺服器移轉至他伺服器；又使用者透過虛擬個人網路（VPN）、代理伺服器等規避過濾機制之工具或方法，更讓網路侵權之防制無法有效杜絕。

19. 參見 SOPA,Sec 101 (23). U.S.-directed site.

20. 參見 Incopro (2014). site blocking efficacy study United Kingdom.

21. 參見著作權法第 1 條。

22. 另民事訴訟法第 538 條有關定暫時狀態之假處分規定，及 NCC 公布對外界諮詢意見之數位通訊傳播法第 19 條規定，亦有同樣之問題。

23. 數位通訊傳播法草案第 18 條規定，ISP 有關著作權之事項，適用著作權法之規定，此條規定，未來有待部會間協商。

📖 參考書目

台灣通訊學會（2016）。〈視訊媒體競爭與相關法規 - 兼談政府對 OTT TV 的政策主題座談〉。2017 通訊傳播前瞻與挑戰研討會。

申雅君（2016）。〈NII 執行長吳國維暢談「全球網際網路治理發展」〉。《NCC NEWS》，9(10): 2-5。

何吉森（2010）。〈出席 2009 亞洲有線暨衛星廣播電視協會年會暨參訪香港廣播電視監理單位及相關業者報告〉。國家通訊傳播委員會。

何英煒（2017）。〈盜版猖獗 OTT 業者聯手反擊〉。取自 http://www.chinatimes.com/newspape
　　rs/20170105000122-260204

呂理翔（2016）。〈管制與調控之間 —— 評歐盟對 OTT 電視的新規範模式，OTT 電視
　　（Over-The-TopTV）的發展趨勢〉。法律規制暨改革方向學術研討會，世新大學法學院。

李唯楨（2013）。〈網路著作權保護與侵害著作權法院管轄權之研究〉。高雄第一科技大學科
　　技法律研究所碩士論文。

林佳瑩（2006）。〈著作權數位產業市場授權之研究〉。《智慧財產權月刊》，95，9-25。

邵瓊慧（2016）。〈封鎖境外侵權網站之立法與案例發展〉。《月旦法學雜誌》，252，187-
　　209。

洪爾謙（2014）。〈著作權法下管制侵權內容之法律研究 — 以封鎖境外網站為中心〉。國立
　　清華大學科技法律研究所碩士論文。

科技新報（2015 年 8 月 30 日）。〈打擊盜版上傳影片，Facebook 與 Audible Magic 合
　　作推新工具〉。取自 http://technews.tw/2015/08/30/an-update-on-video-management-on-
　　facebook/#more-107014

逢甲大學（2007）。〈網路侵權問題及具體因應策略與執行措施之研究〉。經濟部智慧財產局
　　委託研究。

彭正文（2016）。〈OTT 創新服務與管理〉。《NCC NEWS》，10(7): 7-13。

智慧財產局（2013 年 5 月 21 日）。〈境外侵權網站無法管？智慧財產局研擬對策〉。取自
　　http://www.tipo.gov.tw/ct.asp?xItem=425645&ctNode=7123&mp=1

智慧財產局（2013 年 6 月 3 日）。〈智慧財產局參考各界反應，調整推動封鎖境外侵權網站
　　之處理方向〉。取自 http://www.tipo.gov.tw/ct.asp?xItem=454976&ctNode=7123&mp=1

黃銘輝（2016）。〈略論我國對 OTT 平台影音內容的管制思維 —— 從美國法上對 OTT 電視
　　規管的困境談起〉。OTT 電視（Over-The-Top TV）的發展趨勢、法律規制暨改革方向學
　　術研討會，世新大學法學院。

葉志良（2015）。〈OTT 各國規管近況與侵權防治議題探討〉。國際 OTT 視訊服務產業發展
　　與政策論壇，台灣通訊學會。

葉志良（2016）。〈我國 OTT 電視法制的濫觴？評釋電子通訊傳播法〉。OTT 電視（Over-
　　The-Top TV）的發展趨勢、法律規制暨改革方向學術研討會，世新大學法學院。

賴文智（2003）。〈數位著作權法〉。臺北市：益思科技法律事務所。

賴文智、王文君（2012），〈從美國 SOPA 看網路著作權侵害防制立法的困境〉。《智慧財產
　　權》，167: 6-32。

賴來焜（2001）。〈當代國際私法學之構造論 — 建立以連結因素為中心之理論體系〉。臺北
　　市：神州。

BEREC (2016). *Report on OTT services*. Retrieved from file:///C:/Users/shu/Downloads/5751-berec-report-on-ott-services_0.pdf

Bygrave, L. A., & Michaelsen, T. (2009). In L. A. Bygrave & J. Bing (Eds.), *Governors of internet* (pp. 92-140). Oxford University Press.

De Leusse, C. B. (2017). *4 critical internet questions the G20 leaders will debate in 2017*. Retrieved from https://www.internetsociety.org/blog/public-policy/2017/01/4-critical-internet-questions-g20-leaders-will-debate-2017

Kurbalija, J. (2012). *An Introduction to Internet Governance* (5th ed.). Diplo Foundation.

Lucchi, N. (2014). *Internet content governance & human rights*. Retrieved from http://www.diva-portal.org/smash/get/diva2:727779/FULLTEXT01.pdf

Mattie, D. (2016). *Best practices for stemming digital piracy*. Paper presented at 2016 International Conference: Best Practices for Stemming Digital Piracy.

Webb, M. (2017). *Towards equivalent media regulatory frameworks*. Paper present at 5th annual meeting of the Broadcasting Regulatory Authorities forum of the organization of Islamic Cooperation. Bandung Indonesia.

專有名詞解釋

英文名詞	中文譯名	定義
360º Virtual Reality（360 VR）	360度全景虛擬實境	利用360度全景攝影技術所製作的虛擬實境視頻，融合零死角與三維空間模擬，可創造觀眾獨特的身歷其境觀看體驗。為數位電視、遊戲、3C等產業之新興應用領域。
Advertising Video On Demand（AD-VOD）	有廣告的隨選服務	OTT TV經營模式之一，除了需上網收看外，感覺就和收看電視一樣，收看途中會有廣告插播。
ATVOD（Authority for Television on Demand）	隨選電視監理機構	為英國負責監管隨選影音服務的組織，作為主管機關Ofcom進行內容監管的共管機關，但監管權已於2015年被Ofcom收回。
Average Revenue Per User（ARPU）	每單位用戶平均收入	一段時間內，營運商從每單位用戶所得到的平均利潤。
BAT	中國大陸網路公司三巨頭	中國大陸網際網路的三大業者，也是三大OTT視訊媒體的母公司，分別是擁有愛奇藝的百度（Baidu）、擁有優酷土豆的阿里巴巴（Alibaba），以及擁有騰訊視頻的騰訊（Tencent）。
Binge-Viewing	追劇（一次看到飽、一次性播出、連續收看、狂看族）	又稱為binge-watching，2015年The Collins Dictionary新增此字為該年度單字。形容以馬拉松的方式，長時間觀看單一系列的影視內容。
Bring Your Own Device（BYOD）	自攜設備	最早於2009年Intel發現員工使用其自攜裝置接取公司網路及資源之現象。泛指允許自行攜帶個人裝置（筆電、平板、智慧型手機）並利用這些裝置取得資訊與應用。
Connected TV	連網電視機	為具備WiFi或乙太網路之連網界面與功能的電視機，並能存取資料、聲音、影像等內容。
Content Delivery Network（CDN）	內容傳遞網路	在網際網路布建分散式伺服器，將用戶的請求導向到最近的伺服器以傳遞資訊，其服務目標乃是提供終端使用者快速的網路內容。

英文名詞	中文譯名	定義
Cord Cutting	剪線現象	為一種收視行為的轉變,閱聽眾取消訂閱有線電視,轉而收視免費無線電視或網路電視,以取得更低價,甚至是免費的節目內容,此一情形目前以在美國最為明顯。
Catch up TV	回看功能電視	消費者能夠將喜愛的電視節目錄製及儲存到雲端,以隨時隨地、透過任意裝置觀看,屬於連網電視所提供的服務之一。
Digital Set-Top-Box（Digital, STB）	數位機上盒	主要功能係讓只有類比電視機的民眾看到數位訊號,可提供雙向互動及解碼解密的功能,可避免被用戶私接,且可以分層收費。
Digital Single Market（DSM）	歐盟數位單一市場	2005 年歐盟委員會提交之政策戰略,開啟數位經濟,創造開放、公平與無縫的網絡環境,拆除市場壁壘,以建立「數位單一市場」,消除歐洲跨境電子商務之障礙。
Electronic Sell Through（EST）	電子化銷售	OTT TV 經營模式之一,視訊內容可從 Kindle Fire、iPad、iPhone、Android Phone 購得,所購買的視訊內容可保存於視訊圖書館,可隨時透過網路瀏覽器、iPhone、iPad、Fire、Android Phone 或連網電視收看。
Internet Governance	網路治理	網路社會須透過多方利益關係人共同管理,沒有人有特權,也無法由任一特定族群來治理。
IP Peering	網際網路互連	網際網路服務提供商之間的網際網路互連,網際網路訊務交換。
Ministry of Science, ICT and Future Planning（MSIP）	韓國科學、資通訊與未來規劃部	韓國於 2013 年 3 月成立的新媒體監理機構,其權責包括電信事業管理、IPTV 許可證核發、外資所有權監督,以及與公眾利益有關的電信業務事項。
Mobile IPTV	行動 IPTV	IPTV 供應商在既有用戶基礎上所提供的行動化視訊串流服務,用戶能在智慧型手機、平板等移動終端上收看。
Mobile Virtual Network Operator（MVNO）	虛擬行動網路營運商	提供行動通信服務,但未擁有自己的無線頻譜(含其無線電收發設備)之行動網路營運商。
Mobile VoIP（mVoIP）	行動網際網路電話	透過應用程式,提供行動終端用戶(如智慧型手機)撥打網際網路電話。

英文名詞	中文譯名	定義
Multichannel Video Programming Distributor（MVPD）	多頻道影音平台	傳輸多頻道影音節目服務之供應商，包括有線電視、直播衛星、IPTV 及線性的 OTT 視訊服務。
Multi-Screen Service	多螢服務	透過專屬應用程式，用戶在電腦、手機、平板、智慧電視機等多種螢幕終端設備，皆能使用其服務。
Net Neutrality	網路中立性	指政府對於網路流量管理的政策態度與規範。目的在禁止網路接取服務業者針對特定合法內容、應用程式、服務或裝置，進行封鎖或不合理差別待遇。
On-Demand Programme Services（ODPS）	隨選視訊服務	根據英國通傳法的規定，ODPS 須符合五項定義：提供的服務比照電視節目及內容形式、使用上是隨選視訊、具有編輯責任、節目供公眾使用以及在英國管轄範圍之內。
OVDs（Online Video Distributors）	網路影音傳輸業者	美國對於提供線上影音服務的 OTT 業者之稱呼。
Over the Top TV（OTT TV）	OTT 電視（線上影音串流媒體）	指通過開放式網際網路，來傳送視訊內容及相關應用的融合服務。
Pay Per View（PPV）	計次付費	訂戶按收看次數付費收看節目，所有該節目訂戶在相同時間收看。
Peer-to-Peer（P2P）	對等網路	又稱點對點技術，無中心伺服器，相對於傳統主從式（Client-Server）架構，所有用戶端（Client）的交流都透過伺服器（Server）傳遞，減低以往網路傳輸中的節點，降低資料遺失風險。與有中心伺服器的中央網路系統不同，對等網路每個用戶端既是一個節點，也有伺服器功能，任一節點無法直接找到其他節點，必須依靠其用戶群進行資訊交流。
Pop-up Player	彈出式播放器	一種特殊功能的視頻播放器，可以在彈出視窗後，一邊觀看影片，一邊同時使用其他應用程式。
Regulatory Arbitrage	監管套利	相同產業間，因不同地區、不同類型的監管要求不同，讓受管制者可以在其間轉移業務以實現利益。
Second Screen	第二螢幕	指觀眾在觀賞第一螢幕「電視」的同時，使用手上的第二螢幕（通常為智慧型手機或平板電腦）進行同步遙控，並與社群同好進行討論，增加觀賞的互動性與伴螢體驗。

英文名詞	中文譯名	定義
Site-Blocking	邊境管制	爲保護著作權，比照現實海關管制盜版貨品的方式，針對含有侵權内容的網站將其 IP 位址加以封鎖的規管措施。
Smart TV	智慧電視	是一種加入網際網路與作業系統功能的電視機，可結合電腦與電視的功能。
Social TV	社交電視	影音和社群媒體的結合，觀眾一邊看影音、一邊透過社群媒體與身在他方的影音同好進行互動，包括評論、按讚或分享對内容的看法，有助於提升觀眾參與，進而促進收視意願。
Streaming	網路串流	在網路上傳輸影音以供觀賞的一種技術與過程，係將媒體資料加以壓縮之後，經過網路連續或分段之即時傳送資料；資料流可隨時傳送及隨時播放。
Subscription Video On Demand（S-VOD）	訂閱隨選服務	OTT TV 經營模式之一，每月支付定額月租費，即可享有吃到飽的視訊隨選服務；如 Netflix。
Syndication	聯賣	電視節目版權擁有者在節目首播之後，再授權其他電視臺或各種接收平台播出節目，並收取權利金。
Terrestrial Digital Multimedia Broadcasting（T-DMB）	無線數位多媒體廣播	2005 年 12 月由韓國主要無線電視業者推出的免費行動電視服務。一開始是以地面波單向廣播，目前技術已升級至雙向互動 Smart DMB 及高畫質 Hybrid DMB。韓國政府目前指定 DMB 平台爲災害廣播公共媒介。
The Authority for Television On-Demand（ATVOD）	英國隨選視訊局	前身爲隨選視訊協會（The Association of Television On-Demand），負責規範管理英國的隨選視訊服務業者所提供的隨選視訊内容，規管較無線電視和付費電視更爲寬鬆。
Transactional Video On Demand（T-VOD）	按次付費模式	OTT TV 經營模式之一，按消費者自己的喜好選片觀賞，按次計費。
Triple-Play Services	三合一服務	是一種行銷手法。電訊傳播業者將旗下的數據、語音以及視訊服務一起提供，消費者通常可以享受比較優惠的價格。
TV Anywhere	電視無所不在	即 TV Everywhere，透過付費電視業者給予之帳號，經驗證使用者爲頻道訂户，可由電視頻道取得串流影視内容之商業模式。

英文名詞	中文譯名	定義
TV Operation System（TVOS）	網路電視操作系統	由中國大陸官方積極發展的網路電視操作系統，可以藉此進一步掌控包括 OTT 視訊媒體等網路電視的內容。
User Generated Contents（UGC）	用戶原創內容	使用者所創作製造的各種不同的內容，並能將此部分內容與其他網友分享。
Video Jockeys	視頻主播	原指在演唱會、電視臺中負責音樂視頻節目編播的主持人。現在的詞義包含利用視頻直播應用程式，經營個人直播頻道的素人或網紅。
Video On Demand（VOD）	隨選視訊	是一種可以讓電視收視者透過電視機或機上盒來選擇自己想要看的影音內容之服務方式。
Virtual Cable TV Operators	虛擬有線電視供應商	或稱爲「數位多頻視訊節目供應商」（Digital Multichannel Video Programming Distributors, DMVPDs），傳統付費電視業者爲主要經營者，複製傳統有線電視方案，但以數位方式提供，透過網路搭售及販售直播與隨選服務，價格則比照有線及衛星電視業者。
Voice over IP（VoIP）	網路電話	將語音訊號壓縮成數據資料封包後，在網際網路上所傳送的語音服務。
Walled Garden	封閉平台	係指把用戶限制在一個特定的範圍內，提供客戶其平台的服務及內容。
We Media	自媒體	或稱爲 self-media，創用者（prosumer）透過網路平台傳播內容，定期上傳原創圖文或影音，並且塑造作者成爲獨特媒體品牌，注重與用戶或粉絲的關係經營及反饋，以訂閱、廣告費、置入性行銷或粉絲捐款爲營收來源。
Zero-rating	零費率	電信業者提供其用戶對特定 App 或內容之接取享有免費吃到飽不計流量之優惠待遇。

國家圖書館出版品預行編目資料

OTT TV的創新服務、經營模式與政策法規／劉
幼琍主編. ——初版.——臺北市：五南圖
書出版股份有限公司, 2017.06
面；　公分
ISBN 978-957-11-9178-2(平裝)

1.數位電視　2.數位媒體　3.傳播政策

557.771　　　　　　　　　　106006936

1ZFK

OTT TV的創新服務、經營模式與政策法規

主　　　編— 劉幼琍

作　　　者— 江亦瑄、何吉森、谷玲玲、林翠絹、徐也翔、
　　　　　　 許文宜、陳彥龍、劉柏立、劉幼琍、賴祥蔚

發 行 人— 楊榮川

總 經 理— 楊士清

總 編 輯— 楊秀麗

副總編輯— 王正華

責任編輯— 金明芬

封面設計— 鄭云淨

出 版 者— 五南圖書出版股份有限公司

地　　　址：106台北市大安區和平東路二段339號4樓

電　　　話：(02)2705-5066　　傳　　真：(02)2706-6100

網　　　址：https://www.wunan.com.tw

電子郵件：wunan@wunan.com.tw

劃撥帳號：01068953

戶　　名：五南圖書出版股份有限公司

法律顧問　林勝安律師事務所　林勝安律師

出版日期　2017年 6 月初版一刷
　　　　　2021年 2 月初版三刷

定　　價　新臺幣420元

經典永恆・名著常在

五十週年的獻禮——經典名著文庫

五南，五十年了，半個世紀，人生旅程的一大半，走過來了。

思索著，邁向百年的未來歷程，能為知識界、文化學術界作些什麼？

在速食文化的生態下，有什麼值得讓人雋永品味的？

歷代經典・當今名著，經過時間的洗禮，千錘百鍊，流傳至今，光芒耀人；

不僅使我們能領悟前人的智慧，同時也增深加廣我們思考的深度與視野。

我們決心投入巨資，有計畫的系統梳選，成立「經典名著文庫」，

希望收入古今中外思想性的、充滿睿智與獨見的經典、名著。

這是一項理想性的、永續性的巨大出版工程。

不在意讀者的眾寡，只考慮它的學術價值，力求完整展現先哲思想的軌跡；

為知識界開啟一片智慧之窗，營造一座百花綻放的世界文明公園，

任君遨遊、取菁吸蜜、嘉惠學子！